ZHONGGUO
XIANDAI
ZHUMING
YUWEN
JIAOYU
RENWU

YE SHENGTAO

中国现代著名语文教育人物

徐林祥 马 磊 编著

语文出版社

·北京·

图书在版编目（ＣＩＰ）数据

叶圣陶 / 徐林祥，马磊编著. -- 北京 ： 语文出版
社，2020.11
（中国现代著名语文教育人物）
ISBN 978-7-5187-0666-2

Ⅰ．①叶⋯ Ⅱ．①徐⋯ ②马⋯ Ⅲ．①叶圣陶（
1894-1988）－生平事迹②叶圣陶（1894-1988）－语文教学
－教育思想 Ⅳ．①K825.46②H19

中国版本图书馆CIP数据核字(2020)第188792号

责任编辑	唐　飞　李迎新
装帧设计	徐晓森
出　　版	语文出版社
地　　址	北京市东城区朝阳门内南小街51号　　100010
电子信箱	ywcbsywp@163.com
排　　版	圣才电子书（北京）股份有限公司
印刷装订	北京市科星印刷有限责任公司
发　　行	语文出版社　新华书店经销
规　　格	787mm×1092mm
开　　本	1 / 16
印　　张	14.75
字　　数	198千字
版　　次	2020年11月第1版
印　　次	2020年11月第1次印刷
印　　数	1～2,000册
定　　价	48.00元

☎ 010-65253954(咨询) 010-65251033(购书) 010-65250075(印装质量)

叶圣陶(1894—1988)

编者的话

众所周知，自五四运动前后起，白话文兴起，现代汉语使用标准逐渐确立。这套书使用的文献，有相当一部分来自1949年以前出版发行的图书、期刊、报纸。很多文章因此具有明显的过渡时期的语用特征，如文白混杂、文字使用不统一、语法运用规范不一致等。经过反复交流、商量，为尽可能地向读者呈现原貌，我们确定了一个总的编辑思路：依据"存真"的原则，尽可能保留文章原貌，对原稿的文字、体例进行最低程度的修订。现将具体做法说明如下：

一、繁体字改为简体。

二、原稿中不少字、词的用法虽然与现行的用法标准不尽相同，但为了尽量保持原有的样貌，不做调整。这样的情形很难穷举，现将部分字、词列举如下（括号里是现在通行的用法）：

辞（词）、于（与）、联（连）、决（绝）、订（定）、藉（借）、见（现）、罢（吧）、缴（交）、较（比）、与（予）、迭（叠）、只（止）、须（需）、目（视）、二（两）

三、有些字、词，现代通用的字形、词形已经变化，但为了尽量保持原有的样貌，不做调整。相信读者自能理解。这样的情形很难穷举，现将部分字、词列举如下（括号里是现在通行的用法）：

底（根据语境可以，相当于"的""地"或"得"）、那（哪）、沈（沉）、化（花）、其它（其他）、那末（那么）、惟一（唯一）、印像（印象）、好象（好像）、胡涂（糊涂）、未偿（未尝）、部份（部分）、正谊（正义）、巢袭（抄袭）、麻胡（马虎）、合式（合适）

四、原稿中外文人名、地名等专有名词的翻译均保留原译。

五、原稿中的标题体例，除了其自身不统一之外，基本保留。

六、原稿中数字、标点符号用法，基本保留。

七、对原稿中的错误（如错字、漏字）等进行了修订。

这些做法，是我们在编辑过程中的一些探索，不当之处，敬请批评指正。

编　者

2020 年春

序

"现在有很多问题表面上是新问题，骨子里还是老问题。"这是多年前吕叔湘先生为《叶圣陶语文教育论集》出版所写序言中开篇的一句话，今天借用过来，帮助我们认识"中国现代著名语文教育人物"丛书出版的现实意义和价值。

正当全民阅读活动在全国蓬勃开展之时，教育部直属的语文出版社积极呼应，遴选了五位现代著名语文教育家，启动编纂"中国现代著名语文教育人物"丛书，倡导一线语文教师垂范校园阅读，研读著名语文教育家经典篇目，赋能语文教师和语文教学。我以为，作为一家专业出版社，语文出版社非常及时、尽责地做了一件大好事。归结到本丛书而言，我粗略地谈几点意见。

一是所遴选的语文教育论述极具代表性。1904 年以降的中国现代语文教育史中，为大家所公认的五位著名语文教育家是夏丏尊、朱自清、叶圣陶、吕叔湘、张志公。

其中，叶圣陶、吕叔湘、张志公三位素享语文教育"三老"之誉，亲历了二十世纪语文教育的重要发展阶段，著述针对性强、影响深远，为语文教育工作者所敬仰，无须赘言。夏丏尊和朱自清两位语文教育家由于逝世较早，主要活动仅限于二十世纪上半叶，在语文教育方面的成就并非广为人知。但是夏丏尊、朱自清与叶圣陶有良好而长期的学术合作，朱自清和吕叔湘也有良好而密切的过从，他们之间相互砥砺的语文教育学术交往成为学术佳话。五位前辈既有各自不同的学术研究侧重，又都钟情于语文教育，成为二十世纪中国现代语文教育一道亮丽的独特风景线。

五位现代著名语文教育家的论述宏富，丛书精选了其中代表性强的经典篇目，既注重聚焦语文教学的宏观问题，也注意面向一线教师（包括教育硕士、课程与教学论硕士等）听说读写中的教学实际；既注意拉"长板"，又不忘补"短板"。

　　二是编排体例利于读者走近和解读经典。丛书既积极关注一线语文教师的切身利益，又从专业的维度进行积极引导。体现在编排体例上，就是考虑到一线语文教师既有多读书的愿望，又有教学工作量大、较为繁忙、用来读书的整块时间不多的实际，同时兼顾"未来"教师缺乏教学实践、抵挡浮躁环境诱惑不易等因素，因此，丛书的主要内容安排为"教育思想剖析""名著品读""名家传述"三大板块，每本书的容量控制在 20 万字左右，所选篇目比较经典且适当分类，便于利用碎片化时间，有针对性地选读、品鉴。

　　坐下来静心研读经典不易，一方面与时间和精力有关，另一方面与作品难度相关。经典作品都高度凝练，要正确解读，依赖于较为丰富的学养准备，而这正是一线和"未来"教师的短板，在编排上，除了作品前有"品读提示"外，"教育思想剖析""名家传述"等内容，是帮助读者走近和理解作品的一种重要辅助，利于增强研读信心，助益研读效果。

　　三是编著者都是有相当经验的中青年专家。决定一套丛书质量的重要因素之一，是著述者的学养。我注意到，丛书的著述者都是长期从事语文教学和研究的学者，有较为丰硕的相关学术成果。

　　上海师范大学程稀老师是语文课程与教学论专业硕士生导师，是研究夏丏尊语文教育思想的专家，曾出版专著《夏丏尊与现代语文教育》；蔡忠平长期活跃于语文教学、教师培训一线，是上海市督学、上海市语文名师基地主持人，也是教育部国培专家，在研读朱自清语文教育经典方面颇有心得；扬州大学文学院教授、博士生导师徐林祥，是中国叶圣陶研究会理事、江苏省叶圣陶研究会顾问、扬州大学中国语文教育研究所所长；马磊是徐林祥老师的博士生，现在大学任教，对叶圣陶语文教育思想有系统研究；方有林教授长期致力于吕叔湘语文教育思想研究，曾出版专著《语言学视角　科学化追求——吕叔湘语文教育思想研究》；青年学者乐中保曾系统梳理过中国传统语文教育发展脉络，对张志公语文教育思想进行过深入研习。

　　这套丛书的其他长处不再一一枚举，更希望留下时间和空间给读者自己去研读和体悟。任何优秀的读本，对于读者而言，只是获得研读收益的必要条件。读者是否真正从中受益，以及从中获益多寡，主要决定于"内因"——读者的阅读投入、开动脑筋及其程度如何，以及在研读和品鉴中，如何与自己的教学和研究实践有机结合。毕竟，一方面，阅读本来就是一种比较个性化的活动，靠外在的植入，效果不会理想；另一方面，语文教育是一个实践性特别强的学科，缺乏理论和实践的有机结合，效果也是难尽如人意的。因此，翻开书页来，开始阅读和思考，带着问题去品读，积极分享和表达，才能收研读的实效。

还要注意，品读经典的意义和价值，不宜过分冀望获得立竿见影的收效，而应该放眼长远，侧重于启迪思考，在实践中反复咀嚼，潜移默化地融入实践，使之融会成为自己语文教育智慧的有机组成部分。

毋庸讳言，丛书也存在不足，我相信语文出版社的编校人员和编著者会积极、认真地收集读者和专家的意见，在修订或再版时不断完善。

乐为之序。

陶本一

二〇一九年十月

（陶本一：教授，出版家和语文教育家，上海师范大学课程与教学论博士生导师，山西师范大学原校长、上海师范大学原副校长，《语文报》创始人）

目　录

绪 论

像叶圣陶那样当老师

叶圣陶 1912 年中学毕业，即从事教育工作，先后担任过小学、中学、大学教师。1941 年 7 月 30 日，叶圣陶应四川《教育通讯》之约，为教师节特刊撰文《如果我当教师》。其在 7 月 31 日日记写道："文题为《如果我当教师》，分小学、中学、大学三部分言之，对今日教育界现状，略致针砭。"8 月 3 日日记写道："上午续作文千字，全篇完毕，共约八千字。自谓于为教师之态度，颇能说出一点道理。"该文刊于 1941 年 8 月 23 日出版的《教育通讯》第三十二、三十三期合刊。叶圣陶在《如果我当教师》一文中表达了他从教 30 年的思考。今天，该文对于我们如何当好老师，仍然极富指导意义。

一、"养成好习惯"

"养成好习惯"[1]，是叶圣陶在《如果我当教师》中给"教育"所做的界定。他说："我想'教育'这个词儿，往精深的方面说，一些专家可以写成巨大的著作，可是就粗浅方面说，'养成好习惯'一句话也就说明了它的含义。"

叶圣陶指出，养成好习惯，要"从最细微最切近的事物入手"。他举例说："譬如门窗的开关，我要教他们轻轻的，'砰'的一声固然要不得，足以扰动人家的心思的'咿呀'声也不宜发出；直到他们随时随地开关门窗总是轻轻的，才认为一种好习惯养成了。"他认为："这样的好习惯不仅对于某事物本身是好习惯，更可以推到其他事物方面去。对于开门关窗那样细微的事，尚且不愿意扰动人家的心思，还肯作奸犯科，干那些扰动社会安宁的事吗？"

叶圣陶还指出，好习惯，"硬是要养成，决不马虎了事"。他举例说："一个词

---

[1] 本绪论凡引叶圣陶语未注明出处者，均引自叶圣陶《如果我当教师》，见叶至善、叶至美、叶至诚编：《叶圣陶集》第 11 卷，江苏教育出版社 1991 年版，第 93－105 页。

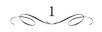

儿，不但使他们知道怎么念，怎么写，更要使他们知道它的含义和限度，该怎样使用它才的当。一句句子，不但使他们知道怎么说，怎么讲，更要使他们知道它的语气和情调，该用在什么场合才合式。一篇故事，不但使他们明白说的什么，更要借此发展他们的意识。一首诗歌，不但使他们明白咏的什么，更要借此培养他们的情绪。"他认为："教识字教读书只是手段，养成他们语言的好习惯，也就是思想的好习惯，才是终极的目的。"

二、"认清那门功课的目标"

叶圣陶在《如果我当教师》中指出："我无论担任哪一门功课，自然要认清那门功课的目标，如国文科在训练思维，养成语言文字的好习惯，理化科在懂得自然，进而操纵自然之类；同时我不忘记各种功课有个总目标，那就是'教育'——造成健全的公民。"

教师要"认清那门功课的目标"，即认清教师所承担的那门功课的特有目标。以国文科为例。叶圣陶说："学习国文就是学习本国的语言文字。"又说："语言文字的学习，就理解方面说，是得到一种知识；就运用方面说，是养成一种习惯。……这两项的知识和习惯，他种学科是不负授予和训练的责任的，这是国文科的专责。每一个学习国文的人应该认清楚：得到阅读和写作的知识，从而养成阅读和写作的习惯，就是学习国文的目标。"[①]

同时，教师要"不忘记各种功课有个总目标"，即所有功课承担的"造成健全的公民"这个总的目标。仍以国文科为例。早在 20 世纪 20 年代，叶圣陶就提出："须认定国文是发展儿童的心灵的学科。"[②] 比如："我们作文，要写出诚实的、自己的话。"[③]1962 年，叶圣陶作《语文教学二十韵》有"立诚最为贵"一句。他解释说："此语自'修辞立其诚'来，无非'言之有物''言之由衷'之意，而品德修养，实际锻炼，亦复包蕴在内。苟德之不修，实之不讲，虽自以为'有物'，自以为'由衷'，犹未'诚'也。"[④]1983 年，叶圣陶还专门撰写了一篇题为《作文与做人》的文章，批评学生作文言行不一的倾向。他说：作文题是《先天下之忧而忧，后天下之

---

① 中国教育科学研究院编：《叶圣陶语文教育论集》，教育科学出版社，2015 年，第 2-3 页。

② 叶至善、叶至美、叶至诚编：《叶圣陶集》第 13 卷，江苏教育出版社，1992 年，第 7 页。

③ 叶至善、叶至美、叶至诚编：《叶圣陶集》第 9 卷，江苏教育出版社，1990 年，第 211 页。

④ 叶至善、叶至美、叶至诚编：《叶圣陶集》第 25 卷，江苏教育出版社，1994 年，第 20 页。

乐而乐》，要是有一位考生写得头头是道，有理论，有发挥，但是当他离开了考场，挤上了公共汽车，就抢着靠窗坐下，明明有一位白发老太太提着菜筐挤在他膝前，他只当没瞧见，他连给老太太让个座的起码的习惯都没有养成，还有什么资格谈什么"先天下之忧而忧，后天下之乐而乐"？文章最后强调指出："文当然要作的，但是要紧的在乎做人。"① 也即教育的总目标是"造成健全的公民"。

三、"课本是一种工具或凭借"

叶圣陶写《如果我当教师》正值抗战时期，课本的供给很成问题，往往临到开学仍买不到一本课本，可是叶圣陶决不说"没有课本，怎么能开学呢"的话。他说："我相信课本是一种工具或凭借，但不是唯一的工具或凭借。"

"课本是一种工具或凭借"，叶圣陶有时也称之为"例子"。在叶圣陶看来，要实现教育的目标，"这些事不能凭空着手，都得有所凭借。凭借什么？就是课本或选文。有了课本或选文，然后养成、培植、训练的工作得以着手。"② 1932 年，叶圣陶在《国文科之目的》一文中指出："课本只是举出些例子，以便指示、说明而已，这里重要在方法。"③ 1942 年，他在《略谈国文学习》一文中指出："知识不能凭空得到，习惯不能凭空养成，必须有所凭借。那凭借就是国文教本。"④ 1945 年，他在为吕叔湘的《笔记文选读》所作的序中说："语文教本只是些例子，从青年现在或将来需要读的同类的书中举出来的例子；其意是说你如果能够了解语文教本里的这些篇章，也就大概能阅读同类的书，不至于摸不着头脑。所以语文教本不是个终点。从语文教本入手，目的却在阅读种种的书。"⑤ 1949 年，叶圣陶在为《大学国文（现代文之部）》所作的序中说："国文选本只是个凭借……有了凭借，历练才有着落。"⑥ 1978 年，他在《大力研究语文教学　尽快改进语文教学》中再次强调说："知识是教不尽的，工具拿在手里，必须不断地用心地使用才能练成熟练技能的，语文教材无非是例子，凭这个例子要使学生能够举一而反三，练成阅读和作文的熟练技

① 中央教育科学研究所编：《叶圣陶论语文教育》，河南教育出版社，1986 年，第 216 页。

② 叶至善、叶至美、叶至诚编：《叶圣陶集》第 14 卷，江苏教育出版社，1992 年，第 190 页。

③ 叶至善、叶至美、叶至诚编：《叶圣陶集》第 13 卷，江苏教育出版社，1992 年，第 32 页。

④ 叶至善、叶至美、叶至诚编：《叶圣陶集》第 13 卷，江苏教育出版社，1992 年，第 104 页。

⑤ 中国教育科学研究院编：《叶圣陶语文教育论集》，教育科学出版社，2015 年，第 136 页。

⑥ 叶至善、叶至美、叶至诚编：《叶圣陶集》第 13 卷，江苏教育出版社，1992 年，第 163 页。

能。"①

课本又"不是唯一的工具或凭借"。叶圣陶指出："文字的课本以外还有非文字的课本，非文字的课本罗列在我们的周围，随时可以取来利用，利用得适当，比较利用文字的课本更为有效，因为其间省略了一条文字的桥梁。"尤其是公民、社会、自然、劳作课，非文字的课本，简直是取之不尽，用之不竭。叶圣陶关于课本又"不是唯一的工具或凭借"的思想，是对"课本是一种工具或凭借"的拓展和补充，打通了学校与社会，将课堂延伸至生活的方方面面。

叶圣陶关于教材功能的论述告诉我们：一方面，教材是教师"教"的"凭借"，学生"学"的"凭借"。因而，教师与学生要创造性地使用教材，而不能成为教材的奴隶，是"用教材教"，而不能局限于"教教材"。另一方面，一切的课外资源都可以拿来当作"例子"，为学生所用，使学生"得法于课内，得益于课外"，举一反三，掌握知识，提高能力，养成习惯。

四、"帮助学生为学"

在《如果我当教师》中，叶圣陶表示不主张将教师的行业叫作"教书"，同样不主张将学生入学校的事情叫作"读书"。他说："书中积蓄着古人和今人的经验，固然是学生所需要的；但是就学生方面说，重要的在于消化那些经验成为自身的经验，说成'读书'，便把这个意思抹杀了，好像入学校只须做一些书本上的功夫。因此，说成'教书'，也便把我当教师的意义抹杀了，好像我与从前书房里的老先生并没有什么分别。"在叶圣陶看来，新式教育与旧式教育的一大区别，即在于从前书房里的老先生"只须教学生把书读通，能够去应考试、取功名"，而现代教师"却要使学生能做人、能做事，成为健全的公民"。

叶圣陶说："若有人问我干什么，我的回答将是：'帮助学生得到做人做事的经验'""帮助学生为学"。"帮助学生为学"的思想与"养成好习惯"思想是一致的。对学生来说，是"养成好习惯"；对教师来说，是"帮助学生为学"。这是叶圣陶对教学本质的揭示。这也就是他在《略读指导举隅》前言中所强调的"各种学科的教学都一样，无非教师帮着学生学习的一串过程"②的意思。吕叔湘曾将之解释为："教

---

① 中国教育科学研究院编：《叶圣陶语文教育论集》，教育科学出版社，2015年，第113页。
② 中国教育科学研究院编：《叶圣陶语文教育论集》，教育科学出版社，2015年，第14页。

学、教学，就是'教'学生'学'。"①叶圣陶的这一思想，后来更多地表述为："教是为了达到不需要教。"②

"教是为了达到不需要教"是教学的最高境界，又是一个重要的教学指导思想，是教学改革的出发点，也是教学改革的归宿。"教"是手段，"不教"是目的。从"教"到"不教"，有一个复杂的、艰苦的过程，这是个启发、引导的过程，也就是教师"帮助学生为学"的过程。通过教师的启发、引导，学生具有自主、独立学习的能力，养成自主、独立学习的习惯，教学由教师帮助学生学逐渐达到学生自主发展的目的。

五、"我要作学生的朋友，我要学生作我的朋友"

1937年，叶圣陶在《给与学生阅读的自由》一文明确指出："教师和学生，无论如何不应该对立起来。""教师和学生是朋友。"③在《如果我当教师》中，叶圣陶进一步提出"我要作学生的朋友，我要学生作我的朋友"的主张。这是叶圣陶对民主、平等的新型师生关系的表述。

"我要作学生的朋友，我要学生作我的朋友"，就要爱学生，民主、平等地对待学生。叶圣陶说："我如果当小学教师，决不将投到学校里来的儿童认作讨厌的小家伙、惹人心烦的小魔王；无论聪明的、愚蠢的、干净的、肮脏的，我都要称他们为'小朋友'。"他举例说：小朋友顽皮的时候，或是做功课显得很愚笨的时候，我决不举起手来，在他们身体上打一下。打了一下，那痛的感觉，至多几分钟就消失了；就是打重了，使他们身体上起了红肿，隔一两天也没有痕迹。然而这一下不只是打了他们的身体，同时也打了他们的自尊心；身体上的痛感或红肿，固然不久就会消失，而自尊心所受的损伤，却是永远不会磨灭的。"我有什么权利损伤他们的自尊心呢？"

"我要作学生的朋友，我要学生作我的朋友"，还要了解学生，讲究教育的方式方法。叶圣陶说："凡是在我班上的学生，我至少要知道他们的性情和习惯，同时也要使他们知道我的性情和习惯。"他举例说："他们如果到我家里来，我决不冷然的

---

① 中国教育科学研究院编：《叶圣陶语文教育论集》，教育科学出版社，2015年，序。

② 叶至善、叶至美、叶至诚编：《叶圣陶集》第11卷，江苏教育出版社，1991年，第297－298页。

③ 叶至善、叶至美、叶至诚编：《叶圣陶集》第12卷，江苏教育出版社，1991年，第101页。

问：'你们来作什么？'他们如果有什么疑问，问得深一点儿的时候，我决不摇头说：'你们要懂得这个还早呢！'问得浅一点儿的时候，我决不带笑说：'这还要问吗？我正要考你们呢！'""这种拒之千里的语言态度，对于不相识的人也不应该有，何况对于最相亲的朋友？"

叶圣陶"我要作学生的朋友，我要学生作我的朋友"的思想是与他"以学生为本位"的思想是一脉相承的。早在 1919 年，叶圣陶发表《对于小学作文教授之意见》，就提出"以学生为本位"的主张。他说："小学作文之教授，当以顺应自然之趋势而适合学生之地位为主旨。""作文命题及读物选择，须认定作主者读之者为学生，即以学生为本位也。"[①]1922 年，他又在《小学国文教授的诸问题》中指出教育的病根之一是教师"不会了解儿童，不以儿童本位一义为教授的出发点""学童全居被动地位"。[②]1941 年，他在《国文随谈》中更明确提出了学生是"主体"的思想。他说："国文课是教师与学生的共同工作，可是主体究竟是学生。"[③]可见，这两个思想充分体现了民主、平等的新型师生关系。

六、"有诸己而后求诸人，无诸己而后非诸人"

"有诸己而后求诸人，无诸己而后非诸人"，是叶圣陶对自己的要求。叶圣陶先生于 1988 年 2 月 16 日去世后，顾黄初先生写了《叶老最后留下的》一文以示怀念。文章满怀深情地回忆了他 1987 年 6 月在北京参加民进中央代表会议时，亲见叶老慈祥的容貌、亲聆叶老的谆谆教诲的动人情景。文中提到叶老最后一次大会讲话的中心："有诸己而后求诸人，无诸己而后非诸人。"文章写道："叶圣老一生确确实实是这样做了的，所以成为人师的楷模，后学的表率。而他老人家直到垂暮之年仍然铭记着这两句话，以此自励，以此勉人，希望大家'广为宣传这两句话'。这精神是何等感人，这期望又是何等恳挚！这就是这位现代文化教育的伟人最后留下的箴言！"[④]

"有诸己而后求诸人，无诸己而后非诸人"，也是叶圣陶在《如果我当教师》中

① 中国教育科学研究院编：《叶圣陶语文教育论集》，教育科学出版社，2015 年，第 255、252 页。

② 叶至善、叶至美、叶至诚编：《叶圣陶集》第 13 卷，江苏教育出版社，1992 年，第 6 页。

③ 叶至善、叶至美、叶至诚编：《叶圣陶集》第 13 卷，江苏教育出版社，1992 年，第 84 页。

④ 顾黄初：《叶老最后留下的》，《语文教学通讯》，1988 年第 3 期。

对教师为人为学的要求。所谓"有诸己而后求诸人，无诸己而后非诸人"，就教师而言，即如叶圣陶所说："凡希望学生去实践的，我自己一定实践；凡劝戒学生不要做的，我自己一定不做。"他举例说："我希望学生整洁，勤快，我一定把自己的仪容、服装、办事室、寝室弄得十分整洁，我处理各种公事私事一定做得十分勤快；我希望学生出言必信、待人以诚，我每说一句话一定算一句话，我对学生和同事一定掬诚相示，毫不掩饰……"他说："必须'有诸己''无诸己'，表示出愿望来，吐露出话语来，才有真气、才有力量，人家也易于受感动。如果不能'有诸己''无诸己'，表示和吐露的时候，自己先就报报然了，哪里有什么真气？哪里还有力量？人家看穿了你的矛盾，至多报答你一个会心的微笑罢了，哪里会受你的感动？"

叶圣陶这一思想后来更明确表述为：以身作则、为人师表。在《身教和言教》一文中，他语重心长地说："我国自古以来有'言教'和'身教'的说法，还说'身教'胜于'言教'。身教，就是'以身作则'，教育者自己作出榜样来，让受教育者自动仿效，收到的效果当然比光凭口说深切得多。""'榜样的力量是无穷的'，就是这个道理。"[①] 在《教育工作者的全部工作就是为人师表》一文中，他更进一步强调："凡是自己的实践必须跟说给学生听的一致。""'言教'并非独立的一回事，而是依附于'身教'的；或以言教，或不言而教，实际上都是'身教'。'身教'就是'为人师表'，就是一言一动都足以为受教者的模范。"[②]

叶圣陶在《如果我当教师》一文中关于教育的思考，关于课程、教材、教学的思考，关于师生关系和教师要求的思考，已经超越了具体学科而具有普遍指导意义，是他留给中国教育的宝贵精神财富。本书作为"中国现代著名语文教育人物"丛书之一，将重点阐释叶圣陶关于语文课程、语文教材和语文教学的论述。

[①]　叶至善、叶至美、叶至诚编：《叶圣陶集》第 11 卷，江苏教育出版社，1991 年，第 278－279 页。

[②]　叶至善、叶至美、叶至诚编：《叶圣陶集》第 11 卷，江苏教育出版社，1991 年，第 311 页。

第一章　论语文课程

对语文课程内涵、根本目标和核心内容、语文教育核心价值的基本认识，是语文教育思想的根本性问题。叶圣陶语文课程思想的精髓体现为三个方面：一是关于语文课程内涵的解释——语文就是语言；二是关于语文课程根本目标和核心内容的定位——养成运用语文的好习惯；三是对语文教育核心价值的认识——学语文就是学做人。"语文就是语言"的解释确立了语文课程的本体知识；"养成运用语文的好习惯"的定位阐释了语文知识与语  文能力的关系，体现了语文学科的工具性，表明语文课程是一门实践性很强的课程；"学语文就是学做人"的认识揭示了语文教育的人文价值，语文教育最终是为培养人服务的，并且语文学习的过程也是做人的过程，二者是统一的。

第一节　语文就是语言

课程名称昭示着课程的本体。1949 年，在叶圣陶的主持下，"国语""国文"课程统一更名为"语文"，从此"语文"成为中国基础教育阶段学习祖国语言的课程名称。对"语文"课程名称的解释反映着对语文课程内涵的认识。叶圣陶提出"语文就是语言"的观点，强调了语文课程的本体是祖国的语言，为语文课程建设指引了方向。

一、"语文"课程的命名

1949 年，叶圣陶主持华北人民政府教科书编审委员会工作，建议把旧有的"国语"和"国文"一律更名为"语文"。叶圣陶回忆说："'语文'一名，始用于一九四九年华北人民政府教科书编审委员会选用中小学课本之时。前此中学称'国文'，小学称'国语'，至是乃统而一之。彼时同人之意，以为口头为'语'，书面为'文'，文本于语，不可偏指，故合言之。亦见此学科'听''说''读''写'宜并重，诵习课本，练习作文，固为读写之事，而苟忽于听说，不注意训练，则读写之成效亦将减损。"[1]

"语文"既作为课程名称，又作为教材名称。1950年6月，中央人民政府出版总署编审局编辑出版了全国统一的以"语文"命名的教材。这套教材的《编辑大意》指出："说出来是语言，写出来是文章，文章依据语言，'语'和'文'是分不开的。语文教学应该包括听话、说话、阅读、写作四项。因此，这套课本不再用'国文'或'国语'的旧名称，改称'语文课本'。"[2]

无论是以"语文"作为课程名称，还是以"语文"作为教材名称，其基本思想似乎都可以明确表述为："语文"即"语言"。叶圣陶解释说："什么叫语文？语文就是语言，就是平常说的话。嘴里说的话叫口头语言，写在纸面上的叫书面语言。语就是口头语言，文就是书面语言。把口头语言和书面语言连在一起说，就叫语文。"[3]

叶圣陶对"语文"学科的命名及其解说，得到了语文教育界的普遍认同。吕叔湘在1978年以《中小学语文教学问题》为题的讲话中说："解放初期有一个出版总署，底下有一个编审局，就是现在人民教育出版社的前身，主要任务是编教科书。这就碰到了一个问题，就是语文这门课，是老办法小学叫国语、中学叫国文好呢，还是想法统一起来？当时有一位在里头工作的同志提议说，我们就叫它语文行不行？语也在里头，文也在里头。后来就决定用语文这个名称了。"[4]张志公在1979年写的《说"语文"》一文中也说："一九四九年六月，全国大陆已经大部分解放，华北人民政府教育部教科书编审委员会着手研究在全国范围内使用的各种教材的问题。关于原来的'国语'和'国文'，经过研究，认为小学和中学都应当以学习白话文为主，中学逐渐加学一点文言；至于作文，则一律写白话文。总之，在普通教育阶段，这门功课应当教学生在口头上和书面上掌握切近生活实际，切合日常应用的语言能力。根据这样的看法，按照叶圣陶先生的建议，不再用'国文''国语'两个名称，小学和中学一律称为'语文'。这就是这门功课叫作'语文'的来由。

① 叶至善、叶至美、叶至诚编：《叶圣陶集》第25卷，江苏教育出版社，1994年，第33-34页。

② 中央人民政府出版总署编审局：《初级中学语文课本》第一册《编辑大意》，人民教育出版社，1950年。

③ 中华函授学校编：《语文学习的基础》，商务印书馆，1980年，第3-4页。

④ 中央教育科学研究所编：《吕叔湘论语文教育》，河南教育出版社，1995年，第37页。

这个'语文'就是'语言'的意思，包括口头语言和书面语言，在口头谓之语，在书面谓之文，合起来称为'语文'。"①

　　既然语文教育中的"语文"应理解为"语言"，那么为什么这门课程不称"语言"而称"语文"呢？这主要是因为"语言"是个多义词，它不仅是口头语言和书面语言的合称，而且也可以仅指口头语言。叫作"语文"，是为了强调这门课程不但包含口头"语"，而且包含书面"文"。1980 年 7 月 14 日，叶圣陶在小学语文教学研究会成立大会上解释说："一九四九年改用'语文'这个名称，因为这门功课是学习运用语言的本领的。既然是运用语言的本领的，为什么不叫'语言'呢？口头说的是'语'，笔下写的是'文'，二者手段不同，其实是一回事。功课不叫'语言'而叫'语文'，表明口头语言和书面语言都要在这门功课里学习的意思。'语文'这个名称并不是把过去的'国语'和'国文'合并起来，也不是'语'指语言，'文'指文学（虽然教材里有不少文学作品）。"②

　　在"语文"作为课程教材名称使用的过程中，对"语文"含义，曾有"语言文章""语言文字""语言文学"等几种不同的解说。针对这些解说，叶圣陶多次指出："'语文'一名，始用于一九四九年之中小学语文课本。当时想法，口头为语，笔下为文，合成一词，就称'语文'。自此推想，似以语言文章为较切。文谓文字，似指一个个的字，不甚惬当。文谓文学，又不能包容文学以外之文章。"③"其后有人释为'语言''文字'，有人释为语言'文学'，皆非立此名之原意。第二种解释与原意为近，唯'文'字之含意较'文学'为广，缘书面之'文'不尽属于'文学'也。课本中有文学作品，有非文学之各体文章，可以证之。第一种解释之'文字'，如理解为成篇之书面语，则亦与原意合矣。"④中国社会科学院语言研究所词典编辑室编的《现代汉语词典》对"语文"一词有两个解释，一是"语言和文字"，一是"语言和文学"。该词典在解释"语言"一词时称："'语言'一般包括它的书面形式，但在与'文字'并举时只指口语"。⑤这就是说："语言文字"专指口头语言

---

① 中央教育科学研究所编：《张志公语文教育论集》，人民教育出版社，1994 年，第 69 页。

② 叶至善、叶至美、叶至诚编：《叶圣陶集》第 13 卷，江苏教育出版社，1992 年，第 247 页。

③ 叶至善、叶至美、叶至诚编：《叶圣陶集》第 25 卷，江苏教育出版社，1994 年，第 7 页。

④ 叶至善、叶至美、叶至诚编：《叶圣陶集》第 25 卷，江苏教育出版社，1994 年，第 34 页。

⑤ 中国社会科学院语言研究所词典编辑室编：《现代汉语词典（第 7 版）》，商务印书馆，2016 年，第 1601 页。

和书面文字。吕叔湘认为："语文这两个字连在一起来讲，可以有两个讲法，一种可理解为语言和文字，也就是说口头的语言和书面的语言；另一种也可理解为语言和文学，那就不一样了。中小学这个课程的名字叫语文，原来的意思可能是语言文字，但是很多人把他理解为语言文学。"[①]吕叔湘这里虽然也将"语文"理解为"语言文字"，但仍然是指"口头的语言和书面的语言"。可见，叶圣陶所说的"语文就是语言"（包括口头语言和书面语言），实际上已经包容了"语言文章"（"文章"为书面语言）、"语言文字"（"文字"为书面语言的符号）、"语言文学"（"文学"是语言的艺术，以书面语言为载体）的含义。

二、"听、说、读、写都重要"

如前文所说，"语文就是语言"，"语文"的"语"是指口头语言，"语文"的"文"是指书面语言。这就与以往的"国文""国语"相区别。正如叶圣陶所说："'语文'作为学校功课的名称，是一九四九年开始的。解放以前，这门功课在小学叫'国语'，在中学叫'国文'。为什么有这个区别？因为小学的语文全都是语体文，到了中学，语体文逐步减少，文言文逐步加多，直到把语体文彻底挤掉。可见小学'国语'的'语'是从"语体文"取来的，中学'国文'的'文'是从'文言文'取来的。"[②]

从中国语文教育发展的历史来看，"语文"的命名对于提高口语教学的地位发挥了重要促进作用。叶圣陶历来重视口语教学，强调听、说、读、写都重要。早在 1924 年，叶圣陶在《说话训练——产生与发表的总枢纽》一文中就指出："小学校里应当把训练儿童说话这件事看得极其重要。"[③]1961 年叶圣陶在《说话训练决不该疏忽》一文中更充分地论述了说话训练的重要性，强调听、说、读、写不可偏废。文章指出："语文教学不仅是传授知识，尤其重要的，在乎培养学生听说读写的能力。……听和读的能力的加强，有助于说和写的能力的提高，反过来亦然。因此，培养的时候宜乎双方兼顾，听、说、读、写四个字中间不偏废任何一个字，才能收相互促进、不断提高的成效。"并揭示了口语训练的意义："说话训练所以称为训练，在乎利用种种有效的办法，养成学生自觉地说话的好习惯。"叶圣陶还揭示

① 中央教育科学研究所编：《吕叔湘论语文教育》，河南教育出版社，1995 年，第 37 页。
② 叶至善、叶至美、叶至诚编：《叶圣陶集》第 13 卷，江苏教育出版社，1992 年，第 247 页。
③ 叶至善、叶至美、叶至诚编：《叶圣陶集》第 13 卷，江苏教育出版社，1992 年，第 17 页。

了听话与说话的关系："听得仔细不仔细，辨得明白不明白，跟听的人的说话习惯大有关系。就是说，听的人具有自觉地说话的好习惯，对人家的话就听得仔细，辨得明白，否则只是草草听过而已，虽说听了，却说不上真正听了。"在此基础上，叶圣陶进一步指出："说最为基本，说的功夫差不多，听、读、写三项就容易办了。"[①]1980 年叶圣陶在《听、说、读、写都重要》一文中又指出："接受和发表，表现在口头是听（听人说）和说（自己说），表现在书面是读和写。在接受方面，听和读同样重要，在发表方面，说和写同样重要。所以，听、说、读、写四项缺一不可，学生都得学好。""听、说、读、写四项应该同样看重，都要让学生受到最好的训练。"[②]当然，由于语文教育的传统和现实因素，叶圣陶以更多的精力去思考探索阅读和写作的教学策略，特别是中学生阅读与写作的问题，但他对口语教学的重视和强调，对于中国现代语文听、说、读、写能力全面训练的理论形成和实际操作，产生了重大影响。

三、叶圣陶关于"语文"阐释的指导意义

叶圣陶关于"语文就是语言"的论述，为我们正确认识语文学科指明了方向。

首先，这个"语文就是语言"，是广义的语言。即既包括了口头语言和书面语言作为交际工具的符号规则系统（狭义的语言），也包括了口头语言和书面语言运用符号规则系统的过程和结果（言语）。换言之，这里的"语言"既包括了口头语言和书面语言的静态知识，也包括了口头语言和书面语言的动态运用。叶圣陶在 1934年出版的《开明国文讲义》中曾指出语文知识与语文运用的关系："文法完了之后，接着讲修辞。这两部分注重理解和实用，竭力避免机械的术语和过细的分析。务使读者修习之后，对于语言文字的规律具有扼要的概念，并且养成正确地、精当地发表的习惯。"[③]1942 年在成都《国文杂志》发表《略谈学习国文》指出："语言文字的学习，就理解方面说，是得到一种知识；就运用方面说，是养成一种习惯。这两方面必须连成一贯；就是说，理解是必要的，但是理解之后必须能够运用；知识是必要的，但是这种知识必须成为习惯。语言文字的学习，出发点在'知'，而终极点

[①] 叶至善、叶至美、叶至诚编：《叶圣陶集》第 13 卷，江苏教育出版社，1992 年，第 189-191 页。

[②] 叶至善、叶至美、叶至诚编：《叶圣陶集》第 13 卷，江苏教育出版社，1992 年，第 249 页。

[③] 中国教育科学研究院编：《叶圣陶语文教育论集》，教育科学出版社，2015 年，第 126 页。

在'行'；到能够'行'的地步，才算具有这种生活的能力。"[1]其强调了语文运用的重要性。随后在桂林《国文杂志》发刊辞《认识国文教学》中又论证了语文知识的重要性："因为暗中摸索所费的功力比较多，如果改为'明中探讨'，就可以节省若干功力去做别的事情；尤其因为教育的本旨就在使受教育的人'明中探讨'，如果暗中摸索就可以，也就无需乎什么教育了。"[2]1962年叶圣陶在讲座中又揭示了语文知识和语文实践相互促进的关系：一定要把知识跟实践结合起来，实践越多，知道得越真切；知道得越真切，便越能起指导实践的作用。语文，作为学校教育中的学习祖国语言的课程，既包含着一个民族的语言系统和规则（即狭义的语言）的学习，又包含着按照这一语言系统和规则所进行的言语行为（读、写、听、说）的训练，以及按照这一语言系统和规则形成的言语作品的学习。[3]

有学者认为："'语文'指的是汉言语，语文教育是我们母语汉语的言语教育。"[4]这一观点缩小了语文概念的外延。虽然作为母语课程内容的语言系统及规则，人们可以在日常生活的语言环境中通过自发的经验和认知多少获得一些，但这些毕竟是零碎的，与在学校教育的情境中通过较高级的思维活动系统地学习是不能相比的。学校开设语文课程之所以有必要，即在于可以使母语的学习和掌握，由自发的、偏重感性经验的、少慢差费的暗中摸索，走向自觉的、偏重科学理性的、多快好省的明中探讨。从20世纪90年代"淡化语法教学"的议论，到20世纪初提出不必进行系统的、集中的语法和修辞知识教学的要求，割裂言语与语言、语感与语理的联系，实在是一种矫枉过正的行为。这就意味着：语文学习不仅包含"言语"的学习，言语能力的养成；而且还包含了狭义的"语言"学习，即包括语言学家们所说的"以语音为物质外壳，以语义为意义内容的，音义结合的词汇建筑材料和语法组织规律的体系"[5]的语言知识的教学。事实上，言语能力的养成，当然离不开语言规则的教学。

其次，这个"语文就是语言"，既包含了口头语言和书面语言的形式，也包含了口头语言和书面语言的内容；或者说，既包含了口头语言和书面语言的内容，也包含

①　中国教育科学研究院编：《叶圣陶语文教育论集》，教育科学出版社，2015年，第2页。

②　中国教育科学研究院编：《叶圣陶语文教育论集》，教育科学出版社，2015年，第63页。

③　徐林祥、屠锦红：《语文：一体三维》，《中学语文》，2005年第10期。

④　余应源：《语文"姓"什么？》，《中学语文教学》，2001年第3期。

⑤　王德春：《语言学通论（修订本）》，北京大学出版社，2006年，第5页。

了口头语言和书面语言的形式。语言是人类用于思维和交际的最重要的符号系统。语言符号形式总是承载着人们各种各样的思想观点、表达着人们丰富多彩的情感态度、反映着大千世界的种种事实，这些思想观点、情感态度、种种事实，正是语言的内容所在。在人们的实际使用过程中，语言的形式与语言的内容总是如影随形、无法割离的。

叶圣陶关于语言形式和语言内容关系的阐述，可以概括为两方面：一是语言形式和语言内容都重要，语言形式更重要；二是语言形式和语言内容是紧密联系的，教学中是不可分割的。在1940年《国文教学的两个基本观念》一文中，叶圣陶指出："国文是语文学科，在教学的时候，内容方面固然不容忽视，而方法方面尤其应当注重。""国文教学，选材能够不忽略教育意义，也就足够了，把精神训练的一切责任都担在自己肩膀上，实在是不必的。""国文教学自有它独当其任的任，那就是阅读和写作的训练。"[①] 可见，叶圣陶既承认语文课程与其他课程共同担负着精神培育、道德教化的责任，又突出强调语文课程特有的课程任务，即语言形式的教学。但也要注意，语言形式是为语言内容服务的，语言形式的教学必须结合特定的语境，与特定的语言内容结合起来，而不能进行孤立的语言形式训练。1961年，在"文道之争"的大讨论时，叶圣陶在讲话中指出："只要把文章讲透了，也就是'文'与'道'兼顾了。""在讲解的时候，一定要靠讲明语言的运用和作者的思路——思维的发展来讲内容。要知道作者为什么要这么说而不那么说，为什么用这一个词而不用那一个词，为什么用这种口气而不用那种口气，所有这些，都跟文章表达的内容密切相关的。不能把两者分开来讲，这一堂讲思想内容，另一堂专门讲语言；只有把两者结合起来，这堂课才算成功。"[②] 这段话解答了当时语文教师中存在的如何做到"文道统一"的困惑，强调了语言形式与语言内容相结合的主张。

"语文就是语言"，规定了语文教育既要重视语文知识与能力教育（侧重语言形式层面），又要重视情感、态度、价值观的教育（侧重语言内容层面），全面提高学生的语文素养。语文学科所谓工具性与人文性的统一，其实就是语言形式教学与语言内容教学的统一。正如钟启泉所指出的：语文学科即从形式与内容两个侧面发展学生语言能力的、兼具"形式训练"与"实质训练"的一门综合性的基础学科。

总之，"语文就是语言"，这里的"语言"既包括口头语言，也包括书面语言；

---

① 中国教育科学研究院编：《叶圣陶语文教育论集》，教育科学出版社，2015年，第41-42页。
② 叶至善、叶至美、叶至诚编：《叶圣陶集》第13卷，江苏教育出版社，1992年，第195-196页。

既包括作为知识的"语言"，也包括作为活动的"语言"；既包括语言的外在形式，也包括语言的思想内容。"语文就是语言"的定位，为语文课程建设指引了方向，至今仍然有现实意义。

第二节　养成运用语文的好习惯

叶圣陶在长期的教学实践和编辑出版工作中，逐步认识到习惯之于语文学习的意义，多次强调语文课程的根本是引导学生将语文知识内化为语言活动的行为自觉，养成良好的听、说、读、写习惯。"习惯说"为语文课程"工具性"提供了依据，使语文课程的根本目标落实在语言的运用上，为建设指向实践运用的语文课程内容奠定了理论基础。叶圣陶对培养语文习惯的实践策略做出了探讨，并从具体教学方法的探讨升华为"教是为了达到不需要教"的原则确立。从"语文的习惯"拓展到"做人的习惯"，使"习惯说"得到了进一步丰富。

一、"习惯说"的内涵：语文知识的在语文实践中的自觉运用

习惯就是指长期稳定的行为方式，语文习惯就是指听、说、读、写实践活动中的长期稳定的行为方式，良好的语文习惯就是运用语文知识指导语文实践的自觉的行为方式。叶圣陶对语文习惯的强调，在长期的教育工作中是一贯的。这一思想在叶圣陶早年就已经有所体现，在20世纪40年代走向成熟，60年代以后进一步丰富完善。

1940年，叶圣陶在《国文教学的两个基本观念》一文中指出："所谓训练，当然不只是教学生拿起书来读，提起笔来写，就算了事。第一，必须讲求方法。怎样阅读才可以明白通晓，摄其精英，怎样写作才可以清楚畅达，表其情意，都得让学生们心知其故。第二，必须使种种方法成为学生终身以之的习惯。因为阅读与写作都是习惯方面的事情，仅仅心知其故，而习惯没有养成，还是不济事的。国文教学的成功与否，就看以上两点。"[①]1941年在《国文随谈》中叶圣陶又指出："不讲究方法固然根本不对，而讲究方法，只到懂得为止，也还是没有用处。必须使一切方法化为自身的习惯，那才算贯彻了学习国文的本旨。"[②]这里提出学习国文的本旨是"使一切方法化为自身的习惯"体现了重视语文知识向语文实践转化的思想，具有重要的理论启示意义。在1942年发表的《略谈学习国文》一文中，叶圣陶更明

① 中国教育科学研究院编：《叶圣陶语文教育论集》，教育科学出版社，2015年，第42页。

② 叶至善、叶至美、叶至诚编：《叶圣陶集》第13卷，江苏教育出版社，1992年，第85页。

确地指出："语言文字的学习，就理解方面说，是得到一种知识；就运用方面说，是养成一种习惯。这两方面必须连成一贯；就是说，理解是必要的，但是理解之后必须能够运用；知识是必要的，但是这种知识必须成为习惯。"① 在此，叶圣陶既主张语文学习包括理解和运用两个方面，又强调运用是更为重要的方面；既承认知识的重要性，更强调将知识化为习惯的重要性。在 1944 年写信时强调指出："语文科最重要的是养成好习惯。"②1947 年，叶圣陶在为《学习国文的新路》所作的序中说："普通人在国文方面，大概只巴望养成两种好习惯——吸收的好习惯与发表的好习惯。"③ 明确地把语文习惯作为语文课程目标的核心。

新中国成立后，叶圣陶关于语文习惯的认识进一步丰富。1962 年在《认真学习语文》的讲座中指出："学习语文目的在运用，就要养成运用语文的好习惯。""一定要把知识跟实践结合起来，实践越多，知道得越真切，知道得越真切，越能起指导实践的作用。不断学，不断练，才能养成好习惯，才能真正得到本领。"可见，叶圣陶"习惯说"具有辩证色彩，强调习惯并没有否定知识的作用，而且提出"知道得越真切，越能起指导实践的作用"这一观点。叶圣陶在这次讲座中还指出："好习惯养成了，一辈子受用；坏习惯养成了，一辈子吃它的亏，想改也不容易。"突出了习惯的重要性。④

提出"阅读与写作都是习惯方面的事情""使一切方法化为自身的习惯""语文科最重要的是养成好习惯"等系列主张，是叶圣陶对语文课程内涵的重要论断，为建设指向语文运用的课程内容体系提供了思想基础。当前语文教育界正在讨论语文核心素养，将语文核心素养概括为"语言建构与运用、思维发展与提升、审美鉴赏与创造、文化传承与理解"。但这种概括体现的其实是语文的全面素养。如果在其中提炼出"核心"，归结为一点的话，那么通过解读叶圣陶的"习惯说"，可以明确宣告，语文核心素养的"核心"，就是运用语文的良好习惯。

二、"习惯说"的意义：明确了语文课程的基本特点

"习惯说"的提出，明确了语文课程的基本特点，使得语文课程的工具性更为

---

① 中国教育科学研究院编：《叶圣陶语文教育论集》，教育科学出版社，2015 年，第 2 页。
② 叶至善、叶至美、叶至诚编：《叶圣陶集》第 15 卷，江苏教育出版社，1993 年，第 84 页。
③ 叶至善、叶至美、叶至诚编：《叶圣陶集》第 13 卷，江苏教育出版社，1992 年，第 153 页。
④ 中华函授学校编：《语文学习的基础》，商务印书馆，1980 年，第 6-7 页。

清晰。叶圣陶1942年在《国文杂志》发刊辞《认识国文教学》一文中指出："国文，在学校里是基本科目中的一项，在生活上是必要工具中的一种。"①1963年《全日制小学语文教学大纲》《全日制中学语文教学大纲》均提出："语文是学好各门知识和从事各种工作的基本工具。"②工具的价值在于应用，因此作为工具的语文课程，其价值就在于养成正确运用语文的习惯。掌握工具，形成习惯，这就强调了语文学习的目标在于语文知识在语言实践中的自觉运用。

后来有人望文生义，将这里说的"基本工具"和所谓的"工具理性"生拉硬扯在一起，误以为"工具论"片面强调知识的教学，漠视了语文的实践特征。这种误解在20世纪末的语文教育大讨论中和新世纪课程改革的初期尤为突出。近年来，"语用教学"的思想逐渐兴起。语用教学要求语文课程"立足语言文字及其运用，以语用能力培养为核心，以语用知识为主体内容，以语用实践为途径，把训练学生的语用能力，提高学生的语用素养作为语文教育的根本目标"③。这一提法对于强化语文的实践品格是有积极意义的。但在此过程中，有学者声称以叶圣陶为主要代表的语文教育家开创的现代语文教育传统是语言知识本位的，当前的语文教学要实现所谓的"语用转向"，例如有学者认为，中国语文教育在20世纪初经历了从综合教学到分科教学的转型，近年来又经历着从语言要素教学向语用教学的转型，认为语用教学"既保留了'语言专门化'的正确选择，又在'语言专门化'的基础上实现了再一次转型"④。如果认真研究叶圣陶的"习惯说"，就会发现，强调习惯就是强调实践，强调语文习惯就是强调语文运用。叶圣陶强调语文课程要引导学生将知识转化为习惯，"使一切方法化为自身的习惯""一定要把知识跟实践结合起来"，就是在强调语文的实践特征，就是在极力争取避免语文教学陷入静态知识传授的歧途。尽管叶圣陶没有"语用"这个概念，但其"习惯说"已蕴涵了"语用"的精神。绝不能将语文教学中曾经出现的片面关注静态知识和机械训练的误区归罪于叶圣陶的"工具论"。

① 中国教育科学研究院编：《叶圣陶语文教育论集》，教育科学出版社，2015年，第63页。

② 课程教材研究所编：《20世纪中国中小学课程标准·教学大纲汇编：语文卷》，人民教育出版社，1999年，第153、415页。

③ 荣维东、杜娟：《语文教育亟待语用转型与体系重建》，《中国教育学刊》，2015年第5期。

④ 李海林：《现代语文教育的定位问题——经义教育·语言专门化·语用》，《课程·教材·教法》，2015年第5期。

三、"习惯说"的策略：从具体方法到教学原则

关于语文习惯的培养策略，叶圣陶做了具体的阐发，既包括阅读的习惯，也包括写作的习惯。例如在《精读指导举隅》的前言中说："学生认识生字生语，往往有模糊笼统的毛病，用句成语来说，就是'不求甚解'。……所以令学生预习，必须使他们不犯模糊笼统的毛病；像初见一个生人一样，一见面就得看清他的形貌，问清他的姓名职业。这样成为习惯，然后每认识一个生字生语，好像积钱似的，多积一个就多加一分财富的总量。""还得在平时养成学生讨论问题，发表意见的习惯。"① 在《略读指导举隅》的前言中指出："国文教学的目标，在养成阅读书籍的习惯，培植欣赏文学的能力，训练写作文字的技能。""在略读的时候，必须教学生先看序文，养成他们的习惯。""目录表示本书的眉目，也具有提要的性质。所以也须养成学生先看目录的习惯。""利用参考书籍的习惯，必须在学习国文的时候养成。精读方面要多多参考，略读方面还是要多多参考。起初，学生必嫌麻烦，这要翻检，那要搜寻，不如直接读下去来得爽快；但是渐渐成了习惯，就觉得必须这样多多参考，才可以透彻地了解所读的书，其味道的深长远胜于'不求甚解'；那时候，让他们'不求甚解'也不愿意了。"② 关于写作教学，叶圣陶1962年在讲话中说："务令学生自己检查修改已成之篇。此习惯必须养成，因为将来应用之际，总得要自己检查，自己修改。……在校作文有老师改，出了学校没有老师改，故必养成自己检查修改之习惯。"③ 叶圣陶一方面从学生的角度阐述了语文习惯的具体内容，另一方面从教师的角度阐述了培养学生语文习惯的实践策略。

关于语文习惯培养的实践策略，叶圣陶从具体教学方法的论述，逐步升华到对教学原则的探讨上，建立从知识到习惯的桥梁，形成了"教是为了达到不需要教"的思想。叶圣陶从日常生活中阅读的实际需要出发，创造性地论述了精读和略读的关系，指出教学中的阅读多是精读，而日常生活中的阅读主要是略读，因此教学中就要注重由精读到略读的过渡。叶圣陶对"略读"的重视，其深远意义在于建立了由课内精读教学到课外自读的中介桥梁，并且将这种具有桥梁意义的"略读"进一步提升概括，形成了"导儿学步"的思想。这一思想在20世纪60年代进一步升

① 中国教育科学研究院编：《叶圣陶语文教育论集》，教育科学出版社，2015年，第7-8页。
② 中国教育科学研究院编：《叶圣陶语文教育论集》，教育科学出版社，2015年，第14-19页。
③ 叶至善、叶至美、叶至诚编：《叶圣陶集》第15卷，江苏教育出版社，1993年，第156-157页。

华，逐渐形成了"教是为了达到不需要教"这一理念。这就意味着对培养语文习惯的认识，从具体的教学方法，上升到具有普遍意义的教学原则的层面。1961年，叶圣陶在呼和浩特与语文教师的讲话时说："讲的目的，在于达到不需要讲。"[①]1962年，叶圣陶在《阅读是写作的基础》一文中说："在课堂里教语文，最终目的在达到'不需要教'……一边教，一边要逐渐为'不需要教'打基础。"[②]随后在回答教师的信说："我近来常以一语语人，凡为教，目的在达到不需要教。"[③]1963年叶圣陶在答教师的信中说："阅读教学之目的，我以为首在养成读书之良好习惯。教师辅导学生认真诵习课本，其意乃在使学生渐进于善读，终于能不待教师之辅导而自臻于通篇明晓。课外更读选本，用意亦复如是。"[④]这里说的"能不待教师之辅导而自臻于通篇明晓"也就是"不需要教"的意思。1974年，叶圣陶在回复教师的信中再次提及此观点："凡为教者必期于达到不须教。"[⑤]1983年叶圣陶在民进外地来京参观教师茶话会上说："刚才有一位同志说到我说过'教是为了不教'。后来我加了四个字：'教是为了达到不需要教'。""不教是因为学生能够自己学习了，不再需要老师教了。""达到不需要教，就是要教给学生自己学习的本领，让他们自己学习一辈子。"[⑥]这里说的"能够自己学习"就是指学习的好习惯，"教给学生自己学习的本领"就是指培养学生养成良好的学习习惯，也就是说，"养成好习惯"是"达到不需要教"的标志。从"养成好习惯"的思想到"教是为了达到不需要教"的思想，意味着叶圣陶对语文课程目标的认识从具体的操作层面升华到了教学原则层面。

四、"习惯说"的拓展：从语文的习惯到做人的习惯

在长期的教育工作中，叶圣陶对习惯的强调，从语文这一门学科逐渐延伸到整个教育，从而使培养良好"习惯"成为整个教育的宗旨，成为学生全面发展的要求。叶圣陶多次指出，就整个教育而言，就是要养成学生做人的好习惯。例如，1941年，叶圣陶在《高等教育所要养成的好习惯》一文中说："教育就是养成好习

[①]　叶至善、叶至美、叶至诚编：《叶圣陶集》第13卷，江苏教育出版社，1992年，第199页。

[②]　叶至善、叶至美、叶至诚编：《叶圣陶集》第15卷，江苏教育出版社，1993年，第151页。

[③]　中国教育科学研究院编：《叶圣陶语文教育论集》，教育科学出版社，2015年，第523页。

[④]　中国教育科学研究院编：《叶圣陶语文教育论集》，教育科学出版社，2015年，第527页。

[⑤]　中国教育科学研究院编：《叶圣陶语文教育论集》，教育科学出版社，2015年，第538页。

[⑥]　叶至善、叶至美、叶至诚编：《叶圣陶集》第11卷，江苏教育出版社，1991年，第297-298页。

惯""普通教育的目标是养成一般人当公民的好习惯，高等教育的目标是养成一些人做专门人才的好习惯。"[1]1958 年，他在答教师的信中说："我想教师工作的最终目的，无非是培养学生具有各种良好的社会习惯。诸如热爱国家关心他人的习惯，礼貌诚笃的习惯，虚心自强的习惯，阅读书写的习惯，勤劳操作的习惯，求实研索的习惯，等等。"[2]1962 年，他在《小学教师的工作》一文中说："所谓教育，无非是从各方各面给学生好的影响，使学生在修养品德、锻炼思想、充实知识、提高能力、加强健康各方各面养成好的习惯。"[3]1979 年，他在《当前教育工作中的几个问题》一文中更为简洁地概括道："教育是什么？往简单方面说，只须一句话，就是要养成良好的习惯。"[4]可见，叶圣陶发端于语文课程的"习惯说"就拓展为整个教育过程都要培养良好习惯的教育理念。"各方面养成好习惯"成为培养德、智、体、美全面发展的现代公民的基本方向。

综上所述，"习惯说"体现了叶圣陶对语文课程目标和内容的认识，揭示了语文知识与语文运用的关系，为"工具论"提供了思想基础，在实践层面上从具体的教学方法升华到"教是为了达到不需要教"的教学原则。"习惯说"是叶圣陶语文课程思想的重要组成部分，并拓展到叶圣陶综合教育思想，形成了"教育就是要养成良好的习惯"这一理念。

第三节　学语文就是学做人

叶圣陶和朱自清都认为："'五四'以来国文科的教学，特别在中学里，专重精神或思想一面，忽略了技术的训练，使一般学生了解文字和运用文字的能力没有得到适量的发展，未免失掉了平衡。"[5]基于这种认识，他们在论述国文教学目标的时候，都十分重视语言文字本身的学习，阅读与写作能力的培养，但这并不意味着他们否定语文的育人功能。在叶圣陶看来，国文是语文的学科，同时国文教学除了技术的训练而外，更需含有教育的意义。

---

① 叶至善、叶至美、叶至诚编：《叶圣陶集》第 11 卷，江苏教育出版社，1991 年，第 114 页。
② 叶至善、叶至美、叶至诚编：《叶圣陶集》第 25 卷，江苏教育出版社，1994 年，第 3 页。
③ 叶至善、叶至美、叶至诚编：《叶圣陶集》第 11 卷，江苏教育出版社，1991 年，第 222 页。
④ 叶至善、叶至美、叶至诚编：《叶圣陶集》第 11 卷，江苏教育出版社，1991 年，第 228 页。
⑤ 中国教育科学研究院编：《叶圣陶语文教育论集》，教育科学出版社，2015 年，第 38 页。

一、国文是语文学科

"国文是语文学科"，这是叶圣陶的一贯主张。早在 1932 年，叶圣陶在《国文科之目的》一文中便指出：国文科的目的就是"整个的对于本国文字的阅读与写作的教养"，换一句话说，就是"养成阅读能力""养成写作能力"两项。[①]1940 年在《国文教学的两个基本观念》中指出："国文是语文学科，在教学的时候，内容方面固然不容忽视，而方法方面尤其应当注重。"[②]1942 年在《略谈学习国文》中说："从国文科，咱们将得到什么知识，养成什么习惯呢？简括地说，只有两项，一项是阅读，又一项是写作。要从国文科得到阅读和写作的知识，养成阅读和写作的习惯。阅读是'吸收'的事情，从阅读，咱们可以领受人家的经验，接触人家的心情；写作是'发表'的事情，从写作，咱们可以显示自己的经验，吐露自己的心情。在人群中间，经验的授受和心情的交通是最切要的，所以阅读和写作两项也最切要。这两项的知识和习惯，他种学科是不负授予和训练的责任的，这是国文科的专责。每一个学习国文的人应该认清楚：得到阅读和写作的知识，从而养成阅读和写作的习惯，就是学习国文的目标。"[③]1948 年 7 月，叶圣陶在为中学生杂志社编的《中学生手册》所写的《国文》中又一次指出："学习国文该认定两个目标：培养阅读能力，培养写作能力。培养能力的事必须继续不断地做去，又必须随时改善学习方法，提高学习效率，才会成功。所以学习国文必须多多阅读，多多写作，并且随时要求阅读得精审，写作得适当。"[④]1972 年，叶圣陶在答教师的信中说："语文教学的目的，一是要教会学生自己能看书读书，不断汲取精神养料，一是要教会学生把所想的东西用嘴用笔表达出来。"[⑤]

"国文是语文学科"，这就揭示了语文学科的性质。"国文教学自有它独当其任的任，那就是阅读与写作训练。学生眼前要阅读，要写作，至于将来，一辈子要阅读，要写作。这种技术的训练，他科教学是不负责任的，全在国文教学的肩膀上。"[⑥]朱自清也指出："我以为中学国文教学的目的只须这样说明：（1）养成读书思

① 叶至善、叶至美、叶至诚编：《叶圣陶集》第 13 卷，江苏教育出版社，1992 年，第 32 页。

② 中国教育科学研究院编：《叶圣陶语文教育论集》，教育科学出版社，2015 年，第 41 页。

③ 中国教育科学研究院编：《叶圣陶语文教育论集》，教育科学出版社，2015 年，第 2—3 页。

④ 叶至善、叶至美、叶至诚编：《叶圣陶集》第 13 卷，江苏教育出版社，1992 年，第 138 页。

⑤ 叶至善、叶至美、叶至诚编：《叶圣陶集》第 25 卷，江苏教育出版社，1994 年，第 50 页。

⑥ 中国教育科学研究院编：《叶圣陶语文教育论集》，教育科学出版社，2015 年，第 42 页。

想和表现的习惯或能力;(2)发展思想,涵养情感……这两个目的之中,后者是与他科相共的,前者才是国文科所特有的;而在分科的原则上说,前者是主要的;换句话说,我们在实施时,这两个目的是不应分离的,且不应分轻重的,但在论理上,我们须认前者为主要的。"[1]

二、国文需含有教育的意义

1940 年 9 月,叶圣陶在《中等教育季刊》创刊号上发表的《国文教学的两个基本观念》一文中指出:"国文教学除了技术的训练而外,更需含有教育的意义。"他用"轮辐"与"轴心"来解说"国文"与"教育"的关系。"国文是各种学科中的一个学科,各种学科又像轮辐一样辏合于一个教育的轴心,所以国文教学除了技术的训练而外,更需含有教育的意义。说到教育的意义,就牵涉到内容问题了。"[2]1941年 7 月,叶圣陶在《如果我当教师》中说:"我无论担任哪一门功课,自然要认清那门功课的目标,如国文科在训练思维,养成语言文字的好习惯,理化科在懂得自然,进而操纵自然之类;同时我不忘记各种功课有个总目标,那就是'教育'——造成健全的公民。每一种功课犹如车轮上的一根'辐',许多的辐必须集中在'教育'的'轴'上,才能成为把国家民族推向前进的整个轮子。"[3]

国文须合于一个教育的轴心,表明语文教育是为培养人这个大目标服务的。学语文与学做人是统一的,学语文的过程也是学做人的过程。1924 年,叶圣陶在《说话训练——产生和发展的总枢纽》中做了关于训练说话与做人之关系的精辟之论:"要修养到一言片语都合于论理,都出于至诚,才得称为善于说话。"[4]20 世纪 30 年代,叶圣陶就"认定国文是发展儿童心灵的学科"。国文教学要为儿童开发心灵;他明确提出了衡量文章优劣的两根标尺,即"诚实"与"精密"。他在《作文论》中说:"我们作文,要写出诚实的、自己的话。""在人群中表白自我。""鸣出内心的感兴。""假如有所表白,这当是有关于人间事情的,则必须合于事理的真际,切乎生活的实况;假若有所感兴,这当是不倾吐不愉快的,则必须本于内心的郁积,发

[1] 李杏保、方有林、徐林祥主编:《国文国语教育论典》,语文出版社,2014 年,第 372 页。
[2] 中国教育科学研究院编:《叶圣陶语文教育论集》,教育科学出版社,2015 年,第 41 页。
[3] 叶至善、叶至美、叶至诚:《叶圣陶集》第 11 卷,江苏教育出版社,1991 年,第 99—100 页。
[4] 叶至善、叶至美、叶至诚编:《叶圣陶集》第 13 卷,江苏教育出版社,1992 年,第 24 页。

乎情性的自然。"①叶圣陶晚年在《语文教学二十韵》里提出的"立诚最为贵"的观点，是他数十年来一贯坚持、反复申说的观点。"立诚"就是认认真真学语文，踏踏实实进行训练，仅就作文说就是要表现自己心中的积蓄，"虚伪，浮夸，玩戏，都是与诚字正相反对的。"②

叶圣陶关于学语文就是学做人的一系列论述表明：语文教育的育人目标不仅仅是追求学生道德情操的熏陶感染，也是追求学生精神世界的和谐发展；不仅仅追求学生成为一个合格的劳动者，也是追求学生必须是身心发展的新人。

学语文就是学做人其内涵是用踏实、认真、勤奋的态度学习语文，用语文表达自己的真情实感，在语文学习中受到熏陶感染，学会做人的道理并付诸行动；而学会了做人，也将促进对语文的学习。可谓"世事洞明皆学问，人情练达即文章"。

学语文就是学做人的理念是叶圣陶从人的发展——人的更高的需要出发，阐发了合乎人的高层次需要的语文的发展价值、理想价值，教育的支点应该落在"人的发展"上。

当然，国文既是语文的学科，又要合于一个教育的轴心，因此要处理好两者的关系。叶圣陶指出："不过重视内容，假如超过了相当的限度，以为国文教学的目标只在灌输固有道德，激发抗战意识，等等，而竟忘了语文教学特有的任务，那就很有可议之处了。"③

就语文学习而言，叶圣陶主张"学语文就是学做人"的认识揭示了语文教育的人文价值，语文教育最终是为培养人服务的，并且语文学习的过程也是学做人的过程，二者是统一的。

① 中国教育科学研究院编：《叶圣陶语文教育论集》，教育科学出版社，2015年，第258－261页。
② 中国教育科学研究院编：《叶圣陶语文教育论集》，教育科学出版社，2015年，第260页。
③ 中国教育科学研究院编：《叶圣陶语文教育论集》，教育科学出版社，2015年，第41页。

第二章　论语文教材

教材是课程与教学的桥梁。语文教材是语文课程理念落实为语文教学行动必不可少的工具。叶圣陶先后编写了多种版本的语文教材，并多次对语文教材编制和使用做出论述，形成了系统化的语文教材思想。叶圣陶语文教材思想的精髓体现为两个方面：教材编制要以语言科学理论和教育科学理论为  指导，努力追求科学化，基于对学科、学生和社会三项的研究，努力建构知识、范文、助读、作业四个系统，合理组织编排单元；语文教材是教学的例子，教师应促进学生凭借教材掌握基础知识、形成听、说、读、写的能力、培养语言理解与表达的习惯，从而全面提升语文素养，能够在生活中运用语文。

第一节　教材编制：科学化

叶圣陶以强烈的使命感，吸收了我国古代语文教材编制的宝贵经验，并汲取现代语言科学和教育科学的理论，在语文教材建设上做出了长期的执着的探索。20 世纪前期，叶圣陶独立编写或参与编写了多套语文教材，特别是 1932 年起问世的小学教材《开明国语课本》（独立编写，丰子恺配图）、1934 年问世的函授自学教材《开明国文讲义》（与夏丏尊、宋云彬、陈望道合编）、1935 年起问世的初中教材《国文百八课》（与夏丏尊合编）、1946 年问世的初中阶段自学教材《开明新编国文读本（甲种）》（与周予同、郭绍虞、覃必陶合编）、1947 年问世的初中阶段自学教材《开明新编国文读本（乙种）》（与徐调孚、郭绍虞、覃必陶合编）、1948 年问世的高中阶段自学教材《开明新编高级国文读本》（与朱自清、吕叔湘、李广田合编）和《开明文言读本》（与朱自清、吕叔湘合编）。新中国成立初期，叶圣陶组织领导编写了多个版本的中小学语文教材，为后来的语文教材提供了基本的编辑范式。在中国现代语文教材史上，编写或指导编写教材数量如此之多，涉及学段如此之广，跨越时间如此之长，历史影响如此之大，除了叶圣陶是绝无仅有的。重读叶圣陶编写的语文教材可以发现，对科学化的不懈追求，是叶圣陶语文教材编制思想的核心。诚如叶圣陶在《〈国文百八课〉编辑大意》中指出的："在学校教育上，国文科一向和其他科学对列，不被认为一种科学。因此国文科至今还缺乏客观具体的科学性。本书编辑旨趣最重要的一点就是想给予国文科以科学性，一扫从来玄妙笼统的观念。"①

一、指导思想：基于对学科、学生、社会三个方面的研究

遵循学科自身的规律、学生心理的规律、社会发展的规律，努力使语文教材符合这三方面的规律，是叶圣陶语文教材编制的基本指导思想，这与"现代课程论之父"拉尔夫·泰勒论述的课程设计三个来源是相契合的。

（一）立足语文本体，关注语言形式

语文课程的学科本体是语文教材编制的根本依据。叶圣陶认为，现代语文课程是学校课程体系中具有相对独立性的一门课程，因此应该不同于古代教育中的百科杂糅的综合课程，诚如他在《国文教学的两个基本观念》中指出的："国文教学自有它独当其任的任，那就是阅读与写作的训练。学生眼前要阅读，要写作，至于将来，一辈子要阅读，要写作。这种技术的训练，他科教学是不负责任的，全在国文教学的肩膀上。"② 为了实现这个"独当其任的任"，语文课程就要努力引导学生认识语言形式和语言内容的统一，而且将重心放在语言形式上。因此，语言形式，就理应成为语文教材编制的第一位的标准。

叶圣陶在语文教材编制中立足语文本体，关注语言形式，主要体现为以下几个方面：一是积极引入和开发显性的语文知识，通过撰写语文知识短文使之呈现；二是坚持文质兼美的原则，精心撰写或筛选加工范文；三是从语言形式出发设计练习题目，发挥对教学的导向作用；四是按照语文的逻辑规律组织单元和编排顺序。

（二）立足学生本位，服务教学实际

学生是学习的主体，教师的教要为学生的学服务，教材的编制要为师生的教学

---

① 中国教育科学研究院编：《叶圣陶语文教育论集》，教育科学出版社，2015 年，第 127 页。

② 中国教育科学研究院编：《叶圣陶语文教育论集》，教育科学出版社，2015 年，第 42 页。

实践服务。叶圣陶深刻揭示了传统教育的弊端在于学生处于被动地位，教学中"不会了解儿童，不以儿童本位一义为教授的出发点"，为了破解这一困局，教师"须认定国文是儿童所需要的学科""国文教授也须为学童设备一种境遇，引起他们的需求。"① 变革教材，是学生本位论的必然要求。

叶圣陶在语文教材编制中立足学生本位，服务教学实际，主要体现为以下三方面：一是关注儿童的生活世界和精神世界，从儿童的审美情趣出发，撰写或精选了大批的儿童文学作品；二是从便于教学的角度出发，积极探索建构教材的助读系统和作业系统，对教材的插图、注释、练习题等用心颇多；三是遵循学生认知心理规律，精心设计编排顺序，努力追求螺旋上升。

（三）立足社会本源，服务生活需要

学生是社会中的人，语文教学理应为现实的社会生活需要服务。叶圣陶是新文学革命的参与者，深刻洞察了文言与白话在学生发展中的不同作用，突出强调为现实生活服务。20 世纪三四十年代连续几个版本的课程标准中的表述是"传播固有文化"，叶圣陶则将这一措辞修正为"传播固有的和现代的文化"，表现出对传统与现代的兼容性。② 针对传统语文教育以文学教育为主的状况，叶圣陶指出："国文所包的范围很宽广，文学只是其中一个较小的范围，文学之外，同样包在国文的大范围里头的还有非文学的文章，就是普通文。""中学生要应付生活，阅读与写作的训练就不能不在文学之外，同时以这种普通文为对象。"③

叶圣陶在语文教材编制中立足社会本源，服务生活需要，主要体现为以下方面：一是大力推进白话文教学，推动了语文教育从单纯的文言文教学到文白兼教乃至以白话文为主这一历史性的跨越；二是大力推进实用文的教学，推动了语文教育从单纯的文学欣赏到以面向生活实用为主这一过渡；三是大力引入反映现实生活的时文，使语文教育从单纯的名家经典作品教学过渡到经典作品与时文兼教。

二、教材系统：知识、范文、助读、作业四个系统的建构

基于对学科、学生、社会三个方面的研究，叶圣陶在语文教材编制中努力探索了语文教材内部诸系统的科学化建构，推动了语文教材从单一的范文系统发展为知

---

① 叶至善、叶至美、叶至诚编：《叶圣陶集》第 13 卷，江苏教育出版社，1992 年，第 6 页。

② 中国教育科学研究院编：《叶圣陶语文教育论集》，教育科学出版社，2015 年，第 38 页。

③ 中国教育科学研究院编：《叶圣陶语文教育论集》，教育科学出版社，2015 年，第 44 页。

识系统、范文系统、助读系统、作业系统兼备的多重系统。

（一）知识系统

知识是课程的本体。没有明晰完整的知识系统，是古代语文教育的根本性弊端。正如鲁迅所说："一条暗胡同，一任你自己去摸索，走得通与否，大家听天由命。"① 叶圣陶不仅认识到这一点，而且努力尝试开发语文课程知识，试图以明确的语文知识来引领语文学习。叶圣陶1942年在《认识国文教学——〈国文杂志〉发刊辞》中说："国文，在学校里是基本科目中的一项，在生活上是必要工具中的一种。可是国文教学几乎没有成绩可说，这是目前教育上一个严重的问题。即使人人能够在暗中摸索，渐渐达到能看能作，也不能说这个问题不严重；因为暗中摸索所费的功力比较多，如果改为'明中探讨'，就可以节省若干功力去做别的事情；尤其因为教育的本旨就在使受教育的人'明中探讨'，如果暗中摸索就可以，也就无需乎什么教育了。"② 用"明中探讨"来取代"暗中摸索"，使作为学校课程的语文学习与社会生活中的语文学习区别开来，其思想与后来语言学家们从西方引入的"习得""学得"辩证关系是相契合的。

叶圣陶重视语文教材中知识系统的建构，这一思想是一以贯之并不断发展的。初小《开明国语课本》，在每册后附《词汇》，列载新出现的词，供儿童翻检使用，就是初步的语文词汇知识汇编。《开明国文讲义》，"在第一第二两册里，每隔开四篇选文有一篇文话，用谈话式的体裁，述说关于文章的写作、欣赏种种方面的项目，……在第三册里，每隔开三篇选文有一篇文学史话，注重文学的时代和社会的背景，……""在第一第二两册里，每隔开四篇选文有一篇关于文法的讲话。文法完了之后，接着讲修辞。"③《国文百八课》继承和发展了《开明国文讲义》的思想，进一步凸显了语文知识的地位，将文话、文法或修辞分别形成了一个具有完整意义的体系。"文话以一般文章理法为题材，按程度配置""列文法或修辞，就文选中取例，一方面仍求保持其固有的系统"④。有学者评价说，《国文百八课》七十二篇"文话"建立了一个文章知识、文章能力、文章教学三位一体的系统，"通过文章教学，掌握文章知识，形成文章能力，正是夏丏翁、叶圣老苦心经营《国文百八课》所要

① 鲁迅：《鲁迅全集》第4卷，人民文学出版社，1981年，第270页。

② 中国教育科学研究院编：《叶圣陶语文教育论集》，教育科学出版社，2015年，第63页。

③ 中国教育科学研究院编：《叶圣陶语文教育论集》，教育科学出版社，2015年，第126页。

④ 中国教育科学研究院编：《叶圣陶语文教育论集》，教育科学出版社，2015年，第127页。

建树的文章学体系。"①后来的《开明新编国文读本》（甲乙两种）和《开明新编高级国文读本》《开明文言读本》中，每篇文选后附的注释或练习，也具有语文知识的性质，是一种零散的语文知识编排方式。对此叶圣陶解释说："我们注重的是应用，不是理论，所以采用这样一点一滴的办法。"②可见，叶圣陶对语文知识编排方式的探索有了新的发展。叶圣陶在1949年草拟的《中学国文科课程标准》中阐述教材编写时指出："语法、修辞法、作文法、思想方法都不作孤立的教学，孤立的教学徒然研讨一些死知识，劳而少功；必须就实际的听、说、阅读之中相机提出教材。"③新中国成立以后的历次语文教材也是按照这一思路编制的。

（二）范文系统

范文是语文教材的主体部分。范文的选择标准，集中反映着教材编制者的语文教育理念。基于对语文课程本质属性的认识，叶圣陶把语言形式作为教材选文的首要标准，诚如在介绍《国文百八课》时指出的："这是一部侧重文章形式的书，所选取的文章虽也顾到内容的纯正和性质的变化，但文章的处置全从形式上着眼。"④

叶圣陶从语文运用的实际需要和学生的心理特征出发，坚持教材选文兼顾文言和白话，兼顾文学体裁和实用体裁，兼顾经典作品和当代时文，兼顾成人文学和儿童文学，形成了兼容并包的选文特征。

在文言和白话的关系上，叶圣陶在执笔1923年《初级中学国语课程纲要》中具体列出了初中三个年级语体文的比例，分别为四分之三、四分之二、四分之一，体现了学习文言文要循序渐进的思想。后来的教材编辑实践中也贯彻了学习文言文要循序渐进的基本理念，1948年的《开明文言读本》，在编辑例言中指出："作为一般人的表情达意的工具，文言已经逐步让位给语体，而且这个转变不久即将完成。因此，现代的青年若是还有学习文言的需要，那就只是因为有时候要阅读文言的书籍：或是为了理解过去的历史，或是为了欣赏过去的文学。写作文言的能力决不会再是一般人所必须具备的了。"⑤这是对调整文白比例理由的充分说明。

---

① 张复琮、曾祥芹：《〈国文百八课〉的文章学系统——评夏丏尊、叶圣陶的七十二篇"文话"》，《河南财经学院学报》，1986年第4期。

② 中国教育科学研究院编：《叶圣陶语文教育论集》，教育科学出版社，2015年，第143页。

③ 中国教育科学研究院编：《叶圣陶语文教育论集》，教育科学出版社，2015年，第150页。

④ 中国教育科学研究院编：《叶圣陶语文教育论集》，教育科学出版社，2015年，第132页。

⑤ 中国教育科学研究院编：《叶圣陶语文教育论集》，教育科学出版社，2015年，第145页。

在文学体裁和实用体裁的关系上，《开明国语课本〈编辑要旨〉》就"尽量容纳儿童文学及日常生活上需要的各种文体"①。《〈国文百八课〉编辑大意》指出："本书选文力求各体匀称，不偏于某一种类，某一作家。"②"应用文为中学国文教学上的一个重要纲目，坊间现行国文课本大都不曾列入。本书从第一册起即分别编入此项材料，和普通文同样处置。"③《关于〈国文百八课〉》指出："我们主张把学习国文的目标侧重在形式的讨究，同时主张把材料的范围放宽，洋洋洒洒的富有情趣的材料固然选取，零星的便笺、一条一条的章则、朴实干燥的科学的记述等也选取。"④后来叶圣陶在《国文教学的两个基本观念》中指出："国文所包的范围很宽广，文学只是其中一个较小的范围，文学之外，同样包在国文的大范围里头的还有非文学的文章，就是普通文。这包括书信、宣言、报告书、说明书等等应用文，以及平正地写状一件东西载录一件事情的记叙文，条畅地阐明一个原理发挥一个意见的论说文。中学生要应付生活，阅读与写作的训练就不能不在文学之外，同时以这种普通文为对象。"⑤1949年叶圣陶草拟《中学语文科课程标准》，其中指出："中学语文教材不宜偏重文艺，虽然高中有文艺欣赏的项目。语文的范围广，文艺占其中的一部分。偏重了文艺，忽略了非文艺的各类文字，学生就减少了生活上的若干受用，这是语文教学的缺点。"⑥

在经典作品和当代时文的关系上，叶圣陶主张在坚守传统的同时应重视当代时文，以贴近生活实际。在1923年起陆续出版的《新学制国语教科书》中，民国成立后写作或发表的时文篇目就占了全部篇目的三分之一左右，其中蔡元培、胡适、鲁迅、徐志摩、冰心等作家的一些作品首次进入语文教材，体现了叶圣陶及其同人的巨大勇气。在1948年《开明新编高级国文读本》的"编辑例言"中，叶圣陶和同人明确指出："我们编这部读本，第一，希望切合读者的生活与程度。就积极方面说，足以表现现代精神的，与现代生活有关涉的，为现代青年所能了解，所能接

---

① 中国教育科学研究院编：《叶圣陶语文教育论集》，教育科学出版社，2015年，第124、125页。

② 中国教育科学研究院编：《叶圣陶语文教育论集》，教育科学出版社，2015年，第127页。

③ 中国教育科学研究院编：《叶圣陶语文教育论集》，教育科学出版社，2015年，第127-128页。

④ 中国教育科学研究院编：《叶圣陶语文教育论集》，教育科学出版社，2015年，第132页。

⑤ 中国教育科学研究院编：《叶圣陶语文教育论集》，教育科学出版社，2015年，第44页。

⑥ 中国教育科学研究院编：《叶圣陶语文教育论集》，教育科学出版社，2015年，第149-150页。

受的，才入选。"①即使是专选文言文的 1948 年版《开明文言读本》，也选取了梁启超、蔡元培、胡适、鲁迅、俞平伯等时人的多篇文言作品。

在成人文学和儿童文学的关系上，叶圣陶在选用成人文学的同时，积极倡导儿童文学。1932 年的初小《开明国语课本》"以儿童生活为中心。取材从儿童周围开始，随着儿童生活的发展，逐渐拓张到广大的社会。""尽量容纳儿童文学及日常生活上需要的各种文体；词、句、语调力求与儿童切近，同时又和标准语相吻合，适于儿童诵读或涵咏"②。作为中国现代儿童文学创作的主要奠基者，叶圣陶在教材编辑中以极大的热情倾注于儿童文学作品的创作和加工。即使到了 20 世纪后期，叶圣陶创作儿童文学的热情也没有减退，写出了《小小的船》等作品，成为后来历次教材中的经典篇目。

（三）助读系统

助读系统是现代语文教材的重要组成部分，对学生学习发挥着重要的辅助作用。叶圣陶对此高度重视，尤其是在插图和注释上费力较多。

叶圣陶在编写《开明国语课本》时，就高度重视图画的功能，特意邀请著名美术家丰子恺为之配图。叶圣陶指出，教材中图画与文字有机配合，"图画不单是文字的说明，且可拓展儿童的想象，涵养儿童的美感"③。新中国成立后，叶圣陶指示人民教育出版社工作时强调，书籍里的图画绝不是装饰和点缀，图画跟写在书里的书面语言有同等的重要意义。

关于选文的注释，叶圣陶在不同版本的教材中采取了不同的处理方式。《开明国文讲义》，"每篇选文的后面附有解题、作者传略以及语释。解题述说那篇文章的来历和其他相关的事项；作者传略述说作者的生平；语释解明文章里的难词、难句"④。《国文百八课》不附注释。后来的《开明新编国文读本》甲乙两种则分别有"有注释"和"无注释"两种版本供读者根据需要选用。《开明新编高级国文读本》，每篇的后面分列"篇题"和"音义""篇题"介绍文章的体裁、用意、性质，以及作者的经历与风格；"音义"就是对词句的注释。《开明文言读本》在每篇的后面列了"作者及篇题""音义""古今语""虚字""文法"等项目。当然，这些注释本身

① 中国教育科学研究院编：《叶圣陶语文教育论集》，教育科学出版社，2015 年，第 142 页。

② 中国教育科学研究院编：《叶圣陶语文教育论集》，教育科学出版社，2015 年，第 124 页。

③ 中国教育科学研究院编：《叶圣陶语文教育论集》，教育科学出版社，2015 年，第 125 页。

④ 中国教育科学研究院编：《叶圣陶语文教育论集》，教育科学出版社，2015 年，第 126 页。

也具有语文知识的性质，也可以认为属于教材知识系统的范畴。叶圣陶非常重视注释的质量，强调注释对于学生思维的启迪意义。1962 年叶圣陶就注释的问题做出指示："所注虽为一词一语一句，而必涉想及于通篇，乃于学生读书为文之修习真有助益。尤须设身处地，为学生着想，学生所不易明晓者，必巧譬善喻，深入浅出，注而明之。"注重注解的启发性："作注固在注此一篇，苟于意义多歧之词语，含蕴丰富之典故，较为繁复之语法结构，颇见巧妙之修辞手段，多写一二句，为简要之指点，则学生自诵其他文篇与书籍，将有左右逢源之乐。"①

（四）作业系统

作业系统是学习使用教材学习时具有规定性的活动任务的集中体现，反映着教材编制者对学生学习目标的认识。叶圣陶对作业系统也倾注了精力。

1932 年初小《开明国语课本〈编辑要旨〉》"每数课之后列有练习课。有的注重于内容的讨究，有的注重于语法的整理，有的注重于写作的训练。练习课文字与图画并用，绝无枯燥、呆板的弊病"②。1934 年高小《开明国语课本〈编辑要旨〉》"有的注重于语法、作法、修辞的讨究，有的注重于内容的研求和欣赏"③。《开明国文讲义〈编辑例言〉》"文话、文法等的后面附着练习的题目，有的是属于测验性质的，有的是待读者自己去发展思考能力的，逐一练习过后，不但对于选文和讲话可以有进一步的理解，并且可以左右逢源，发见独自的心得"④。《国文百八课〈编辑大意〉》"附列习问，根据文选，对于本课文的文话、文法或修辞提举复习考验的事项"⑤。《开明新编国文读本（甲种）》"在每篇文字之后，我们写了短短的几句，或是指点，或是发问，意在请读者读过以后，再用些思索的功夫"。乙种本与之类似。《开明新编高级国文读本》里，每篇的后面设有"讨论"和"练习"。"'讨论'全用发问的方式。读者从这些问题里可以学习分析文章的方法，知道怎样把握要点，贯穿脉络，怎样看字面，怎样看字里行间。""'练习'除了背诵或默写以及指出某一类特别的表现法外，也都用发问的方式。这里提出结构的分析，词语的讲解，句式

① 刘国正：《叶圣陶关于编写中学语文教材的论述》，《课程·教材·教法》，1983 年第 4 期。

② 中国教育科学研究院编：《叶圣陶语文教育论集》，教育科学出版社，2015 年，第 124 页。

③ 中国教育科学研究院编：《叶圣陶语文教育论集》，教育科学出版社，2015 年，第 125 页。

④ 中国教育科学研究院编：《叶圣陶语文教育论集》，教育科学出版社，2015 年，第 126 页。

⑤ 中国教育科学研究院编：《叶圣陶语文教育论集》，教育科学出版社，2015 年，第 127 页。

和比喻的运用等。句式属于文法，比喻属于修辞，结构属于文章作法。"①《开明文言读本》每篇的后面设有"讨论及练习""包括对于选文内容，文章形式，词语应用等各方面的讨论，以及翻译和造句的练习。翻译只有把文言译成现代语的一种，目的在促进读者对于选文的更确实的了解。造句的练习也还是为了增进读者对于文言字法句法的认识，并不希望读者能由此习作文言。"②新中国成立后，叶圣陶在指导教材编写时，对作业系统仍一直很重视。1962年指示说："盖将就本课之内容与形式，抉其至关重要之若干点，俾学生思索之，辨析之，熟谙之，练习之，有助于阅读能力写作能力之增长也。以故所出虽仅数题，而考虑之项，则宜通观全篇，观之一遍未必即有获，则宜反复数遍。如是乃可期所出之题并皆精善，无敷衍凑数者。"各课之间，统筹安排。"凡为练习，必不能谓为之一度已足，一练再练，锲而不舍，乃长能力。以故已出之题，尽当重出。苟重出而悉如前样，或将使学生生厌，则无妨同其旨趣而异其方式焉。"③此外，叶圣陶1961年在与江苏农村教材编辑人员谈话时还说："练习题的作用好像开一扇门，让学生自己走进去，这就是常说的'带有启发性'。"④

三、编排方式：语文教材单元的建构与分编的尝试

在教材的编排方式上，叶圣陶的主要贡献集中于两点：一是促进了语文教材单元的建构，二是开展了语文教材分编的实践探索。

（一）语文教材单元的建构

教材中的单元是指具有内容联系的若干因素有机地组织在一起的单位。单元的建构是现代语文教材史上的重要突破。叶圣陶在1932年初小《开明国学课本〈编辑要旨〉》中指出："本书每数课成一单元，数单元又相互照顾，适合儿童学习心理。"⑤表明了设置单元的初衷。《国文百八课〈编辑大意〉》则达到了单元建构的新高度。叶圣陶指出："从来教学国文，往往只把选文讲读，不问每小时每周的教学目标何在。本书每课为一单元，有一定的目标，内含文话、文选、文法或修辞、习问四项，

①　中国教育科学研究院编：《叶圣陶语文教育论集》，教育科学出版社，2015年，第143页。

②　中国教育科学研究院编：《叶圣陶语文教育论集》，教育科学出版社，2015年，第146页。

③　刘国正：《叶圣陶关于编写中学语文教材的论述》，《课程·教材·教法》，1983年第4期。

④　叶至善、叶至美、叶至诚编：《叶圣陶集》第16卷，江苏教育出版社，1993年，第149页。

⑤　中国教育科学研究院编：《叶圣陶语文教育论集》，教育科学出版社，2015年，第124页。

各项打成一片。文话以一般文章理法为题材，按程度配置；次选列古今文章两篇为范例；再次列文法或修辞，就文选中取例，一方面仍求保持其固有的系统；最后附列习问，根据文选，对于本课文的文话、文法或修辞提举复习考验的事项。"①

（二）分编的尝试

叶圣陶继承了合编教材的传统，也在教材分编上做了开拓性的尝试。叶圣陶语文教材分编的思想主要表现为下面四个方面。

其一是精读教材与略读教材的分编。叶圣陶与朱自清合编的《精读指导举隅》《略读指导举隅》是典范的语文教育著作，其中就蕴涵了精读教材和略读教材分编的思想，希冀学生能通过精读掌握阅读的知识、能力、习惯，从而能够略读更多的篇目乃至"整本书的阅读"。在1949年草拟的《中学语文科课程标准》就指出："中学语文教材除单篇的文字而外，兼采书本的一章一节，高中阶段兼采现代语的整本的书。"②为了激发学生阅读"整本的书"，精读教材中可以节录其中一部分。叶圣陶也努力追求节录后的语言效果。叶圣陶在20世纪60年代对地方教材对从长篇著作中节录一部分作为选文做过指导，指出，节录的文章能激发学生课外阅读的兴趣，不失为选材的一条途径，但挑选宜严格，节取应慎重，要足以反映原著的精华和主要人物的主要特点。③

其二是白话教材与文言教材的分编。叶圣陶在为吕叔湘编的《笔记文选读》作序时指出："有人主张把现代白话跟文言分开来教，作为两种课程，使用两种教本。……这两类在理法上差异很多，在表达上也大不一样，要分开来学习才可以精熟，不然就夹七夹八，难免糊涂。两相比较当然是需要的，但是须待分头弄清楚了才能比较。开头就混合在一起，不分辨什么是什么，比较也只是徒劳。这个主张着眼在学习的精熟，见到白话文言混合学习，结果两样都不易精熟，就想法改革。效果如何虽还不得而知，值得试办却是无疑的。"④后来叶圣陶及其同人一道编写了白话、文言分编的《开明新编国文读本》甲、乙两种，以及随后的《开明新编高级国文读本》《开明文言读本》两种，这就是文白分编的积极尝试。

其三是"有注释"本与"无注释"本的分编。叶圣陶与同人一道编写了白话、

① 中国教育科学研究院编：《叶圣陶语文教育论集》，教育科学出版社，2015年，第127页。

② 中国教育科学研究院编：《叶圣陶语文教育论集》，教育科学出版社，2015年，第149页。

③ 朱泳燚：《叶圣陶语文教材编写的实践与理论》，《课程·教材·教法》，1988年第4期。

④ 中国教育科学研究院编：《叶圣陶语文教育论集》，教育科学出版社，2015年，第137－138页。

文言分编的《开明新编国文读本》甲、乙两种，分别有"有注释""无注释"两种版本，供读者根据需要选用，体现了对不同读者学情差异的尊重。

其四是汉语教材与文学教材的分编。新中国成立初期，叶圣陶参与组织领导了汉语文学分科教学的改革，分别组织编写了初中的《汉语》《文学》教材和高中的《文学》教材，将知识系统和范文系统分列，初步建立了语文学科内部相对完整的汉语学科和文学学科体系，强调了语文学科的完整性和语文知识的系统性，为探索语文教学的科学化做出了有益的尝试。

四、编制态度：字斟句酌，呕心沥血

叶圣陶语文教材编制在范文系统上的一个突出特征就是善于独创课文和改编课文。叶圣陶在1932年花了整整一年时间编写《开明国语课本》，整套教材四百来篇课文，形式和内容都很庞杂，大约有一半是原创，另外一半是有所依据的再创作，没有一篇是照搬现成的，是抄来的。关于选文的改编，叶圣陶及其同人在《开明新编国文读本（甲种）》的序言中说："所选文篇如有疏漏之处，我们都加上修润的功夫。这是要请各位作者原谅的。为着读者的利益起见。想来一定能蒙各位作者原谅。"[1]选文的修润是个复杂的工程。据刘国正回忆：20世纪50年代有不少课文是在叶圣陶亲自主持下加工改写的，以法国作家都德的《最后一课》为例，为了准确地反映原作的艺术风格和思想感情，叶圣陶召集三方面的人共同修改，一是语文编辑室的负责人和主要编辑，二是老北京熟悉北京话和普通话的同志，三是通晓法文的同志。把法文的原本和汉语的译本都摆出来，字斟句酌，逐行逐段，连续工作了几天，才定下理想的译稿。叶圣陶自己的作品也常常请一些同志在一起逐字逐句地推敲。1962年叶圣陶指示教材编制工作时就选文加工指出："加工之事，良非易为。必反复讽诵，熟谙作者之思路，深味作者之意旨，然后能辨其所长所短，然后能就其所短者而加工焉。他则作者文笔，各有风裁，我人加工，宜适应其风裁，不宜出之以己之风裁，致使全篇失其调谐。"[2]其殚精竭虑，可见一斑。

叶圣陶在建设语文教材知识系统上也呕心沥血。在《关于〈国文百八课〉》中说："仅仅每课文话话题的写定，就费去了不少的时间。本书预定一百零八课，每课各说述文章上的一个项目。哪些项目需要，哪些项目可略，颇费推敲。至于前后

---

① 中国教育科学研究院编：《叶圣陶语文教育论集》，教育科学出版社，2015年，第140页。

② 刘国正：《叶圣陶关于编写中学语文教材的论述》，《课程·教材·教法》，1983年第4期。

的排列，也大费过心思。""是彻头彻尾采取'文章学'的系统的，不愿为了变化兴味自乱其步骤。"[1]1979 年写信指出："切实研究，得到训练学生读作能力之纲目与次第，据以编撰教材，此恐是切要之事。"[2]

叶圣陶多次参与或主持审定语文教材。1940 年起受聘为四川省教育科学馆时就负责教材审定，1948 年在上海又应邀审定供新加坡使用的教材。新中国成立后，叶圣陶长期担任领导职务，在教材审定方面更是付出了大量的精力。据称，在担任教育部副部长兼人教社社长期间，叶圣陶凡收到中小学语文编辑室交的稿子，遇到不妥之处，"辄书于旧日历之背面，计其总数，殆将三四百纸"[3]。

叶圣陶还重视教材的试用和修订。《开明国语课本》在十余年间印行了四十多版次，可谓中国现代语文教材史的奇观，但叶圣陶并不满足，还是对这套教材做了修改，改定为《少年国语读本》《儿童国语读本》《幼童国语课本》，于 1947—1949 年相继问世。新中国成立以后，叶圣陶对教材的试用和修订更为重视，在教材试用中做了大量的调查研究，多次与中小学一线教师学生座谈，听取他们的意见，甚至直接参与教师的合作备课，以探究教材的改进空间。

综上所述，叶圣陶在语文教材编制上坚持遵循学科自身的规律、学生心理的规律、社会发展的规律，努力使语文教材符合三方面的规律；推动了语文教材从单一的范文系统发展为知识系统、范文系统、助读系统、作业系统兼备的多重系统；在教材的编排方式上，促进了语文教材单元的建构，开展了语文教材分编的实践探索；在教材编制和审定过程中，字斟句酌，呕心沥血，体现了严谨的学者风格。

第二节　教材使用：无非是例子

叶圣陶提出的"教材无非是个例子"是对语文教材使用策略的高度概括。"教材无非是个例子"，即在教学语文教材选文过程中，引导学生逐步学会语言运用相关知识，形成听、说、读、写的方法技能，从而养成良好的语言习惯。"例子说"是叶圣陶语文教材思想的重要一翼，下文拟分述"例子说"的内涵、机理和实践策略。

① 中国教育科学研究院编：《叶圣陶语文教育论集》，教育科学出版社，2015 年，第 132－134 页。

② 中国教育科学研究院编：《叶圣陶语文教育论集》，教育科学出版社，2015 年，第 540 页。

③ 叶至善、叶至美、叶至诚编：《叶圣陶集》第 16 卷，江苏教育出版社，1993 年，第 157 页。

一、"例子说"的内涵：教材的选文与读写的习惯

选文是语文教材主体，是由语文课程的特殊性决定的。与其他课程相比，基础教育阶段的语文课程目标主要不在于掌握系统化的学科知识，而在于掌握语言运用的实践策略。语文课程的实践性决定了语文教材的主体是选文。正如叶圣陶所指出的：国文这门学科与其他学科不一样，其他学科都有特殊的固定的材料，形成一个完整的有机的内容体系。国文学科则不然。"就最广泛的方面说，凡是用我国文字写成的东西都是国文的材料……就最狭窄的方面说，只有语文法的研究，写作技术的研究，修辞的研究才是国文的材料。"[①] 这里隐含地解释了语文教材只能以"例子"为主。后来叶圣陶也曾说："语文课本不同于其他的课本：数学、物理、化学等课本，材料是一定的，各科的'教学大纲'都规定好了；语文课本的材料是课文，课文实际上是举例的性质，'教学大纲'并未规定，所以要选。"[②] 选文是语文教材的主体，但只是语文教学的材料，选文本身不是语文课程的内容，语文教学应该正确发挥选文的作用。叶圣陶正是在需要强调语文教材使用策略的背景下，提出了"例子说"。

"例子说"的提出演进发展的过程。在编写《开明国文讲义》《国文百八课》的实践中，就已经隐含着将选文视为文章读写教学实例的思想。诚如叶圣陶在《国文百八课》编辑大意里说的："文话以一般文章理法为题材，按程配置，次选列古今文章两篇为范例……"这里说的"范例"就是与语文知识相对应的例子。叶圣陶具体论述"例子说"则是在20世纪40年代以后。在《精读指导举隅》的前言中，初步提出"例子说"："精读文章，只能把它认作例子与出发点；既已熟习了例子，占定了出发点，就得推广开来，阅读略读书籍，参读相关文章。"[③] 在《略读指导举隅》的前言中，较为具体地论述了"例子说"："国文教学的目标，在养成阅读书籍的习惯，培植欣赏文学的能力，训练写作文字的技能。这些事不能凭空着手，都得有所凭借。凭借什么？就是课本或选文。有了课本或选文，然后养成、培植、训练的工作得以着手。"[④] "略读与精读一样，选定一些教材来读，无非'举一隅'的性质，

---

① 叶至善、叶至美、叶至诚编：《叶圣陶集》第13卷，江苏教育出版社，1992年，第152页。

② 叶至善、叶至美、叶至诚编：《叶圣陶集》第16卷，江苏教育出版社，1993年，第147页。

③ 中国教育科学研究院编：《叶圣陶语文教育论集》，教育科学出版社，2015年，第11页。

④ 中国教育科学研究院编：《叶圣陶语文教育论集》，教育科学出版社，2015年，第14页。

都希望学生从此学得方法，养成习惯，自己去'以三隅反'；故数量虽少，并不妨事。"①1945 年叶圣陶为吕叔湘的《笔记文选读》作序时，批评了普遍存在的现象，提出了语文教材性质和功能的问题："青年们个个都捧着语文教本，可是不一定个个都想过语文教本是什么东西，有什么作用。通常以为语文教本选的是些好篇章，人人必读的，读了这个，就吸尽了本国艺文的精华。……就说选的确是十足道地的好篇章，语文教本也不过是薄薄的小册子，而以为天下之道尽在于是，所见未免欠广。……实际上，把篇章读得烂熟，结果毫无所得，甚至把个头脑读糊涂了，这样的人古今都有。毫无所得是无益，把个头脑读糊涂了是非但无益而且有害。所以，认为一味地读具有魔法似的作用，未见得妥当。"然后正式提出"例子说"："语文教本只是些例子，从青年现在或将来需要读的同类的书中举出来的例子；其意是说你如果能够了解语文教本里的这些篇章，也就大概能阅读同类的书，不至于摸不着头脑。所以语文教本不是个终点。从语文教本入手，目的却在阅读种种的书。"②"论说文跟著述文在多数人是不大写的。给多数人预备语文教本，一半总带着供给写作范式的意思。那自然该多选记叙文，少选论说文跟著述文，甚至完全不选。吕先生这个选本，取材以笔记为范围，几乎全是记叙文，对于读者日常写作该会有不少帮助。在阅读的当儿，同时历练观察的方法，安排的层次，印象的把捉，情趣的表出。这些逐渐到家，就达到什么都记得下来，什么都写得出来的境地。并且，这些跟白话文言不生关系，从这儿历练，对于白话的写作同样的有好处。"③可见，叶圣陶的"例子说"，就是将教材的选文作为阅读教学和写作教学的例子，由选文将学生引向文章读写的广阔实践。在 1949 年草拟的《中学语文科课程标准》中，叶圣陶指出："教材的性质同于样品，熟悉了样品，也就可以理解同类的货色。"④这是对"例子说"的另一种表达。

二、"例子说"的机理：以语文知识为中介

叶圣陶主张把养成语言运用的习惯作为语文课程的目标。由作为"例子"的选文，到作为学习目标的"习惯"，有个重要的中介，就是语文知识。广义的语

---

① 中国教育科学研究院编：《叶圣陶语文教育论集》，教育科学出版社，2015 年，第 15 页。

② 中国教育科学研究院编：《叶圣陶语文教育论集》，教育科学出版社，2015 年，第 136 页。

③ 中国教育科学研究院编：《叶圣陶语文教育论集》，教育科学出版社，2015 年，第 139 页。

④ 中国教育科学研究院编：《叶圣陶语文教育论集》，教育科学出版社，2015 年，第 149 页。

文知识，既包括静态的语文陈述性知识，也包括动态的语文程序性知识。当然，语文程序性知识在很大程度上是缄默知识，以内隐的方式存在，在听、说、读、写的活动中以语言技能体现出来。以语文知识为中介，就是"例子说"的运行机理。

叶圣陶多次阐述语文知识在"选文"和语文学习目的之间的作用，尤其强调语言的技能。叶圣陶在 1937 年出版的《文章例话》序言中指出："临时搬出一些知识来，阅读应该怎样，写作应该怎样，岂不要把整个的兴致分裂得支离破碎了吗？所以阅读和写作的知识必须化为技能，养成习惯，必须在不知不觉之间受用着它，才是真正的受用。"这里所说的"在不知不觉之间受用着它"，就体现了对缄默知识的重视。"知识不能凭空得到，习惯不能凭空养成，必须有所凭借。那凭借就是国文教本。"① 这个"凭借"就是对"例子说"运行机制的阐释。在 1945 年为《笔记文选读》作序时指出："语文教本好比一个锁钥，用这个锁钥可以开发无限的库藏——种种的书……"② 这个锁钥，指的就是隐含在选文之中的语文知识，其中有的依赖于语文教师带领学生去发掘，有的则需要学生在阅读积累中逐步感悟体会。简言之，这个"锁钥"就是"选文"到语文"习惯"之间的中介。叶圣陶 1947 年为《学习国文的新路》作序时更明确地提出来："作为着手研究的凭借，目的在从其中研究出一些法则来。"③ 所谓"研究出一些法则"就是在对选文的读解中找到前面所说的"锁钥"。1961 年叶圣陶在一次讲话中提出："我不太赞成'语文知识'这个说法。把语法、逻辑、修辞之类称作'知识'，好像只要讲得出来就行，容易忽略实际运用。现在大家既然用惯了'知识'这个词，那么就得把这个词的意义扩大，把能力也包括在内。要让学生把知识化为自己的血肉，在生活中能够随时运用，教学的目的才算达到了。"④ 将语文"能力"纳入广义的"语文知识"，从而使语文知识不仅涵盖了静态的语文知识，也涵盖了动态的语文知识，是对"语文知识"这一概念做出的重要论断，与后来我国学者从国外引入的陈述性知识与程序性知识的划分方式具有内在的契合性。

概言之，教师正确认识语文教材选文的性质，将教材选文当作"例子"，带领

---

① 中国教育科学研究院编：《叶圣陶语文教育论集》，教育科学出版社，2015 年，第 3 页。

② 中国教育科学研究院编：《叶圣陶语文教育论集》，教育科学出版社，2015 年，第 137 页。

③ 叶至善、叶至美、叶至诚编：《叶圣陶集》第 13 卷，江苏教育出版社，1992 年，第 152 页。

④ 叶至善、叶至美、叶至诚编：《叶圣陶集》第 16 卷，江苏教育出版社，1993 年，第 149 页。

学生凭借"例子"来探索字、词、句、篇的知识，掌握语法修辞的规律，形成听、说、读、写的技能，就等于让学生找到了语文的"锁钥"，从而能够在生活中根据需要从事更加丰富多彩的听、说、读、写实践活动，这就是"例子说"所确立的语文教材选文的功能。

三、"例子说"的实践："举一而反三"

叶圣陶 1978 年讲话指出："知识是教不尽的，工具拿在手里，必须不断地用心地使用才能练成熟练技能，语文教材无非是例子，凭这个例子要使学生能够举一而反三，练成阅读和作文的熟练技能；因此，教师就要朝着促使学生'反三'这个标的精要地'讲'，务必启发学生的能动性，引导他们尽可能自己去探索。"[①]这是对"例子说"的进一步阐发。按照"举一而反三"的思想，语文教学的实践就可以分为两个方面：一方面是"举一"，也就是用好教材这个"例子"；另一方面是"反三"，也就是向教材之外拓展延伸。

（一）"举一"：用好教材选文

从选文的教学目标看，作为"例子"的课文主要具有以下两种示范功能：一是定标的示范，二是全息的示范。叶圣陶的教材选文思想，在这两方面均有体现。

所谓"定标示范"，即教材以清晰的知识系统为线索，特定的选文为特定的语文知识相对应。《国文百八课》的编辑思想即在于"定目标"，按既定的语文知识目标选文。与以往选文为中心的传统教材不同，《国文百八课》以目标为中心，选文退居为与某一具体目标相应的示例。由于这种定标示范目标单一，因此只要求从某一特定视角研读课文即可，不要求"文章面面观"。鉴于此，编者在选文时尤其要注意例子的"特性"，注意根据具体目标选择"适文"，充分运用特色文篇，发挥它们在某一"特性"上的示范功能。正如叶圣陶所说的："我们以为杂乱地把文章选给学生读，不论目的何在，是从来国文科教学的大毛病。文章是读不完的，与其漫然地瞎读，究不如定了目标来读。本书每课有一目标。为求目标与目标间的系统完整，有时把变化兴味牺牲亦所不惜。"[②]

所谓"全息示范"，即任何一篇文章都是一个全息体，包含多重信息，学生可以凭借这全息体多层面、全方位地学习，全面把握选文所包含的各种信息。叶圣陶

---

① 中国教育科学研究院编：《叶圣陶语文教育论集》，教育科学出版社，2015 年，第 113 页。

② 中国教育科学研究院编：《叶圣陶语文教育论集》，教育科学出版社，2015 年，第 134 页。

在编辑《国文百八课》时也没有否认选文作为全息体的特征，他说："文章是多方面的东西，一篇文章可从种种视角来看，也可应用在种种的目标上。例如朱自清的《背影》可以作'随笔'的例，可以作'抒情'的例，可以作'叙述'的例，也可以作'第一人称的立脚点'的例，此外如果和别篇比较对照起来，还可定出各种各样的目标来处置这篇文章。"[①] 这段话从侧面阐释了文章的全息性。叶圣陶曾将在《新少年》评讲过的 24 篇选文结集成书，定名为《文章例话》，书中的选文即为全息示范的例子。叶圣陶后来与同人合编的《开明新编国文读本》甲乙两种、《开明新编高级国文读本》《开明文言读本》，其选文也都是全息示范的例子。

叶圣陶的教材思想是不断发展的开放性系统，在教材使用上也是这样。综合研究叶圣陶组织编写的教材，可以发现，叶圣陶并非采取"非此即彼"的思维方式来看待定标示范和全息示范，而是努力寻求二者的有机结合。也就是说，努力尝试在遵循语文知识系统的线索这一前提下，既充分发挥选文在语言训练上的定标功能，又尽可能地发挥"非定标"的熏陶感染作用，努力争取教材功能的最大化。

新中国成立后，叶圣陶先生长期担任人民教育出版社社长，据刘国正先生回忆，叶老对语文室的工作要求是极为严格的。他在给语文室的一封信中说："我尝谓凡选文必不宜如我苏人所谓'拉在篮里就是菜'。选文之际，眼光宜有异于随便浏览，必反复讽诵，潜心领会，质文兼顾，毫不含糊。其拟以入选者，应为心焉好之，确认为堪以示学生之文篇。苟编者并不好之，其何能令教师好之而乐教之，学生好之而乐诵之乎？"[②] 叶圣陶一生主编出版了数十种语文教材，以文质兼美，堪为模式，一册之中无篇不精，咸为学生营养之资的思想始终如一。

（二）"反三"：积极拓展延伸

既然教材选文是"例子"，就应该发挥课文举一反三的作用，积极引导学生由教材选文拓展延伸到教材之外更为广阔的天地。叶圣陶对此也多次做过论述。在1942 的《略谈学习国文》一文中，叶圣陶指出："国文教本为了要供学生试去理解，试去揣摩，分量就不能太多，篇幅也不能太长；太多太长了，不适宜于做细琢细磨的研讨功夫。但是要养成一种习惯，必须经过反复的历练。单凭一部国文教本，是够不上说反复的历练的。所以必须在国文教本以外再看其他的书，越多越好。应用

---

① 中国教育科学研究院编：《叶圣陶语文教育论集》，教育科学出版社，2015 年，第 133 页。

② 叶至善、叶至美、叶至诚编：《叶圣陶集》第 16 卷，江苏教育出版社，1993 年，第 157 页。

研读国文教本得来的知识，去对付其他的书，这才是反复的历练。"[1] 在《精读指导举隅》前言中指出："读了某一体文章，而某一体文章很多，手法未必一样，大同之中不能没有小异；必须多多接触，方能普遍领会某一体文章的各方面。或者手法相同，而相同之中不能没有个优劣得失；必须多多比较，方能进一步领会优劣得失的所以然。""把精读文章作为出发点，向四面八方发展开来，那么，精读了一篇文章，就可以带读许多书，知解与领会的范围将扩张到多么大啊！"[2] 在1948年《开明新编高级国文读本》的编辑例言中指出："自修国文不能单靠一种读本，要多看成本的书才容易见功效。"[3] 在1949年草拟的《中学语文科课程标准》中，叶圣陶指出："阅读要养成习惯才有实用，所以课外阅读的鼓励和指导必须配合着教材随时进行。"[4]

　　总之，叶圣陶认为语文教材的价值在于培养学生的语言运用的习惯，因此提出了"教材无非是个例子"这一重要论断，强调语文教学要正确认识并充分发挥语文教材选文作为"例子"的功能，引导学生通过课文例子，学会语文知识，认识语文规律，形成语文技能，从而掌握走向听、说、读、写实践的"锁钥"。

---

[1]　中国教育科学研究院编：《叶圣陶语文教育论集》，教育科学出版社，2015年，第3页。

[2]　中国教育科学研究院编：《叶圣陶语文教育论集》，教育科学出版社，2015年，第11－12页。

[3]　中国教育科学研究院编：《叶圣陶语文教育论集》，教育科学出版社，2015年，第142页。

[4]　中国教育科学研究院编：《叶圣陶语文教育论集》，教育科学出版社，2015年，第149页。

第三章　论语文教学

叶圣陶一生当过小学、中学、大学语文老师。从1912年至1942年，叶圣陶先后任教的学校有：言子庙小学（1912—1914）、尚公小学（1915—1917）、角直第五高等小学（1917—1921）、中国公学中学部（1921）、浙江一师（1921—1922）、北京大学（1922）、上海神州女校（1922—1923）、复旦  大学（1923）、福州协和大学（1923）、上海大学（1923）、上海立达学园（1925—1926）、松江景贤女子中学上海分校（1926）、复旦大学（1930）、巴蜀学校（1938）、国立中央戏剧学校（1938）、复旦大学（重庆，1938）、武汉大学（乐山，1938—1940）、光华大学（1941—1942）、齐鲁大学（1942）。正因为他有着数十年从教的经历，所以他深知语文教学的甘苦；也因为他有数十年持续不断的反思，所以他能揭示语文教学的本质规律。

第一节　阅读教学

20世纪40年代初，叶圣陶先生和朱自清先生受四川省教育厅的委托，合作撰写过两本"专供各中学国文教师参考用"的阅读教学指导书——《精读指导举隅》与《略读指导举隅》。《精读指导举隅》选取六篇课文为例进行指导，其中：记叙文、短篇小说、抒情散文、说明文各一篇，议论文两篇；古代两篇，现代四篇。《略读指导举隅》选取七部书为例进行指导，其中：经籍一种、名著节本一种、诗歌选本一种、专籍两种、小说两种；适合初中学生阅读的三种，适合高中学生阅读的四种。1942年3月和1943年1月，《精读指导举隅》与《略读指导举隅》先后由商务印书馆在重庆出版。叶圣陶为这两本书写了《前言》，集中反映了叶圣陶关于阅读教学的思想，对于我们今天正确认识阅读教学的目标、阅读教学的课型、阅读教学的教材，实施有效教学，对于当今语文教学乃至各学科教学的改革和发展，仍然具有指导意义。

一、阅读教学的目标：养成阅读书籍的习惯

叶圣陶和朱自清都非常看重学生良好习惯的培养。早在 1925 年，朱自清在《中等学校国文教学的几个问题》一文就指出："教室中的教学，原重在指示方法，养成习惯；国文的讲授原重在指示读书与思想的方法，养成读书与思想的习惯。"[①]叶圣陶在《略读指导举隅·前言》中也指出："国文教学的目标，在养成阅读书籍的习惯，培植欣赏文学的能力，训练写作文字的技能。"[②]

《精读指导举隅》与《略读指导举隅》两书不断提醒教师要重视养成学生好的习惯。

> 学生认识生字生语，往往有模糊笼统的毛病，用句成语来说，就是"不求甚解"。……，所以令学生预习，必须使他们不犯模糊笼统的毛病；像初见一个生人一样，一见面就得看清他的形貌，问清他的姓名职业。这样成为习惯，然后每认识一个生字生语，好像积钱似的，多积一个就多加一分财富的总量。[③]

> 在平时养成学生讨论问题，发表意见的习惯。[④]

> 在略读的时候，必须教学生先看序文，养成他们的习惯。[⑤]

> 目录表示本书的眉目，也具有提要的性质。所以也须养成学生先看目录的习惯。[⑥]

> 利用参考书籍的习惯，必须在学习国文的时候养成。精读方面要多多参考，略读方面还是要多多参考。起初，学生必嫌麻烦，这要翻检，那要搜寻，不如直接读下去来得爽快；但是渐渐成了习惯，就觉得必须这样多多参考，才可以透彻地了解所读的书，其味道的深长远胜于"不求甚解"；

① 李杏保、方有林、徐林祥主编：《国文国语教育论典》，语文出版社，2014 年，第 376 页。
② 中国教育科学研究院编：《叶圣陶语文教育论集》，教育科学出版社，2015 年，第 14 页。
③ 中国教育科学研究院编：《叶圣陶语文教育论集》，教育科学出版社，2015 年，第 7 页。
④ 中国教育科学研究院编：《叶圣陶语文教育论集》，教育科学出版社，2015 年，第 8 页。
⑤ 中国教育科学研究院编：《叶圣陶语文教育论集》，教育科学出版社，2015 年，第 17 页。
⑥ 中国教育科学研究院编：《叶圣陶语文教育论集》，教育科学出版社，2015 年，第 18 页。

那时候，让他们"不求甚解"也不愿意了。①

就语文教学而言，就是要养成学生运用语文的好习惯。1947年，叶圣陶在为《学习国文的新路》所作的序中说："普通人在国文方面，大概只巴望养成两种好习惯——吸收的好习惯与发表的好习惯。"②1962年，他在《认真学习语文》一文中说："学习语文目的在运用，就要养成运用语文的好习惯。"③1963年，他在答教师的信中说："阅读教学之目的，我以为首在养成读书之良好习惯。教师辅导学生认真诵习课本，其意乃在使学生渐进于善读，终于能不待教师之辅导而自臻于通篇明晓。课外更读选本，用意亦复如是。"④

就整个教育而言，就是要养成学生做人的好习惯。1941年，叶圣陶在《高等教育所要养成的好习惯》一文中说："教育就是养成好习惯""普通教育的目标是养成一般人当公民的好习惯，高等教育的目标是养成一些人做专门人才的好习惯。"⑤1958年，他在答教师的信中说："我想教师工作的最终目的，无非是培养学生具有各种良好的社会习惯。诸如热爱国家关心他人的习惯，礼貌诚笃的习惯，虚心自强的习惯，阅读书写的习惯，勤劳操作的习惯，求实研索的习惯等等。"⑥1962年，他在《小学教师的工作》一文中说："所谓教育，无非是从各方各面给学生好的影响，使学生在修养品德，锻炼思想，充实知识，提高能力，加强健康各方面养成好的习惯。"⑦1979年，他在《当前教育工作中的几个问题》一文中更为简洁地概括为："教育是什么？往简单方面说，只须一句话，就是要养成良好的习惯。"⑧

"养成好习惯"的思想，与叶圣陶"达到不需要教"的思想是一致的。对学生来说，学语文是"要养成运用语文的好习惯"；对教师来说，"教是为了达到不需要教"。这是叶圣陶的一贯思想。1961年9月，他在呼和浩特跟语文教师的讲话时说：

---

① 中国教育科学研究院编：《叶圣陶语文教育论集》，教育科学出版社，2015年，第19页。

② 叶至善、叶至美、叶至诚编：《叶圣陶集》第13卷，江苏教育出版社，1992年，第153页。

③ 中华函授学校编：《语文学习的基础》，商务印书馆，1980年，第6页。

④ 叶至善、叶至美、叶至诚编：《叶圣陶集》第25卷，江苏教育出版社，1994年，第27页。

⑤ 叶至善、叶至美、叶至诚编：《叶圣陶集》第11卷，江苏教育出版社，1991年，第114页。

⑥ 叶至善、叶至美、叶至诚编：《叶圣陶集》第25卷，江苏教育出版社，1994年，第3页。

⑦ 叶至善、叶至美、叶至诚编：《叶圣陶集》第11卷，江苏教育出版社，1991年，第222页。

⑧ 叶至善、叶至美、叶至诚编：《叶圣陶集》第11卷，江苏教育出版社，1991年，第228页。

"讲的目的，在于达到不需要讲。"①1962 年 1 月，他在《阅读是写作的基础》一文中说："在课堂里教语文，最终目的在达到'不需要教'，使学生养成这样一种能力，不待老师教，自己能阅读。学生将来经常要阅读，老师能经常跟在他们背后吗？因此，一边教，一边要逐渐为'不需要教'打基础。"②1962 年 7 月，他在回复教师的信中说："我近来常以一语语人，凡为教，目的在达到不需要教。"③1974 年 1 月，他在回复教师的信中再次提及此观点："凡为教者必期于达到不须教。"④1977 年 12 月 16 日，叶圣陶给《中学语文》杂志的题词："我想，教任何功课，最终目的都在于达到不需要教。假如学生进入这一境界，能够自己去探索，自己去辨析，自己去历练，从而获得正确的知识和熟练的能力，岂不是就不需要教了吗？而学生所以要学要练，就为要进入这样的境界。"⑤1978 年 3 月 21 日，他在题为《大力研究语文教学 尽快改进语文教学》的发言中说："教师教任何功课（不限于语文），'讲'都是为了达到用不着'讲'，换个说法，'教'都是为了达到用不着'教'。怎么叫用不着'讲'，用不着'教'？学生入了门，上了路了，他们能在繁复的事事物物之间自己探索，独立实践。解决问题了，岂不是就用不着给'讲'给'教'了？这是多么好的境界啊！"⑥1983 年 8 月 6 日，他在民进外地来京参观教师茶话会上说："刚才有一位同志说到我说过'教是为了不教'。后来我加了四个字：'教是为了达到不需要教'。我觉得这样表达比较明白。是不是不教了，学生就学成了呢？非也。不教是因为学生能够自己学习了，不再需要老师教了。""达到不需要教，就是要教给学生自己学习的本领，让他们自己学习一辈子。"⑦

"养成良好的习惯"与"达到不需要教"是语文教学的最高境界，又是一个重要的语文教学指导思想，是教学改革的出发点，也是教学改革的归宿。"教"与"学"是手段，"达到不需要教"与"养成良好的习惯"是目的。从"教"到"不教"，有一个复杂的、艰苦的过程，这是个启发、诱导、扶持的过程，也就是教师帮着学生

---

① 叶至善、叶至美、叶至诚编：《叶圣陶集》第 13 卷，江苏教育出版社，1992 年，第 199 页。

② 中国教育科学研究院编：《叶圣陶语文教育论集》，教育科学出版社，2015 年，第 356 页。

③ 中国教育科学研究院编：《叶圣陶语文教育论集》，教育科学出版社，2015 年，第 523 页。

④ 中国教育科学研究院编：《叶圣陶语文教育论集》，教育科学出版社，2015 年，第 538 页。

⑤ 叶至善、叶至美、叶至诚编：《叶圣陶集》第 11 卷，江苏教育出版社，1991 年，第 227 页。

⑥ 中国教育科学研究院编：《叶圣陶语文教育论集》，教育科学出版社，2015 年，第 112 页。

⑦ 叶至善、叶至美、叶至诚编：《叶圣陶集》第 11 卷，江苏教育出版社，1991 年，第 297-298 页。

学习的一串过程。在这个过程中，训练、培养能力是核心，在逐步放手"不教"中训练能力。学生逐步具备了能力，才可以"不教"。叶圣陶这一思想已经超越语文学科而具有普遍的指导意义。通过教师的启发、诱导、扶持，学生具有自主、独立学习的能力，养成自主、独立学习的习惯，教学由教师指导、促进学生发展逐渐达到学生自主、独立发展的目的。这与《基础教育课程改革纲要（试行）》的精神："注意培养学生的独立性和自主性，……促进学生在教师的指导下主动地、富有个性地学习""教师是学习活动的组织者和引导者……引导学生在实践中学会学习。"以及《义务教育语文课程标准（2011 年版）》的要求："学生是语文学习的主体，教师是学习活动的组织者和引导者。"都是完全吻合的。

二、阅读教学的课型：精读课与略读课

1904 年 1 月清政府颁布《奏定学堂章程》以前，我国的传统教育，在教学的方式上主要采用个别教授方式，在教学的方法上，主要是教师讲解、学生记诵的方法。自开办新式学堂之后，个别教授的学馆制逐步被集体教授的班级制所替代，但在教学方法上，特别是阅读教学，仍沿用过去重讲解、重记诵的传统方法。正如 20 世纪 20 年代来中国考察教育的美国教育家孟禄所说："教育重在自动，教学法重在启发，这是现在教育上的公理。"[①] "中国今日的教学法，譬如踢球，是只教学生研究踢球方法，不叫学生自己踢球。"[②] 这种传统教学方法，由于重讲解，因此是单向的灌输；由于重记诵，因此是带强制性的死记硬背，这无疑是对学生身心发展的束缚。"五四"新文化运动以后，这种严重束缚青少年个性发展的传统教学方法，同追求个性解放、个性发展的时代潮流越来越明显地发生了抵触。努力冲破这种束缚而谋求一种新的、有利于青少年身心健康发展的教学模式，就成了从事新教育的人们所迫切关心的问题。

叶圣陶、朱自清针对传统教学方法的弊端，在吸收国外先进教育思想的同时，继承和发扬传统教育中的精华，并结合自身的读写实践经验，在《精读指导举隅》与《略读指导举隅》中创造性地将阅读教学的课堂结构划分为"精读课"与"略读课"两种类型，并对精读课与略读课及其相互关系做了明确的界定。

精读课的目的是培养学生的精读能力。叶圣陶、朱自清设想，精读课的指导，

---

① ［美］孟禄：《好的教员》，《新教育》，1922 年第 4 期。

② 胡适、陈宝泉、陶行知　编辑：《孟禄的中国教育讨论》，《新教育》，1922 年第 4 期。

大体上可以分为课前预习、课堂讨论和课后练习三项。其中：课前预习又包括通读全文、认识生字生语、解答教师所提示的问题三项；课后练习指导又包括吟诵、参读相关的文章、应对教师的考问三项。

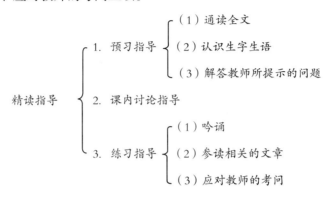

叶圣陶、朱自清提出的这一精读教学程序，既注意到教师如何指导，又注意到学生如何学习，较好地将二者统一起来。其过程从预习开始经课内讨论归结于练习，通过教师纤屑不遗的指导，侧重让学生掌握阅读的方法，合乎从感知到理解再到运用的认知规律。精读课将通读与参读、宣读与吟诵、提问与考问等形式有机地结合起来。这种改革突破了传统课堂教师单一的逐句讲授的方式，给当时的阅读教学注入了一股新鲜的空气。

略读课型是与精读课型相对的一种课型，其目的是为了培养学生的略读能力。叶圣陶、朱自清设想，略读课的指导，大体上可以分为读书前的指导、组织学生阅读参考研究并做笔记、课内报告并讨论和读书成绩考查四项。其中读书前的指导又包括版本指导、序目指导、参考书籍指导、阅读方法指导、问题指导五项。读书所做笔记可分两大部分：一部分是碎屑的摘录，一部分是完整的心得，即"读书报告"或"研究报告"。学生课内报告并讨论既指阅读一书某一部分的实际经验，也指全书读毕所做的关于全书的总报告与总讨论。

```
                    ⎧（1）版本指导
                    ⎪（2）序目指导
       ⎧ 1. 读书前的指导⎨（3）参考书籍指导
       ⎪            ⎪（4）阅读方法指导
略读指导 ⎨            ⎩（5）问题指导
       ⎪ 2. 组织学生阅读、参考、研究并做笔记
       ⎪ 3. 课内报告并讨论
       ⎩ 4. 读书成绩考查
```

　　叶圣陶、朱自清提出的这一略读教学程序，同样既注意到教师如何指导，又注意到学生如何学习，较好地将二者统一起来。其过程从阅读以前的指导经组织学生课外阅读、参考、研究并做笔记，进而课内报告并讨论，并归结于成绩考查，通过教师提纲挈领的指导，侧重让学生学会形成自读的习惯，合乎培养学生的实际语文应用能力的目标。从精读扩展到略读的过程，是学生从"学习"到"运用"的过程。略读课组织学生课外阅读、参考、研究、做笔记，并课内报告并讨论。这种改革颠覆了传统课堂以教师为主体的地位，有助于形成阅读教学生动活泼的局面。

　　从精读到略读，如叶圣陶所说："譬如孩子学走路，起初由大人扶着牵着，渐渐的大人把手放了，只在旁边遮拦着，替他规定路向，防他偶或跌跤。大人在旁边遮拦着，正与扶着牵着走一样的需要当心；其目的唯在孩子步履纯熟，能够自由走路。精读的时候，教师给学生纤屑不遗的指导，略读的时候，更给学生提纲挈领的指导，其目的唯在学生习惯养成，能够自由阅读。"[1] 顾黄初先生称之为"导儿学步"教学法。顾先生指出："导儿学步"教学法是在自动主义的现代教育思想和"导而勿牵"的传统教育思想启发下创立的一种新教法。自动主义强调要让学生独立学习、独立思考、独立作业；"导而勿牵，强而弗抑，开而勿达"（引导学生学着走而不是牵着学生走，策励学生自己走而不是推着学生走，启发学生自己去探索而不是代替学生做出结论）的传统教育思想，要求教师善于启发、引导，既不放任自流，又不包办代替。[2]

　　将阅读课分为精读课与略读课两种课型，使得传统阅读课堂教学结构在纵向与横向两个维度都发生了重大变革。所谓纵向结构变革，就是把阅读教学的过程处理成学生独立阅读（预习）——师生共同阅读（报告与讨论）——学生在理解基础上再次独立而深入地阅读（练习）的过程。所谓横向结构变革，就是把阅读课分成精读课（举一）和略读课（反三），同时列入学校课程。

　　在精读课之外，另设略读课，与精读课并列为阅读教学的课型，用心良苦，意义重大。"学生从精读方面得到种种经验，应用这些经验，自己去读长篇巨著以及他的单篇短什，不再需要教师的详细指导，这便是'略读'。就教学而言，精读是主体，略读只是补充；但是就效果而言，精读是准备，略读才是应用。学生在校的

① 中国教育科学研究院编：《叶圣陶语文教育论集》，教育科学出版社，2015年，第15页。
② 顾黄初：《语文学科教育的百年步履》，《中学语文教学参考》，1998年第1－2期。

时候，为了需要与兴趣，须在课本或选文以外阅读旁的书籍文字；他日出校之后，为了需要与兴趣，一辈子须阅读各种书籍文字；这种阅读都是所谓应用。使学生在这方面打定根基，养成习惯，全在国文课的略读。"[1] 这一思想也已经超越语文学科而具有普遍的指导意义。事实上，每门学科都存在"课内指导"与"课外指导"的问题，将略读课与精读课并列为阅读教学的课型，打通了课内与课外，致力于学生实践能力的培养。这与《基础教育课程改革纲要（试行）》的精神："引导学生质疑、调查、探究，在实践中学习"；《义务教育语文课程标准（2011 年版）》的要求："语文课程致力于培养学生的语言文字运用能力"；《普通高中语文课程标准（实验）》的要求："有针对性地组织和引导学生在实践中学会学习"，都是完全吻合的。反观 70 多年后的今日学校教育，叶圣陶、朱自清当年批评的"只注意于精读，而忽略了略读，功夫便只做得一半。……现在一般学校，忽视了略读的似乎不少，这是必须改正的"[2] 的状况，似乎并未有所改变。

三、阅读教学的教材：课本与整本的书

在叶圣陶和朱自清看来，要实现阅读教学的目标，"这些事不能凭空着手，都得有所凭借。凭借什么？就是课本或选文。有了课本或选文，然后养成，培植，训练的工作得以着手。"[3] "精读文章，只能把它认作例子与出发点。"[4] 课本或选文是凭借、是例子与出发点，凭借课本或选文，从这些例子出发，养成、培植、训练的工作方可得以着手。

阅读教学既分精读课与略读课，其教材也就应有精读教材与略读教材。

"精读"的教材，课本所收的，选文之中入选的，都是单篇短什，没有长篇巨著。这并不是说学生读了一些单篇短什就足够了。只因单篇短什分量不多，要做细磨细琢的研读功夫，正宜从此入手：一篇读毕，又来一篇，涉及的方面既不嫌偏颇，阅读的兴趣也不致单调。如《精读指导举隅》所选六篇，兼顾记叙、抒情、说明、议论四种文体，包容文言、白话两种语体，使读者对各种文字都"窥见一斑"，都尝到一点儿味道。

① 中国教育科学研究院编：《叶圣陶语文教育论集》，教育科学出版社，2015 年，第 14 页。
② 中国教育科学研究院编：《叶圣陶语文教育论集》，教育科学出版社，2015 年，第 14 页。
③ 中国教育科学研究院编：《叶圣陶语文教育论集》，教育科学出版社，2015 年，第 14 页。
④ 中国教育科学研究院编：《叶圣陶语文教育论集》，教育科学出版社，2015 年，第 11 页。

叶圣陶、朱自清认为，精读课的教材，最好有两种本子。"一种是不分段落，不加标点的，供学生预习用；一种是分段落，加标点的，待预习过后才拿出来对勘。"[①]之所以印发的教材不给分段落，也不给加标点符号，意在令学生在预习的时候自己用铅笔去划分段落，加上标点符号。到上课的时候，由教师或几个学生通读全文，全班学生静听着，各把自己预习的成绩来对勘；如果自己有错误，就用墨笔订正。在他们看来，"现在的书籍报刊都分段落，加标点，从著者方面说，在表达的明确上很有帮助；从读者方面说，阅读起来可以便捷不少。可是，练习精读，这样的本子反而把学者的注意力减轻了。既已分了段落，加了标点，就随便看下去，不再问为什么要这样分，这样点，这是人之常情。在这种常情里，恰恰错过了很重要的练习机会。若要不放过这个机会，唯有令学生用一种只有文字的本子去预习，在怎样分段、怎样标点上用一番心思。预习的成绩当然不免有错误，然而不足为病。除了错误以外，凡是不错误的地方都是细心咬嚼过来的，这将是终身的受用"[②]。

"略读"的教材，则宜用"整本的书"。《略读指导举隅》所选七部书，包括经籍、名著节本、诗歌选本、专集、小说，涉及古今中外。其中，《孟子》《史记菁华录》《唐诗三百首》《胡适文选》属于高中略读教材；《蔡孑民先生言行录》《呐喊》《爱的教育》属于初中略读教材。

叶圣陶、朱自清所说的略读，不是指一般的课外阅读，而是指列入教学计划的一项教学内容，所以，他们非常强调教师在学生阅读前后的"指导"与"考查"。《略读指导举隅》正是这样一部专供教师参考用的、指导学生读"整本的书"的教学用书。他们对略读书籍的数量和难易程度都做了原则的规定。略读书籍的数量不宜太多，在一学期大约有两三种也就可以了。"好在略读与精读一样，选定一些教材来读，无非'举一隅'的性质，都希望学生从此习得方法，养成习惯，自己去'以三隅反'；故数量虽少，并不妨事。"[③]略读书籍的难易程度，应以中等程度的学生为标准。"凡是忠于职务，深知学生的教师，必能选取适合于中材的教材，供学生略读；这就没有能力够不够的问题。同时，所取教材必能不但适应学生的一般兴趣，并且切合教育的中心意义；这就没有兴趣合不合的问题。"[④]

---

① 中国教育科学研究院编：《叶圣陶语文教育论集》，教育科学出版社，2015年，第4页。

② 中国教育科学研究院编：《叶圣陶语文教育论集》，教育科学出版社，2015年，第4页。

③ 中国教育科学研究院编：《叶圣陶语文教育论集》，教育科学出版社，2015年，第15页。

④ 中国教育科学研究院编：《叶圣陶语文教育论集》，教育科学出版社，2015年，第16页。

叶圣陶、朱自清认为，"略读既须由教师指导，自宜如精读一样，全班学生用同一的教材"[①]。假如一班学生同时略读几种书籍，教师就不便在课内指导；指导了略读某种书籍的一部分学生，必致抛荒了略读别种书籍的另一部分学生；各部分轮流指导固然可以，但每周略读指导的时间，至多也只能有两小时，各部分轮流下来，必致每部分都非常简略。况且同学间的共同讨论，是很有帮助阅读能力的长进的；也必须阅读同一的书籍，才便于彼此共同讨论。

　　叶圣陶、朱自清关于阅读教材的论述，突破了传统阅读教材观将教材置于阅读教学活动的中心位置，教师只是在阐释教材学生只是记忆教材的局限，同样超越了语文学科而具有普遍的指导意义。教材既是教师"教"的"凭借""例子与出发点"，又是学生"学"的"凭借""例子与出发点"。课堂教学"无非'举一隅'的性质"，教师的讲授无论如何详尽，总之只是"举一"，对于教师来说，不应是"教教材"，而应是"用教材教"；同时，课堂教学"都希望学生从此习得方法，养成习惯，再自己去'以三隅反'"，学校教育所以能使学生终身受用，全在乎让学生受到锻炼，养成"反三"的能力，对于学生来说，课内的学习，为的是课外的运用。

　　在课本之外，增加"整本的书"，与课本并列为阅读教学的教材，引导学生多读"整本的书"，也是叶圣陶的一贯主张。1932年，叶圣陶在《国文科之目的》一文中指出："要养成阅读能力，非课外多看书籍不可。课本只是举出些例子，以便指示、说明而已，这里重要在方法。"[②]1941年，他在《论中学国文课程的改订》一文中说："试问，要养成读书习惯而不教他们读整本的书，那习惯怎么养成？"[③]1942年，他在《略谈国文学习》中特别提醒人们注意："国文教本为了要供学生试去理解，试去揣摩，分量就不能太多，篇幅也不能太长；太多太长了，不适宜于做细琢细磨的研讨功夫。但是要养成一种习惯，必须经过反复的历练。单凭一部国文教本，是够不上说反复的历练的。所以必须在国文教本以外再看其他的书，越多越好。应用研读国文教本得来的知识，去对付其他的书，这才是反复的历练。"[④]1949年8月，叶圣陶在为当时教科书编审委员会草拟的《中学语文科课程标准》中明确要求："中学语文教材除单篇的文字而外，兼采书本的一章一节，高中阶段兼采现

①　中国教育科学研究院编：《叶圣陶语文教育论集》，教育科学出版社，2015年，第15页。
②　叶至善、叶至美、叶至诚编：《叶圣陶集》第13卷，江苏教育出版社，1992年，第32页。
③　中国教育科学研究院编：《叶圣陶语文教育论集》，教育科学出版社，2015年，第59页。
④　中国教育科学研究院编：《叶圣陶语文教育论集》，教育科学出版社，2015年，第3页。

代语的整本的书。"①

进入 21 世纪以来，我国教育部颁布的《语文教学大纲》和《语文课程标准》均精选了一些"整本的书"作为推荐学生阅读的"课外读物"，这些"课外读物"无疑是十分必要的，但与叶圣陶、朱自清在"精读课"之外，把"略读课"也列入正式课程，在"课本"之外，把"整本的书"也列为阅读教材的设想，还是有差距的。在《精读指导举隅》与《略读指导举隅》出版后的今天，重读叶圣陶先生和朱自清先生合作撰写了这两本"专供各中学国文教师参考用"的阅读教学指导书，仍然极富现实意义。

四、关于阅读的原则

叶圣陶非常重视调动学生的积极性，引导学生自己的思考。在《精读指导举隅》和《略读指导举隅》两书中，多次讲到阅读与思考的关系，概括起来主要有以下几条，也可以看作是阅读的几条原则。

（一）最要紧的是用自己的眼光通读下去

叶圣陶指出："最要紧的是用自己的眼光通读下去。"② 比如说："令学生在预习的时候，对于分段点句做一番考核的功夫。为什么在这里而不在那里分段呢？为什么这里该用逗号而那里该用句号呢？为什么这一句该用惊叹号而不该用疑问号呢？这些问题，必须自求解答，说得出个所以然来。还有，现成教本是编辑员的产品，油印教材大都经教师加了工，'智者千虑，必有一失'，岂能完全没有错误？所以，不妨再令学生注意，不必绝对信赖印出来的教本与教材，最要紧的是用自己的眼光通读下去，看看是不是应该这样分段，这样标点。"③

在《精读指导举隅》和《略读指导举隅》的"指导大概"里，就有不少鼓励学生"用自己的眼光通读下去"的例子。比如：朱自清对《胡适文选》所作的"指导大概"里，就指出："胡先生用对称，虽是为了亲切，却带着教训的口气。青年学生用不到教训的口气，只消就亲切上着眼。但得留意，对称也容易带轻佻的口气，轻佻就失了文格了。故甚其词可以用，但得配合上下文的语气，才觉自然。严词能

---

① 中国教育科学研究院编：《叶圣陶语文教育论集》，教育科学出版社，2015 年，第 149 页。

② 中国教育科学研究院编：《叶圣陶语文教育论集》，教育科学出版社，2015 年，第 5 页。

③ 中国教育科学研究院编：《叶圣陶语文教育论集》，教育科学出版社，2015 年，第 4 - 5 页。

够不用最好；胡先生的严词有时也还不免有太过的地方。"①

（二）一篇文字，可以从不同的观点去研究它

叶圣陶指出："一篇文章，可以从不同的观点去研究它。如作者意念发展的线索，文章的时代背景，技术方面布置与剪裁的匠心，客观上的优点与疵病，这些就是所谓不同的观点。对于每一个观点，都可以提出问题，令学生在预习的时候寻求解答。如果学生能够解答得大致不错，那就真个做到了'精读'两字了——'精读'的'读'字原不是仅指'吟诵'与'宣读'而言的。"②

叶圣陶对徐志摩的抒情散文《我所知道的康桥》所作的"指导大概"里，就指出该文在白话中夹杂一些文言，"有少数字句是不很妥适的"，并举例加以分析。该篇结语处写道："阅读一篇文字，一味赞美，处处替作者辩护，这种态度是不对的。至于吹毛求疵，硬要挑剔，也同样的不对。文字如有长处，必需看出它的长处在哪里；文字如有缺点，又必需看出它的缺点在哪里：这才是正当的态度。唯有抱着这样正当的态度，多读一篇才会收到多读一篇的益处。"③

（三）无论阅读何种书籍，总得认清几个问题

叶圣陶指出："无论阅读何种书籍，要把应当记忆的记忆起来，把应当体会的体会出来，把应当研究的研究出来，总得认清几个问题——也可以叫作题目。"④他举例说："如读一个人的传记，那个人的学问、事业怎样呢？或读一处地方的游记，那地方的自然环境、社会情形怎样呢？都是最浅近的例子。心中存在着这些问题或题目，阅读就有了标的，辨识就有了头绪。又如阅读《爱的教育》，可以提出许多问题或题目：作为书中主人翁的那个小学生安利柯，他的父亲常常勉励他，教训他，父亲希望他成个怎样的人呢？书中写若干小学生，家庭环境不同，品性习惯各异，品性习惯受不受家庭环境的影响呢？书中很有使人感动的地方，为什么能使人感动呢？诸如此类，难以说尽。又如阅读《孟子》，也可以提出许多问题或题目：孟子主张'民为贵'，书中的哪些篇章发挥这个意思呢？孟子的理想中，把政治分为王道的与霸道的两种，两种的区别怎样呢？孟子认为'王政'并不难行，他的论

---

① 徐林祥、李明高主编：《徐林祥李明高研读叶圣陶朱自清〈精读指导举隅〉〈略读指导举隅〉》，高等教育出版社，2015年，第297页。

② 中国教育科学研究院编：《叶圣陶语文教育论集》，教育科学出版社，2015年，第7页。

③ 叶至善、叶至美、叶至诚编：《叶圣陶集》第14卷，江苏教育出版社，1992年，第173-174页。

④ 中国教育科学研究院编：《叶圣陶语文教育论集》，教育科学出版社，2015年，第23页。

据又是什么呢？诸如此类，难以说尽。这些是比较深一点的。善于读书的人，一边读下去，一边自会提出一些问题或题目来，作为阅读的标的，辨识的头绪，或者初读时候提出一些，重读时候另外又提出一些。"[1] 又说："比较艰深或枝节的问题，估计起来不是学生所必须知道的，当然不必提出。但是，学生应该知道而未必能自行解答的，却不妨预先提出，让他们去动一动天君，查一查可能查到的参考书。他们经过了自己的一番摸索，或者是略有解悟，或者是不得要领，或者是全盘错误，这当儿再来听教师的指导，印入与理解的程度一定比较深切。"[2]

在由朱自清执笔的《精读指导举隅》和《略读指导举隅》两书的"例言"中，朱自清也提醒教师要重视调动学生的积极性，引导学生自己的思考。他在《精读指导举隅》"例言"说："本书各篇《指导大概》是用教师的口气向学生说的。我们所注重是分析文篇提示问题，因而进行讨论。'前言'的第三项有详细的说明；六篇《指导大概》便是实例。这六篇'大概'都是完整的成篇的文字。我们可并不是说'指导'就由教师一个人这样从头至尾演讲下去。'指导'得在讨论里。"[3] 在《略读指导举隅》"例言"中也表达了同样的意思："本书各篇'指导大概'是用教师的口气向学生说的。我们按照'前言'所提出的，对于每一部书，做了指导的实例。这七篇'大概'都是完整的成篇的文字，只因写下来不得不如此；并不是说每指导一部书，就得向学生做一番这样长长的演讲，讲过了就完事。'指导'得在讨论里；每篇'大概'中的每一节，都该是讨论的结果，这结果该是学生自己研求之后，在讨论时间，又经教师的纠正或补充，才得到的。"[4]

五、关于阅读的方法

叶圣陶也非常重视阅读方法的指导。叶圣陶曾在 1940 年所作的《国文教学的两个基本观念》中明确指出："国文是语文学科，在教学的时候，内容方面固然不容忽视，而方法方面尤其应当注重。"[5] 语文教学的特有任务之一是进行阅读训练，

① 中国教育科学研究院编：《叶圣陶语文教育论集》，教育科学出版社，2015 年，第 23 页。

② 中国教育科学研究院编：《叶圣陶语文教育论集》，教育科学出版社，2015 年，第 7-8 页。

③ 徐林祥、李明高主编：《徐林祥李明高研读叶圣陶朱自清〈精读指导举隅〉〈略读指导举隅〉》，高等教育出版社，2015 年，第 7 页。

④ 徐林祥、李明高主编：《徐林祥李明高研读叶圣陶朱自清〈精读指导举隅〉〈略读指导举隅〉》，高等教育出版社，2015 年，第 155 页。

⑤ 中国教育科学研究院编：《叶圣陶语文教育论集》，教育科学出版社，2015 年，第 41 页。

这种训练，"第一，必须讲求方法。怎样阅读才可以明白通晓，摄其精英……都得让学生们心知其故。第二，必须使种种方法成为学生终身以之的习惯……仅仅心知其故，而习惯没有养成，还是不济事的。"①《精读指导举隅》与《略读指导举隅》两书将阅读教学方法分为精读法、略读法、参读法几种，而阅读教学的其他方法都是由这几大方法派生而来的。

（一）精读法

精读法的特征是"纤屑不遗，发挥净尽"。它要细细品味，慢慢研读，既要理解文章的内涵，又要揣摩文章的写法，从内容和形式两方面去充分吸收文章的精华和营养。

精读的步骤：一是初读，逐句逐节逐章通读，求其读懂；二是复读，明了全篇或全章全节的大意；三是细读，把应该记忆的记忆起来，把应该体味的体味出来，把应该研究的研究出来。精读不只是"逐句讲解"，它要求在反复阅读中求深入。叶圣陶在对欧阳修《泷冈阡表》所作的"指导大概"里，就指出："读一篇文字，仅能逐字逐句照字面解释，是不够的；必须在解释字面之后，更从文字以外去体会，才会得到真切意义。"他所作的欧阳修《泷冈阡表》"指导大概"先是从章法上对全篇做鸟瞰式的剖析，指出作者意念发展的线索对取材范围的限制，概述各段的大意和作用，说明布局和照应；再从文字以外来体会言外之意，解说字、词、语的妙用；进而比较分析抽象写法和具体写法在效果上的不同；最后提出几个问题，引导隅反。

精读要求通读全文，这就需要运用宣读法，它是"依照对于文字的理解，平正地读下去，用连贯与间歇表示出句子的组织与前句和后句的分界来"，它"必须理解在先，然后谈得到传出情趣与畅发感兴"。②

精读又要求涵咀得深，研讨得熟，所以又派生出吟诵法。它和宣读法相对，使课上宣读与课下吟诵彼此配合。吟诵法"第一求其合于规律"③，要应和着文字所表达的意义与情感，从语调上分出高低、强弱、缓急来；"第二求其通体纯熟"④，对文章不仅理智地了解，而且亲切地体会，达到内容和理法化为读者已有的境界。

---

① 中国教育科学研究院编：《叶圣陶语文教育论集》，教育科学出版社，2015年，第42页。

② 中国教育科学研究院编：《叶圣陶语文教育论集》，教育科学出版社，2015年，第7-8页。

③ 中国教育科学研究院编：《叶圣陶语文教育论集》，教育科学出版社，2015年，第11页。

④ 中国教育科学研究院编：《叶圣陶语文教育论集》，教育科学出版社，2015年，第11页。

（二）略读法

略读法的特征是"提纲挈领，期其自得"。略读不是"粗略地"读，也不是"忽略地"读。"略读的'略'字，一半系就教师的指导而言：还是要指导，但是只须提纲挈领，不必纤屑不遗，所以叫作'略'。一半系就学生的功夫而言：还是要像精读那样仔细咬嚼，但是精读时候出于努力钻研，从困勉达到解悟，略读时候却已熟能生巧，不需多用心力，自会随机肆应，所以叫作'略'。"① 略读也要"抱着研究国文的态度""内容形式兼顾"②。

略读的步骤：一是泛读，浏览版本、序目，略知全书梗概和编著意图，确定重点；二是选读，按照阅读目标去提取要点，参考书籍，研究问题，随时做好笔记；三是复读，连贯起来思索，把琐碎的摘录整理成读书报告。叶圣陶所作的《〈孟子〉指导大概》便是略读法的典范。叶圣陶从版本、序目、参考书籍、阅读方法、问题等方面依次做了具体的指导。

略读的读物往往是成本的书。书籍的性质不一，略读的方法也是不一样的。略读法"不但求其理解明确，还须求其下手敏捷"，由此又派生出速读法。"处于事务纷繁的现代，读书迟缓，实际上很吃亏；略读既以训练读书为目标，自当要求他们速读，读得快，算是成绩好，不然就差。不用说，阅读必须以精细正确为前提；能精细正确了，是否敏捷迅速却是判定成绩时候应该注意的。"③

（三）参读法

参读法是精读课与略读课共同运用的一种阅读方法，是精读法和略读法彼此结合的中间环节，"精读方面要多多参考，略读方面还是要多多参考。"④ 死守精读文章和略读书籍，不用旁的文章和书籍来比勘、印证，就难免化不开来，难免知其一不知其二，难免知其然不知其所以然。多多比较，方能进一步领会优劣得失。

参读法必然会派生出比较阅读法，学生通过参读相关的文本，比较精读文章、略读书籍与参读文本的相同点与不同点，提高思维辨析能力。参读的作用在于力求甚解，扩大视野，举一反三，提高效率。参读的相关文本，是指与精读文章在形式上（体裁、写法、语言）相同的和在内容上（主旨、作者、时代）相近的文章。如

---

① 中国教育科学研究院编：《叶圣陶语文教育论集》，教育科学出版社，2015年，第15页。

② 中国教育科学研究院编：《叶圣陶语文教育论集》，教育科学出版社，2015年，第20页。

③ 中国教育科学研究院编：《叶圣陶语文教育论集》，教育科学出版社，2015年，第25页。

④ 中国教育科学研究院编：《叶圣陶语文教育论集》，教育科学出版社，2015年，第19页。

读陶潜的《桃花源记》，想知道晋代文的情形，就要去翻阅中国文学史；想了解乌托邦的思想，就会去翻阅《理想乡的消息》；想明白记叙文的格式，就要去翻看记叙文的作法；想熟悉作者陶潜的为人，可以去翻阅《晋书·陶潜传》或陶集。"像这样把精读文章作为出发点，向四面八方发展开来，那么，精读了一篇文字，就可以带读许多书，知解与领会的范围将扩张到多么大啊！学问家的广博与精深差不多都从这个途径得来；中学生虽不一定要成学问家，但是这个有利的途径是该让他们去走的。"[1]

由上可见，叶圣陶、朱自清在《精读指导举隅》与《略读指导举隅》两书中所论述的精读法、略读法、参读法，构成了阅读方法的一个开放系统。从准备性的精读出发，到应用性的略读归宿，中间将扩展性的参读和高效性的速读结合起来，开辟了一条解决阅读深度、阅读广度和阅读速度的通道，大大提高了阅读教学的效率。

此外，就诵读本身，叶圣陶也有很好的论述。

一是美读。所谓美读，是一种把作者的情感在读的时候传达出来的朗读方法。刘勰说："夫缀文者情动而辞发，观文者披文以入情。"[2]美读的方法就是强调读者要进入角色。如果读的是白话文，就像戏剧演员读台词那样；如果读的是文言文，就用各地读文言的传统读法。总之，"如孟子所说的'以意逆志'，设身处地，激昂处还他个激昂，委婉处还他个委婉""务期尽情发挥作者当时的情感"。叶圣陶认为，"美读得其法，不但了解作者说些什么，而且与作者的心灵相感通了，无论兴味方面或受用方面都有莫大的收获。"[3]

二是吟诵。所谓吟诵，是一种依据对文章的了解与体会，错综地运用高低、强弱、缓急等语调的精读方法。叶圣陶认为：语文学科应该心、眼、口、耳并用。"吟诵就是心、眼、口、耳并用的一种学习方法。"吟诵有助于读者对文章内容与理法的理解，并在不知不觉中化为自己的东西。一遍比一遍读来入调，一遍比一遍体会亲切，并不希望早一点儿能够背诵，而自然达到纯熟的境界。"这是最可贵的一种境界，学习语文学科，必须达到这种境界，才会终身受用不尽。"[4]

三是涵泳。所谓涵泳，是一种在熟读基础上的潜心专注地研读方法。宋代陆九

————————

① 中国教育科学研究院编：《叶圣陶语文教育论集》，教育科学出版社，2015年，第12页。

② 周振甫译注《文心雕龙》，中华书局，1980年，第300页。

③ 中国教育科学研究院编：《叶圣陶语文教育论集》，教育科学出版社，2015年，第92页。

④ 中国教育科学研究院编：《叶圣陶语文教育论集》，教育科学出版社，2015年，第9页。

渊说："读书切戒在慌忙，涵泳功夫兴味长。"[①] 清代曾国藩解释道："涵者，如春雨之润花，如清渠之溉稻……泳者，如鱼之游水，如人之濯足……善读书者，须视书如水，而视此心如花、如稻、如鱼、如水中濯足，则涵泳二字，庶可得之于意言之于表。"[②] 把书当作水，读者投入其中，如鱼得水，如濯足，如水在浇注自己的心花、心田，得到滋润和养料。叶圣陶说："涵泳得深，体味得切，才有得益。"[③] 他强调要在"涵泳、体味"种种事项上多下功夫。[④]

第二节　写作教学

叶圣陶写作教学思想一方面来源于对古代教育的批判和继承，批判了脱离生活实际的八股体制，吸收了循序渐进、读写结合、先放后收等教学理念；另一方面来源于对自身教学实践经验的总结反思和对同时代语文教育状况的理性审视。此外，叶圣陶自身作为文学家和出版家，其写作经验和编辑经验也对充实和丰富叶圣陶写作教学思想发挥了积极作用。叶圣陶早在 1919 年即与王伯祥合作发表了《对于小学作文教授之意见》，而 1924 年发表的《作文论》则为叶圣陶早期写作教学思想的代表作。在与夏丏尊合著的语文教育小说《文心》中，用形象化的方式表达了写作教学的思想，在编辑《中学生》《国文杂志》等刊物以及发表系列论文的过程中，叶圣陶的写作教学思想逐渐趋于成熟。后来承担教育组织领导工作中，多次撰写文章或发表讲话阐述写作教学，与语文教育工作者书信交流，其中蕴含着宝贵的写作教学思想，使叶圣陶写作教学思想进一步完善。归结起来，叶圣陶写作教学思想主要体现为三个方面：一是强调"作文是生活的一部分"，主张写作为生活的需要服务；二是坚持"修辞立其诚"的理念，主张写作要符合说话的习惯；三是辩证认识阅读与写作的关系，提出了"阅读是写作的基础"这一主张。

一、写作目的：作文是生活的一部分

叶圣陶多次强调，写作出于生活的需要，是生活的一部分，因此写作要遵循生活。叶圣陶在《作文论》中指出：写作的源头是生活，"生活充实，才会表白出、

---

① 陆九渊：《陆九渊集》，中华书局，2008 年，第 408 页。
② 曾国藩：《曾国藩全集·家书（一）》，岳麓书社，1985 年，第 409 页。
③ 中国教育科学研究院编：《叶圣陶语文教育论集》，教育科学出版社，2015 年，第 35 页。
④ 中国教育科学研究院编：《叶圣陶语文教育论集》，教育科学出版社，2015 年，第 65 页。

发抒出真实的深厚的情思来。""要使生活向着求充实的路，有两个致力的目标，就是训练思想与培养情感。"① 在 1934 年出版的语文教育小说《文心》中，叶圣陶进一步指出，作文"是生活中间的一个项目""作文同吃饭、说话、做工一样，是生活中间缺少不来的事情。""作文是应付实际需要的一件事情，犹如读书、学算一样。""作文是生活，而不是生活的点缀"② 。在 1937 年出版的《文章例话》序言中，叶圣陶更明确地提出："写文章不是生活上的一种点缀，一种装饰，而就是生活的本身。"并指出文章的产生基于生活的需要："凡是好文章必然有不得不写的缘故。自己有了一种经验，一个意思，觉得它和寻常的经验、寻常的意思不同，或者比较新鲜，或者特别深切，值得写下来，作为生活的标记，备将来需用的时候查考。这才提起笔来写文章。这些经验和意思，有的必须向自己心目中的一些人倾诉。这才也提起笔来写文章。前者为的是自己，后者为的是他人，总之都不是无所为的笔墨游戏。"③ 后来在《论写作教学》中，叶圣陶再次指出"写作已经同衣食一样，是生活上不可缺少的一个项目"④ 。并揭露了写作教学中存在的弊病："训练者忽视了学生一辈子的受用，而着眼于考试时交得出卷子；考试者不想着学生胸中真实有些什么，而随便出题目，致影响到平时的写作训练；这又是道地的八股精神。"进而，叶圣陶呼吁："改变观念，头绪很多，但有一个总纲，就是：完全摆脱八股的精神。所有指导与暗示，是八股的精神，彻底抛弃；能使学生真实受用的，务必着力：这就不但改变了观念，而连实践也革新了。"⑤ 这里说的"八股精神"就是与实际生活相违背的写作理念，正是叶圣陶所坚决反对的。这就揭示了写作的目的是服务生活的需要，由此出发，写作的内容自然应遵循生活。

关于作文的命题，叶圣陶认为：文章产生的自然程序是由生活基础到写作题目，但为了教学的需要，则往往由教师命题供学生写作，那么教师命题就应基于学生的生活。1935 年发表的《作自己要作的题目》指出："希望教师能够了解学生的生活，能够设身处地地想象学生内部的意思和情感，然后选定学生能够作的愿意作的题目给学生作。"并且强调："作文不该看作一件特殊的事情，犹如说话，本来不

① 中国教育科学研究院编：《叶圣陶语文教育论集》，教育科学出版社，2015 年，第 261－262 页。
② 叶至善、叶至美、叶至诚编：《叶圣陶集》第 13 卷，江苏教育出版社，1992 年，第 272－273 页。
③ 中国教育科学研究院编：《叶圣陶语文教育论集》，教育科学出版社，2015 年，第 166－167 页。
④ 中国教育科学研究院编：《叶圣陶语文教育论集》，教育科学出版社，2015 年，第 314 页。
⑤ 中国教育科学研究院编：《叶圣陶语文教育论集》，教育科学出版社，2015 年，第 320 页。

是一件特殊的事情。作文又不该看作一件呆板的事情，犹如泉流，或长或短，或曲或直，自然各异其致。我们要把生活与作文结合起来，多多练习，作自己要作的题目。久而久之，将会觉得作文是生活的一部分，是一种发展，是一种享受，而无所谓练习：这就与文章产生的自然程序完全一致了。"[①]1962 年在为北师大女附中语文教师讲话时指出："题者何？思考之范围也。必以学生所有的东西作范围，或学生尚未全有，亦宜以其力所能搜求为范围。最不宜以尚在朦胧状态而思之亦想不清楚者为范围。"[②]可见，要让学生将作文视为生活的一部分，首先命题上就要从学生的生活出发。

关于文章写作的内容，叶圣陶强调要符合生活实际。在 1935 年的《"好"与"不好"》一文中提出："自己发抒的文字以与自己的思想、性情、环境等一致为'诚实'，从旁描述的文章以观察得周至为'诚实'。"[③]在《写作什么》中又说："作文自然应该单把经验范围以内的事物作为材料，不可把经验范围以外的事物勉强拉到笔底下来。"要求"把写作看作极寻常可是极严正的事。"[④]1958 年在《挑能写的题目写》一文中说："不但要挑值得写的题目，还要问那个题目自己能不能写。题目既然值得写，自己又能写，写起来就错不到哪儿去。辨别能不能写，只要问自己对那个题目是否了解得比较确切，感受得比较深刻。"[⑤]1963 在《评改〈最近半年工作情况汇报〉》中说："写任何东西决定于认识和经验，有什么样的认识和经验，只能写出什么样的东西来。""认识和经验，从前叫作'蕴蓄'，现在通常说'内容'。没有蕴蓄或内容，写作技能虽好也写不出像样的东西来。"[⑥]以上这些论述，均从不同角度阐明了生活阅历是写作内容的基础。

关于写作的训练，叶圣陶提出了"写生为主，临摹为辅"的思想。1957 年，叶圣陶针对语文界有些人过分重视模仿的情况，撰写《临摹和写生》一文，用绘画的临摹和写生来比喻写作："学写文章也有临摹的方法。熟读若干篇范文，然后动手试作，这是临摹。在准备动手的时候，翻着一些范文做参考，也是临摹。另外一个方法是不管读过什么文章，直接写出自己的所见所闻所感所思。所见怎么样就怎么

---

① 中国教育科学研究院编：《叶圣陶语文教育论集》，教育科学出版社，2015 年，第 287-288 页。

② 叶至善、叶至美、叶至诚编：《叶圣陶集》第 15 卷，江苏教育出版社，1993 年，第 155 页。

③ 中国教育科学研究院编：《叶圣陶语文教育论集》，教育科学出版社，2015 年，第 295 页。

④ 中国教育科学研究院编：《叶圣陶语文教育论集》，教育科学出版社，2015 年，第 297-298 页。

⑤ 中国教育科学研究院编：《叶圣陶语文教育论集》，教育科学出版社，2015 年，第 346 页。

⑥ 中国教育科学研究院编：《叶圣陶语文教育论集》，教育科学出版社，2015 年，第 388 页。

样写，所闻怎么样就怎么样写，其余类推。这是写生的方法。"叶圣陶认为采用写生的方法更有益处，"至少应该做到写生为主，临摹为辅。"因为写生的对象是客观事物，凡是写在笔下的，都要求符合客观事物的本来面目，不能臆造，不能杜撰，不能照搬现成的说法。学生学习写作是为了学习、工作、生活的需要，要将学习、工作、生活中的所见所闻所感所思表达出来且表达得好，就必须直接面对生活，在写生上下功夫，而不是一味模仿，毕竟他人的生活不可能和自己的生活完全相同。此外，从练习效果看，开始时写生的效果也许比临摹差许多，但"工夫用得多了，看物象的眼光逐渐提高，画物象的手腕逐渐熟练，达到得心应手的地步，那就任何物象都能描绘自如"。临摹固然是练习写作的一种方法，但也会给写作者带来消极影响："可能跟一个人的整个生活脱离，在观念上和实践上都成了为写作而学习写作。还有，在实践上容易引导到陈词滥调的路子，阻碍自己的独立思考和创意铸语。通常所说的公式化的毛病，一部分就是从临摹来的。"[①]叶圣陶提出的"写生为主"的思想对于当前的写作教学，特别是小学阶段习作的起步教学，具有重要的启示意义。走出"临摹为主"的习作教学误区，引导学生抒写属于自己的生活，实属必要而迫切。

"生活"，既包含了"物质的生活"，也包含了"精神的生活"，叶圣陶强调写作是生活的一部分，要为生活服务，当然既包含了"物质的生活"，也包含了"精神的生活"。只是由于处于白话文运动、文学革命、教育逐渐普及这样一个大变革的时代背景中，面对基础教育的实际，叶圣陶认为关注前者更为重要。《作文论》就指出："人类是社会的动物，从天性上，从生活的实际上，有必要把自己的观察、经验、理想、情绪等等宣示给人们知道，而且希望愈广遍愈好。有的并不是为着实际的需要，而是对于人间的生活、关系、情感，或者一己的遭历、情思、想象等等，发生一种兴趣，同时仿佛感受一种压迫，非把这些表现成为一个完好的定型不可。根据这两个心理，我们就要说话、歌唱，做出种种动作，创造种种艺术；而效果最普遍、使用最利便的，要推写作。"可见，叶圣陶论述写作，既包括了现实世界，也包括了精神世界。基于对基础教育阶段教育总目标的把握和对当时教育现状的分析，叶圣陶更强调前者的重要性，在"普通文"与"文艺文"之间更强调"普通文"，诚如叶圣陶在《国文教学的两个基本观念》一文中所说："国文的含义与文

---

① 叶至善、叶至美、叶至诚编：《叶圣陶集》第9卷，江苏教育出版社，1990年，第361-364页。

学不同，它比文学宽广得多，所以教学国文并不等于教学文学。""中学生要应付生活，阅读与写作的训练就不能不在文学之外，同时以普通文为对象。""高中学生与初中学生一样，他们所要阅读的不纯是文学，他们所要写作的并非文学，并且，唯有对于基本训练锲而不舍，熟而成习，接触文学才会左右逢源，头头是道。"[①]后来又在《以画为喻》一文中进一步提出"普通文"与"文艺文"的关系："普通文字跟文艺次序有先后，程度有浅深。"[②]1961年在呼和浩特跟语文教师讲话更明确地指出："如果学生喜欢写文艺作品，教师是没有理由反对的，应该帮助他。但是必须明确，语文课并不是要学生搞创作，并不是培养作家的。"[③]近些年来有学者批评说，叶圣陶的写作教学思想只关注了现实的生活世界，没有关注人的精神世界，这纯属主观臆测。

二、写作要求：修辞立其诚

"修辞立其诚"出自于《周易·乾·文言》，原文是："子曰：'君子进德修业。忠信所以进德也。修辞立其诚，所以居业也。'"[④]意思是说，君子通过整顿文教以确定其诚实的态度，可以此来保其功业。后来"修辞立其诚"成为我国古代文论的一个重要命题。叶圣陶继承并发展了这一思想，将其作为指导写作的基本理念。

叶圣陶"修辞立其诚"的思想早在1919年发表的《对于小学作文教授之意见》中就初见端倪："小学作文教授之目的在令学生能以文字直抒情感，了无隔阂；朴实说理，不生谬误。至于修词之工，谋篇之巧，初非必要之需求。能之固佳，不能亦不为病。"这里说的"直抒情感""朴实说理"就是对文风的要求，对"修辞之工"的定位至今对某些教师片面追求所谓"好词佳句"仍有警示意义。叶圣陶提出了写作教学的基本原则："当以顺应自然之趋势而适合学生之地位为主旨。"也就是立足于生活实际的意思，具体包括："于读物则力避艰古，求近口说；于命题则随顺其推理之能力而渐使改进；于作法则不拘程式；务求达意；只须文意与情境相吻合；于批改则但为词句之修正，不为情意之增损。"[⑤]在后来的《论写作教学》中，

①　中国教育科学研究院编：《叶圣陶语文教育论集》，教育科学出版社，2015年，第41-46页。

②　中国教育科学研究院编：《叶圣陶语文教育论集》，教育科学出版社，2015年，第322页。

③　叶至善、叶至美、叶至诚编：《叶圣陶集》第13卷，江苏教育出版社，1992年，第205页。

④　李学勤主编：《十三经注疏·周易正义》，北京大学出版社，1999年，第15页。

⑤　中国教育科学研究院编：《叶圣陶语文教育论集》，教育科学出版社，2015年，第250-255页。

叶圣陶强调："训练学生写作，必须注重于倾吐他们的积蓄，无非要他们生活上终身受用的意思。这便是'修辞立诚'的基础。"① 可见"生活上终身受用"是叶圣陶所强调的基本立场。1941 年叶圣陶在《写作是极平常的事》一文中指出："写作是极平常的可是极需要认真的一件事情。"② 这一论断既指明了写作是生活的部分，又突出强调了对待写作要持有的严肃态度。

"修辞立诚"就文章写作来说，包含两方面的要求，一是文章的思想内容，二是文章的表达形式。1924 年发表的《作文论》指出："作文上的求诚实含着以下的意思：从原料讲，要是真实的、深厚的，不说那些不可征验、浮游无着的话；从写作讲，要是诚恳的、严肃的，不取那些油滑、轻薄、卑鄙的态度。"③ 1935 年在《"好"与"不好"》中又提出，好的文章应具备"诚实"与"精密"两个特征。④ 1946 年在《谈文章的修改》中阐述："向来看重'修辞立其诚'，目的不在乎写成什么好文章，却在乎绝不马虎地想。想得认真，是一层。运用相当的语言文字，把那想得认真的心思表达出来，又是一层。两层功夫合起来，就叫做'修辞立其诚'。"⑤ 1962 年，叶圣陶在《语文教学二十韵》里再次强调"立诚最为贵"的观点。1980 年国庆节，叶圣陶给小朋友题词："作文课是练习用自己的话表达自己要说的意思。模仿不是好办法。抄袭是自己骗自己。我恳切希望小朋友们记住这两点。"⑥ 1982 年在一次作文比赛颁奖会上讲话时又说："说话作文必须老实，又必须说得明白，写得明白。如果说虚假的话，写违心之论，那是不道德。如果说些不明不白的话，词不达意，人家没法领会你的意思，说就等于白说，写也是白写。"⑦ 这是对"修辞立其诚"的通俗化表达。

"修辞立其诚"就写作教学来说，还包括品德修养和实际锻炼在内；并且，品德修养和实际锻炼的诚决定了文章的诚。叶圣陶晚年指出：修辞立其诚"无非'是言之有物''言之由衷'之意，而品德修养、实际锻炼，亦复包蕴在内。苟德之不

① 中国教育科学研究院编：《叶圣陶语文教育论集》，教育科学出版社，2015 年，第 315 页。

② 叶至善、叶至美、叶至诚编：《叶圣陶集》第 13 卷，江苏教育出版社，1992 年，第 92 页。

③ 中国教育科学研究院编：《叶圣陶语文教育论集》，教育科学出版社，2015 年，第 261 页。

④ 中国教育科学研究院编：《叶圣陶语文教育论集》，教育科学出版社，2015 年，第 293 页。

⑤ 中国教育科学研究院编：《叶圣陶语文教育论集》，教育科学出版社，2015 年，第 324 页。

⑥ 叶至善、叶至美、叶至诚编：《叶圣陶集》第 15 卷，江苏教育出版社，1993 年，插页。

⑦ 叶至善、叶至美、叶至诚编：《叶圣陶集》第 15 卷，江苏教育出版社，1993 年，第 175 页。

修，实之不讲，虽自以为'有物'，自以为'由衷'，犹未'诚'也。"[1]并且，"有几分品德知识能力只能说几分的话，写几分的文，只会打折扣，不会超过增多"[2]。在叶圣陶看来，指导学生作文，不能只着眼于技能，必须时时顾及学生其人，把陶冶道德、训练思想、培养情感等精神训练放在首位。如果学生养成了"诚实"的品德，思维日渐缜密完善，情感日渐丰富纯真，观察也日趋敏锐周到。他们的作文就不难做到理直、情切、意达，写出"立诚"的佳作。同样的道理，评改学生作文，应以是否"立诚"作为衡量文章好坏优劣的准绳。"好文章有许多条件，也许可以有百端，在写作教学上势难一一顾到，但好文章有个基本条件，必须积蓄于胸中的充实而深美，又必须把这种积蓄化为充实而深美的文字。"[3]叶圣陶先生主张"修辞立诚"，实际上是将作文纳入了育人的范畴，作文的过程也就成了育人的过程。纵观叶圣陶一生，作文说话立其诚，为人处世也立其诚，而且恰恰因其为人诚才做到为文诚，为"修辞立诚"做出了榜样。

写作是生活的一部分，写作当然应该以契合生活中的语言运用实际为旨归。叶圣陶反复强调文章的语言要与生活中的语言习惯相适应。在《作文论》中，叶圣陶提出："凡是使一句句的话达到刚合恰好的地步，我们都称为修词的功夫。""从事修词，有两点必须注意。一点是求之于己；因为想象、联想、语句的语气、神情、等等，都是我们自己的事情。又一点是估定效力；假若用了这种修词而并不见得达到刚合恰好的地步，那就宁可不用。"[4]所谓"刚合恰好的地步"，就是语言的恰当性。后来陈望道在《修辞学发凡》中提出"修辞以适应题旨情境为第一义"[5]这一具有深远影响的论断，成为中国现代修辞学的基本指导思想。而叶圣陶关于"达到刚刚恰好的地步"这一要求，就已经体现了修辞应适应题旨情境的思想，体现了"修辞立其诚"的理念。

所谓"达到刚刚恰好的地步"，就是指的符合生活中说话的习惯。1935年叶圣陶在《"通"与"不通"》一文中指出："'词'使用得适合，'篇章'组织得调顺，便是'通'。""一方讲求文法，了知所以然，同时把了知的化为说话的习惯，平时

---

① 叶至善、叶至美、叶至诚编：《叶圣陶集》第25卷，江苏教育出版社，1994年，第20-21页。

② 叶至善、叶至美、叶至诚编：《叶圣陶集》第25卷，江苏教育出版社，1994年，第80页。

③ 中国教育科学研究院编：《叶圣陶语文教育论集》，教育科学出版社，2015年，第7-8页。

④ 中国教育科学研究院编：《叶圣陶语文教育论集》，教育科学出版社，2015年，第278-279页。

⑤ 陈望道：《修辞学发凡》，复旦大学出版社，2008年，第9页。

说话总不与之相违背，这才于作文上大有帮助。"① 在《"好"与"不好"》一文中指出："文字里要有由写作者深全地发见出的、亲切地感受到的意思情感，而写出时又能不漏失它们的本真，这才当得起'精密'二字，同时这便是'好'的文章。"② 后来在广播演讲《怎样写作》中指出："必须从特地留心成为不待经意的习惯，才能每一次都合乎法则。所以作文法一类书对于增强我们看文章的眼力有些直接的帮助，对于增强我们写文章的腕力只有间接的帮助。""怎样写作呢？最要紧的是锻炼我们的语言习惯。语言习惯好，写的文章就通顺了。其次要辨明白文章和语言两样的地方，辨得明白，能知能行，写的文章就不但通顺，而且是完整而无可指摘的了。"③

关于作文的批改，叶圣陶的主张大致有两方面：一是强调作者本人是修改的主体，二是主张用"念"的办法来检验是否符合生活中的语言习惯。1958 年在《把稿子念几遍》一文中提出："修改肯定是作者分内的事。"这一论断突出强调了作者自己修改文章的主体责任。关于修改的办法，该文指出应该"把全篇稿子放到口头说说看"。"念下去顺当，就因为语言流畅妥帖，而语言流畅妥帖，也就是意思流畅妥帖。"反之亦然，因此，"用念的办法——也就是用说话的办法来检验写成的稿子，最为方便而且有效。"④ 1962 年讲话指出："教师独改，不如与学生共改，为效更大。"⑤ 这也体现了作者是修改主体的思想。1978 年在《大力研究语文教学　尽快改进语文教学》的讲话中指出："'改'与'作'关系密切，'改'的优先权应该属于作文的本人，所以我想，作文教学要着重在培养学生自己改的能力。"而修改作文的办法是："站在读者的地位把自己的文念一遍，看它是不是念起来上口，听起来顺耳，这样做是从群众观点审核自己的文，也是一种好习惯。"⑥

在长期的语文教育研究中，叶圣陶对于文章语言的标准逐渐明确。在 1958 年明确提出了"准确、鲜明、生动"的要求。"准确性这个标准极重要。发言吐语，著书立说，都需要用这个标准来衡量。""在准确性之外还要提出鲜明性和生动性，

---

① 中国教育科学研究院编：《叶圣陶语文教育论集》，教育科学出版社，2015 年，第 290 - 291 页。

② 中国教育科学研究院编：《叶圣陶语文教育论集》，教育科学出版社，2015 年，第 295 页。

③ 中国教育科学研究院编：《叶圣陶语文教育论集》，教育科学出版社，2015 年，第 301 - 305 页。

④ 中国教育科学研究院编：《叶圣陶语文教育论集》，教育科学出版社，2015 年，第 340 页。

⑤ 叶至善、叶至美、叶至诚编：《叶圣陶集》第 15 卷，江苏教育出版社，1993 年，第 157 页。

⑥ 中国教育科学研究院编：《叶圣陶语文教育论集》，教育科学出版社，2015 年，第 116 - 117 页。

为的是给充分的准确性以保证。"①1979 年讲话又提出了"端正文风"的要求："干干净净生动鲜明的话才叫有文采。"②"准确、鲜明、生动"标准的提出，确立了中国现代写作教学评价的基本依据，具有重要的理论意义。

为了使文章写得与生活的实际想贴近，叶圣陶特别注重写作过程中的思维活动。在《作文论》中，叶圣陶指出，为了确保"写出来的正就是所要写的"，就要善于组织。"组织是写作的第一步功夫。经了这一步，材料方是实在的，可以写下来，不仅是笼统地觉得可以写下来。"组织的方法，包括两方面："为要使各部分环拱于中心，就得致力于剪裁。为要使各部分密合妥适，就得致力于排次。"③关于文章的修改，叶圣陶也特别重视思维活动，强调要努力用语言文字表达自己的真实的思想内容。1946 年在《谈文章的修改》一文中就说："修改文章不是什么雕虫小技，其实就是修改思想，要它想得更正确、更完美。"④ 在为《集体习作实践记》作序时又说："习作就是练习思想。"⑤1958 年在《修改是怎么一回事》一文中论述了文字、语言、思想（意思）三者的关系，指出："修改是就原稿再仔细考虑，全局和枝节全都考虑到，目的在尽可能做到充分地确切地表达出所要表达的意思。"⑥1963 在《评改〈最近半年工作情况汇报〉》一文中指出："咱们所有的认识和经验大多是比较散乱的，要经过一番整理组织，去芜存精，使它形成一个比较完整而精炼的定型……""主旨的确定，材料的选择，段落的组织，词句的运用，都要讲究，一点也不能马虎。"⑦思维活动是语言活动的心理前提，语言活动是思维活动的语言运用选择，思维和语言紧密联系。叶圣陶重视写作过程中的思维活动，对于加强思维训练，从而提高写作训练的质量具有重要的促进意义。

三、读写关系：阅读是写作的基础

阅读和写作分别是书面语言的输入和输出，二者必然存在内在的关联。叶圣陶历来重视阅读和写作的关系。

① 中国教育科学研究院编：《叶圣陶语文教育论集》，教育科学出版社，2015 年，第 344 页。
② 中国教育科学研究院编：《叶圣陶语文教育论集》，教育科学出版社，2015 年，第 419 页。
③ 中国教育科学研究院编：《叶圣陶语文教育论集》，教育科学出版社，2015 年，第 264-265 页。
④ 中国教育科学研究院编：《叶圣陶语文教育论集》，教育科学出版社，2015 年，第 324 页。
⑤ 叶至善、叶至美、叶至诚编：《叶圣陶集》第 15 卷，江苏教育出版社，1993 年，第 90 页。
⑥ 中国教育科学研究院编：《叶圣陶语文教育论集》，教育科学出版社，2015 年，第 330 页。
⑦ 中国教育科学研究院编：《叶圣陶语文教育论集》，教育科学出版社，2015 年，第 389-390 页。

叶圣陶先后用"模范""榜样"来界定阅读材料之于写作教学的意义。早在1919年发表的《对于小学作文教授之意见》一文中就指出："选择读物殊为必要。必与以模范，始得有着手之方。"① 这就强调了阅读材料应发挥写作"模范"的作用。后来在《论写作教学》一文中又说："教学生阅读，一部分的目的是给他们个写作的榜样。因此，教学就得着眼于（一）文中所表现的作者的积蓄，以及（二）作者用什么功夫来表达他的积蓄。这无非要使学生知道，胸中所积蓄要达到如何充实而深美的程度，那才非发表不可；发表又要如何苦心经营，一丝不苟，那才真做到了家。"② 这里说的"榜样"，与前文说的"模范"意思是一致的。他具体解释了阅读材料作为"榜样"体现为两个方面：一是"作者的积蓄"，亦即文章的思想内容；二是"作者用什么功夫来表达他的积蓄"，亦即文章的语言表达。

　　叶圣陶深入论证了阅读之于写作的意义。在《国文教学的两个基本观念》一文中就提出："阅读是吸收，写作是倾吐，倾吐能否合于法度，显然与吸收有密切的关系。单说写作程度如何如何是没有根的，要有根，就得追问那比较难捉摸的阅读程度。"③ 后来进一步明确提出了"阅读是写作的基础"这一命题。1962年在《阅读是写作的基础》一文中强调："阅读的基本训练不行，写作能力是不会提高的。""写作基于阅读。""阅读习惯不良，一定会影响到表达，就是说，写作能力不容易提高。因此，必须好好教阅读课。"④ 后来在其他场合也表达了同样的意思。

　　叶圣陶论述了阅读对写作发挥影响的内在机制。叶圣陶在《国文教学的两个基本观念》中说："阅读得其法，阅读程度提高了，写作程度没有不提高的。"⑤ 何为"得其法"？叶圣陶在《写作是极平常的事》一文中指出："就学习写作的观点说，阅读不仅在明白书中说些什么，更须明白它对于那些'什么'是怎么说的。"⑥ 1964年写信时又说："阅读得其方，写作之能力亦即随而增长。"⑦ 这里所谓的"得其法""得其方"就是指在阅读中领悟语言所表达的方法，或者说是语言所运用的

①　中国教育科学研究院编：《叶圣陶语文教育论集》，教育科学出版社，2015年，第250页。

②　中国教育科学研究院编：《叶圣陶语文教育论集》，教育科学出版社，2015年，第319页。

③　中国教育科学研究院编：《叶圣陶语文教育论集》，教育科学出版社，2015年，第42页。

④　中国教育科学研究院编：《叶圣陶语文教育论集》，教育科学出版社，2015年，第355-356页。

⑤　中国教育科学研究院编：《叶圣陶语文教育论集》，教育科学出版社，2015年，第43页。

⑥　叶至善、叶至美、叶至诚编：《叶圣陶集》第13卷，江苏教育出版社，1992年，第96页。

⑦　中国教育科学研究院编：《叶圣陶语文教育论集》，教育科学出版社，2015年，第533页。

"策略性知识"。也就是说，语文学习中的阅读要区别于生活中的一般阅读。生活中的一般阅读主要关注的语言内容，亦即文章"主要写了什么""表达了什么思想感情"；而语文学习中的阅读不满足于此，还要关注文章的语言形式，亦即"怎么写的"；关注文章的语言形式，不是孤立地关注语言形式，而是要把握语言形式与语言内容的关联，审视文章"为什么用这种方法写"，也就是特定语言形式之于特定语言内容的表达效果。"由言语形式了解言语内容以知其所言，再由言语内容反观言语形式以知其得失。如此这般，在不同层面上、不同细节上不断地来回咀嚼，求得对言语作品的内容、形式的了解、掌握和内化。"①

叶圣陶还提醒，强调阅读是写作的基础，并非意味着把阅读的文章作为写作材料的仓库，尤其不应把阅读的文章作为写作方法的程式，应坚持借鉴而非机械摹仿，而不要陷入形式主义的误区。1963 年写信时说："果能善读，自必深受所读书籍文篇之影响，不必有意摹仿，而思绪与技巧自能渐有提高。我谓阅读为写作之基础，其意在此。"② 这里说的"不必有意摹仿"，其实是在强调阅读中要学习作者表情达意的语言习惯，从而对自身的写作能力发生潜移默化的影响，内化为自己的语言习惯。1964 年在《评〈读和写〉，兼论读和写的关系》一文中说："阅读和写作是对等的两回事，可不是彼此不相干的两回事，认真阅读有助于练习写作。"同时强调："人家写文章表达人家的思想感情，咱们写文章表达咱们的思想感情，彼此的思想感情不会完全相同，因此彼此的表达方法（就是写作技巧）也不会完全相同。如果死死咬定，一切要以人家的表达方法为榜样或是范例，很可能走上形式主义的道路，结果人家的表达方法是学像了，却不能恰当地表达出自己的思想感情。以人家的表达方法为借鉴就不然。借鉴就是自己处于主动地位，活用人家的方法而不为人家的方法所拘。为了恰当地表达思想感情的需要，利用人家的方法不妨斟酌损益，取长去短，还可以创立自己的方法。"③ 这对于当前写作教学中存在的范文套作的现象仍然具有警示意义。

此外，叶圣陶一直高度重视教师的写作素养，主张教师要体会写作的过程，提出了"教师下水"的思想。1958 年在《写什么》一文中指出："自己动手写，最能体会到写文章的甘苦。自己的真切的体会跟作文教学结合起来，讲解就会更透彻，

---

① 李维鼎：《重形式，重内容，更要重关系》，《语文学习》，2014 年第 1 期。

② 中国教育科学研究院编：《叶圣陶语文教育论集》，教育科学出版社，2015 年，第 527 页。

③ 中国教育科学研究院编：《叶圣陶语文教育论集》，教育科学出版社，2015 年，第 400 页。

指导就会更加切实，批改就会更恰当。"[1]1961年在《"教师下水"》一文中更明确提出："真要对学生练习作文起作用，给学生切合实际的引导和指点，还在乎老师消化那些书而不是转述那些书，还在乎老师在作文的实践中深知作文的甘苦。"[2]

综上所述，叶圣陶在写作教学上提出了"作文是生活的一部分"的写作目的观、"修辞立其诚"的写作要求观、"阅读是写作的基础"的读写关系观，以及"教师下水"的语文教师素养观，形成了严谨的写作思想体系。

第三节　教学原则

叶圣陶基于对教学基本规律的认识和对汉语文自身规律的把握，对语文教学原则做出了重要系列论述。叶圣陶语文教学原则的思想基础是"以学生为本位"，具体实施路线是"教是为了达到不需要教"。"以学生为本位"揭示了语文教学中的师生关系；"教是为了达到不需要教"揭示了教学过程中语文知识与语文习惯的关系。

一、以学生为本位

"以学生为本位"是叶圣陶教学思想的基础。叶圣陶早年曾聆听美国教育家杜威的演讲，深受杜威教育思想的影响。杜威指出："教师是一名向导和指导者；教师掌舵，而驱动船只前进的力量一定是来自学生的。"[3]叶圣陶吸收了这一思想，立足于中国语文教育的现实，并基于自身长期的教学实践和对一线教学的观察思考，提出了中国语文教育中"学生本位论"并做了阐释和发挥。"以学生为本位"在叶圣陶的教育生涯中一以贯之并不断发展丰富。

"五四"前后，叶圣陶"以学生为本位"的思想已经初步成型。叶圣陶在1919年发表的《小学教育的改造》一文中指出："儿童在进学校之前，自有他们的生活；进了学校，自然是继续他们的生活。……他们将来出了学校，终其一生，把学校生活所得的经验作为基础去应付事物，这才收到了学校教育的效果。"[4]这段话其实就是对杜威"教育即生活"这一论断的解释。基于生活教育的哲学基础，叶圣陶对知识的特征进行了探讨："属于精神方面的知识是谁也不能授予谁的。因为知识是求

---

① 中国教育科学研究院编：《叶圣陶语文教育论集》，教育科学出版社，2015年，第345-346页。

② 中国教育科学研究院编：《叶圣陶语文教育论集》，教育科学出版社，2015年，第353页。

③ [美]约翰·杜威：《我们怎样思维·经验与教育》，人民教育出版社，1991年，第29页。

④ 叶至善、叶至美、叶至诚编：《叶圣陶集》第11卷，江苏教育出版社，1991年，第35页。

知者主观的欲望和兴趣的结晶体，离开了求知者的主观便无所谓知识，所以知识只有自己去求，别人的知识只能由别人去应用，我不能沾他的一些光。"[①] 以此来探讨教学的任务，叶圣陶指出："我们既然认定知识是不可以传授的，那么对于儿童，我们决不能将现成的知识装进去，而要使儿童自己做将出来；不是使儿童学习了现成的知识预备应付将来的事物，也不是使他们只为了有知识而去求知识，而是使儿童从事物中寻求真知识，并用真知识来支配他们的行动。"[②] 叶圣陶"使儿童从事物中寻求真知识"的思想，与陶行知提出的"教学做合一"具有内在的契合性。就语文学科来说，这一思想尤其适应了语文的实践性特征。在同年发表的《对于小学作文教授之意见》一文中，叶圣陶更明确地提出："作文命题及读物选择，须认定作主者读之者为学生，即以学生为本位也。教者有思想欲发挥，有情感欲抒写，未必即可命题，因学者未必有此思想有此情感也。教者心赏某文，玩索有素，未必即可选为教材，因学生读此文，其所摄受未必同于我也。必学生能作之文而后命题，必学生宜读之文而后选读，则得之矣。"[③] 在这一篇论文中，"以学生为本位"被正式明确提出，树立了鲜明的思想旗帜。1922 年叶圣陶在《小学国文教授的诸问题》中指出了当时教育的一个病根就是"不会了解儿童，不以儿童本位一义为教授的出发点""选材，练习，都归成人作主，学童全居被动地位。"为了破解这一困局，教师"须认定国文是儿童所需要的学科""国文教授也须为学童设备一种境遇，引起他们的需求。"[④] 这里不仅强调了"以儿童本位一义为教授的出发点"这一思想观念，而且提出了具体的实践策略，即创设教学情境，从而唤起儿童的学习需要。

20 世纪 30 年代，在中央人民广播电台作《文艺作品的鉴赏》的播音演讲时，叶圣陶指出："我们应该处于主动的地位，对文艺要研究，考察。""文艺鉴赏犹如采矿，你不动手，自然一无所得，只要你动手去采，随时会发现一些晶莹的宝石。""文字是一道桥梁。这边的桥堍站着读者，那边的桥堍站着作者。通过了这一道桥梁，读者才和作者会面。不但会面，并且了解作者的心情，和作者的心情相契合。""作者的努力既是从旨趣到符号，读者的努力自然是从符号到旨趣。""必须在日常生活中随时留意，得到真实的经验，对于语言文字才会有正确丰富的了解力，

---

① 　叶至善、叶至美、叶至诚编：《叶圣陶集》第 11 卷，江苏教育出版社，1991 年，第 39 页。

② 　叶至善、叶至美、叶至诚编：《叶圣陶集》第 11 卷，江苏教育出版社，1991 年，第 39-40 页。

③ 　中国教育科学研究院编：《叶圣陶语文教育论集》，教育科学出版社，2015 年，第 252 页。

④ 　叶至善、叶至美、叶至诚编：《叶圣陶集》第 13 卷，江苏教育出版社，1992 年，第 6 页。

换句话说,对于语言文字才会有灵敏的感觉。这种感觉通常叫做'语感'。"①这些论述虽然不是专论教学的,但若从学生学习阅读鉴赏的角度来解析,则可以看出其中对学生作为阅读主体的重视。1937 年,叶圣陶更明确地指出:种种教学设施都是"'为着学生'的,一切都得以学生为本位,凡学生所要明晓的,倾筐倒箧,不厌其详;凡学生所要解决的,借箸代筹,唯求其尽"。②由此,叶圣陶的"学生本位"思想由教学中的具体方面上升到普遍规律的层面。

20 世纪 40 年代,叶圣陶"以学生为本位"的思想进一步成熟,尤其强调学生的独立思考。1941 年,叶圣陶在文章中指出:"国文课是教师与学生的共同工作。可是主体究竟是学生,教师的实施方法无论如何精到,如果学生只还是他个'不动天君',也就难有很好的成绩。"③这里强调了学生主体性的发挥有赖于"动天君",也就是独立思考。1944 年叶圣陶给教师写信时,针对有教师试图"制服"学生提出了批评,提出了"学生第一"的观点。④这是对学生本位的另一种表述。1948 年指出:"阅读要多靠自己的力,自己能办到几分务必办到几分。不可专等老师给讲解,也不可专等老师抄给字典词典上的解释以及参考书上的文句。直到自己实在没法解决,才去请教老师或其他的人。因为阅读是自己的事,像这样专靠自己的力才能养成好习惯,培养真能力。"⑤这里说的"专靠自己的力"也是从学习的角度论述了"学生本位"这一理念下学生的主体责任。

20 世纪 50 年代,叶圣陶看到了灌输式教育的危害,逐渐认识到隐藏在背后的是一种"空瓶子观"在作怪。《排除"空瓶子观点"》一文指出:"我觉得无论过去和现在,都有一些老师把学生看成空瓶子,或是玻璃瓶子,或是洋铁瓶子,全都一样,总之里面是空的,可以装东西。什么是教学工作呢? 就是……揭开瓶盖,把各种知识、各项道德条目装进去,今天装一点儿,明天装一点儿,直到该装的东西全装进去了,就算功德圆满。"他认为"空瓶子观"不仅影响着教师,更影响着学生,这表现为学生在学习上的消极与被动。"一些学生自以为空瓶子。什么是学习过程呢? 就是揭开瓶盖,把这样那样的东西陆续装进来,直到该装的东西全装进来了,

①　中国教育科学研究院编:《叶圣陶语文教育论集》,教育科学出版社,2015 年,第 189 - 199 页。

②　叶至善、叶至美、叶至诚编:《叶圣陶集》第 12 卷,江苏教育出版社,1991 年,第 103 页。

③　叶至善、叶至美、叶至诚编:《叶圣陶集》第 13 卷,江苏教育出版社,1992 年,第 84 页。

④　叶至善、叶至美、叶至诚编:《叶圣陶集》第 11 卷,江苏教育出版社,1991 年,第 122 页。

⑤　中国教育科学研究院编:《叶圣陶语文教育论集》,教育科学出版社,2015 年,第 90 页。

就算毕了某一阶段的业。"学生不是空瓶子而是生活体,"这个生活体不但能够把吃下去的饭和菜消化,变成体魄方面的血和肉,而且能够把各种知识各项道德条目消化,变成精神方面的血和肉。"① 在《"瓶子观点"》一文中又说:"什么东西都不能装了进去就算,装了进去考试能得五分也未必就好,必须使所学的东西融化在学术的思想、感情、行动里,学生的思想、感情、行动确实受到所学的东西的影响,才算真正有了成效。这不是'装'的办法所能做到的,这必须用名副其实的教育。讲一讲,听一听,固然也有必要,可是一讲一听不就等于教育。运用种种方法,使学生能够把所学的东西化为自身的东西(这就是'有诸己'),能够'躬行实践',才是名副其实的教育。"② 反对将学生视为被动接受灌输的空瓶子,有力抨击了灌输式教育的弊端,这是从反面论证学生本位的意义。

进入新时期,叶圣陶认同吕叔湘关于教育类似农业的比喻,指出:"受教育的人的确跟种子一样,全都是有生命的,能自己发育自己成长的;给他们充分的合适的条件,他们就能成为有用之才。所谓办教育,最主要的就是给受教育者提供充分的合适条件。"③ 又说:"善于启发的老师都把学生看成有生机的种子,本身具有萌发生长的机能,只要给以适宜的培育和护理,就能自然而然地长成佳谷、美蔬、好树、好花。"④ 将学生视为具有生命力的种子,认为学生的成长像种子的发育一样有赖于其自身的生命力,体现了对学生身心发展规律的尊重和对学生主体性的关注,这是从正面论述学生本位的意义。

"以学生为本位"的思想,归结起来,可以概括为:教学是学生的学和教师的教相统一的活动。学生是学习的主体,教师的"教"是为学生的"学"服务的,因此,教师的"教"应以学生的发展需求为目标,以学生的现实基础为起点,以学生的身心发展规律为基本遵循,充分尊重学生的主体性,努力调动学生的主动性,积极发挥学生的创造性。"以学生为本位"是叶圣陶教学思想的哲学基础。基于这一思想,叶圣陶具体探索了语文教学的实践策略,在阅读写作诸方面的具体方法手段做出了论述,并逐步形成了"教是为了达到不需要教"的思想。

---

① 叶至善、叶至美、叶至诚编:《叶圣陶集》第 11 卷,江苏教育出版社,1991 年,第 188–189 页。
② 叶至善、叶至美、叶至诚编:《叶圣陶集》第 11 卷,江苏教育出版社,1991 年,第 199–200 页。
③ 叶至善、叶至美、叶至诚编:《叶圣陶集》第 11 卷,江苏教育出版社,1991 年,第 286 页。
④ 叶圣陶:《叶圣陶序跋集》,生活·读书·新知三联书店,1983 年,第 245 页。

二、教是为了达到不需要教

"教是为了达到不需要教"是叶圣陶在"学生本位论"这一教育哲学指导下对教学实践探索的高度概括，是叶圣陶教育思想的精髓，他的这一教育思想是对陶行知"先生的责任不在教，而在教学，而在教学生学"[①]这一教育主张的继承和发展。"教是为了达到不需要教"集中体现了叶圣陶对语文教学目标、教学方法的认识，也涉及叶圣陶对语文教师素养的认识。

（一）教学的目标："达到不需要教"——养成习惯

叶圣陶在长期的教学实践和编辑出版的过程中，逐步认识到"习惯"之于语文学习的意义，认识到养成良好的读写习惯是语文学习的最终目标，多次论述了"习惯"的重要性。早在 1916 年，叶圣陶就指出："勉强注入之徒劳"，"故教授方法采用自学辅导主义……务以养成其自力研修之习惯"。[②]1922 年，叶圣陶认为教育"目的在使其自生需要，不待教师授与"。[③]1940 年，叶圣陶在《国文教学的两个基本观念》中指出："所谓训练，当然不只是教学生拿起书来读，提起笔来写，就算了事。第一，必须讲求方法。怎样阅读才可以明白通晓，摄其精英，怎样写作才可以清楚畅达，表其情意，都得让学生们心知其故。第二，必须使种种方法成为学生终身以之的习惯。因为阅读与写作都是习惯方面的事情，仅仅心知其故，而习惯没有养成，还是不济事的。国文教学的成功与否，就看以上两点。"[④]1941 年又指出："不讲究方法固然根本不对，而讲究方法，只到懂得为止，也还是没有用处。必须使一切方法化为自身的习惯，那才算贯彻了学习国文的本旨。"[⑤]在 1942 的《认识国文教学——〈国文杂志〉发刊辞》中，叶圣陶强调："旧式教育可以养成记诵很广博的'活书橱'，可以养成学舌很巧妙的'人形鹦鹉'，可以养成或大或小的官吏以及靠教读为生的'儒学生员'；可是不能养成善于运用国文这一种工具来应付生活的普通公民。"[⑥]在《略谈学习国文》指出："语言文字的学习，就理解方面说的，是得到一种知识；就运用方面说，是养成一种习惯。这两方面必须联成一贯；就是说，理

① 方明主编：《陶行知全集》第 1 卷，四川教育出版社，2009 年，第 18 页。

② 叶至善、叶至美、叶至诚编：《叶圣陶集》第 11 卷，江苏教育出版社，1991 年，第 6 页。

③ 叶至善、叶至美、叶至诚编：《叶圣陶集》第 13 卷，江苏教育出版社，1992 年，第 13 页。

④ 中国教育科学研究院编：《叶圣陶语文教育论集》，教育科学出版社，2015 年，第 42 页。

⑤ 叶至善、叶至美、叶至诚编：《叶圣陶集》第 13 卷，江苏教育出版社，1992 年，第 85 页。

⑥ 中国教育科学研究院编：《叶圣陶语文教育论集》，教育科学出版社，2015 年，第 64 页。

解是必要的，但是理解之后必须能够运用；知识是必要的，但是这种知识必须成为习惯。"①这段话是对语文课程目标的集中概括，既主张语文学习包括理解和运用两个方面，又强调运用是更为重要的方面；既承认知识的重要性，更强调将知识化为习惯的重要性。

20世纪60年代，叶圣陶更集中、更明确地阐释了其教学思想。1961年写信指出："学生须能读书，须能作文，故特设语文课以训练之。最终目的为：自能读书，不待老师讲，自能作文，不待老师改。老师之训练必作到此两点，乃为教学之成功。"②这里说语文教学的最终目的是"自能读书、自能作文"，其实就是"不需要教"的意思。同年9月，在呼和浩特向语文教师发表讲话时说："讲的目的，在于达到不需要讲。"③1962年《阅读是写作的基础》一文指出："在课堂里教语文，最终目的在达到'不需要教'，使学生养成这样一种能力，不待老师教，自己能阅读。"④这是叶圣陶"教是为了达到不需要教"这一理念的第一次明确表达。1962在《认真学习语文》的讲座中指出："学习语文目的在运用，就要养成运用语文的好习惯。""好习惯养成了，一辈子受用；坏习惯养成了，一辈子吃它的亏，想改也不容易。"⑤所谓"养成运用语文的好习惯"，就是"达到不需要教"的境界。又在讲话中说："务令学生自己检查修改已成之篇。此习惯必须养成，因为将来应用之际，总得要自己检查，自己修改。检查者何，检查思考是否准确得当。思考于何验之？验之于语言是否准确得当。修改者何？将思考之未尽善处改好，亦即将语言之未尽善处改好。"⑥这些论述，集中强调"习惯"，也是对"不需要教"的诠释。此后，叶圣陶又反复阐述语文习惯的意义。1963年写信说："教师辅导学生认真诵习课本，其意乃在使学生渐进于善读，终于能不待老师之辅导而自臻于通篇明晓。"⑦同年，叶圣陶在评改一位初中语文老师的工作汇报时指出："尽心尽力地教，目的在达到不需要教。学生真正不需要教了，这才是教学工作和教育工作的大成功。所

①　中国教育科学研究院编：《叶圣陶语文教育论集》，教育科学出版社，2015年，第2页。

②　中国教育科学研究院编：《叶圣陶语文教育论集》，教育科学出版社，2015年，第520页。

③　叶至善、叶至美、叶至诚编：《叶圣陶集》第13卷，江苏教育出版社，1992年，第199页。

④　中国教育科学研究院编：《叶圣陶语文教育论集》，教育科学出版社，2015年，第356页。

⑤　中国教育科学研究院编：《叶圣陶语文教育论集》，教育科学出版社，2015年，第104-105页。

⑥　叶至善、叶至美、叶至诚编：《叶圣陶集》第15卷，江苏教育出版社，1993年，第156-157页。

⑦　中国教育科学研究院编：《叶圣陶语文教育论集》，教育科学出版社，2015年，第527页。

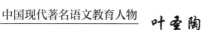

以语文教师的责任并不是专为学生讲书和批改作文。尽到责任还要推进一步，讲书要达到不需要讲，学生自己能够读书，批改作文要达到不需要批改，学生自己能够认真下笔，完稿之后又能够斟酌修改。"① 这里从阅读和写作两方面论述了"教是为了达到不需要教"，一是"讲书要达到不需要讲"，二是"批改作文要达到不需要批改"。1964 年写信说："教师之主导作用在就学生已有之能力水平而适当提高之，使能逐步自己领会课文之内容与语言之运用，最后达到不待教师之讲解而自能阅读。"② 又说："学生诵习教材，赖教师之指导，而领会其质与文，第领会教材之质与文犹未已也，非最后之目的也。必于教学之际培养其自动性，终臻不待教师指导而自能领会之境，于是可以阅读书籍报刊而悉明其旨矣。此则阅读教学最后之目的也。"③ 1965 年，叶圣陶在《文章评改》的序中说："阅读一些文章，斟酌一些文章，只是'举一隅'，目的在于学员通过实践，能'以三隅反'。能'以三隅反'，就是阅读其他文章，也能像跟主讲人共同阅读选读的文章那样，得到比较真切透彻的理解；斟酌自己或是别人的文章，也能像跟主讲人共同斟酌取供讨论的文章那样，比较周到妥帖地考虑。能'以三隅反'，标志着读写能力真有提高，可以不依靠旁人而独立读写了。"④ 达到举一反三，就是"不需要教"的层次。归结起来，叶圣陶论述"达到不需要教"这一境界，分别使用了"字能读书、自能作文""养成运用语文的好习惯""举一隅以三隅反"等不同措辞，其本质意义是一致的。

1977 年，叶圣陶在给《中学语文》期刊的题词中说："我想，教任何功课，最终目的都在于达到不需要教。假如学生进入这一境界，能够自己去探索，自己去辨析，自己去历练，从而获得正确的知识和熟练的能力，岂不是就不需要教了吗？而学生所以要学要练写，就为要进入这样的境界。给指点，给讲说，却随时准备少指点，少讲说，最后做到不指点，不讲说。这好比牵着孩子手教他学走路，却随时准备放手。我想，在这上头。教者可以下好多功夫。"⑤ 这一题词至今仍被《中学语文》印在每一期的封面上，可以其影响之深远。

1983 年，叶圣陶在接见民进外地来京参观教师茶话会上又说："刚才有一位同

① 中国教育科学研究院编：《叶圣陶语文教育论集》，教育科学出版社，2015 年，第 388 页。

② 中国教育科学研究院编：《叶圣陶语文教育论集》，教育科学出版社，2015 年，第 531 页。

③ 中国教育科学研究院编：《叶圣陶语文教育论集》，教育科学出版社，2015 年，第 533－534 页。

④ 中国教育科学研究院编：《叶圣陶语文教育论集》，教育科学出版社，2015 年，第 412 页。

⑤ 叶至善、叶至美、叶至诚编：《叶圣陶集》第 11 卷，江苏教育出版社，1991 年，第 227 页。

志说到我说过'教是为了不教'。后来我加了四个字：'教是为了达到不需要教。'我觉得这样表达比较明白。是不是不教了，学生就学成了呢？非也。不教是因为学生能够自己学习了，不再需要老师教了。不要说小学毕业就学完了，中学毕业也没有学完，大学毕业考上了研究生，也不能算毕业。世界上的事情是学不完的，无论是谁，都要学习一辈子。咱们当教师的要引导他们，使他们能够自己学，自己学一辈子，一直学到老。……达到不需要教，就是要教给学生自己学习的本领，让他们自己学习一辈子。"① 至此，叶圣陶"教是为了达到不需要教"这一思想得到进一步完善，表述更为严谨。

（二）教学的方法：启发引导

"教是为了达到不需要教"，要达到"不需要教"这一目的，就要致力于培养学生的习惯；要培养学生的习惯，就要特别注重"教"的方法。只有"教"的方法正确了，"不需要教"的目标才能实现。所谓正确的教学方法，就是坚持学生本位，实施启发诱导。

叶圣陶关于启发诱导的教学思想，受到中国古代教育传统的影响。孔子说："不愤不启，不悱不发，举一隅不以三隅反，则不复也。"② 这是中国古代较早出现的对启发式教学的阐述。孟子提出了教学必须由学生"自得"的观点："君子深造之以道，欲其自得之也。自得之，则居之安，居之安，则资之深，资之深，则取之左右逢其源，故君子欲其自得之也。"③ "自得"就是早期出现的学生本位论的论述。后来的《学记》有言："君子之教，喻也。道而弗牵，强而弗抑，开而弗达。道而弗牵则和，强而弗抑则易，开而弗达则思。和易以思，可谓善喻矣。"④ 这里说的"喻"，就是启发诱导的意思。叶圣陶汲取了古代启发教学的智慧，基于现代语文教学的特点，对启发教学做出了新的探讨。

通过总结反思自身的教学实践，叶圣陶关于启发引导的教学思想逐步形成，20世纪40年代得以成熟。在《精读指导举隅》的前言中，叶圣陶说："学生应该知道而未必能自行解答的，却不妨预先提出，让他们去动一动天君，查一查可能查到的参考书。他们经过了自己的一番摸索，或者是略有解悟，或者是不得要领，或者是

---

① 叶至善、叶至美、叶至诚编：《叶圣陶集》第11卷，江苏教育出版社，1991年，第297-298页。
② 李学勤主编：《论语注疏》，北京大学出版社，1999年，第87页。
③ 李学勤主编：《孟子注疏》，北京大学出版社，1999年，第220页。
④ 李学勤主编：《礼记正义》，北京大学出版社，1999年，第1063-1064页。

全盘错误,这当儿再来听教师的指导,印入与理解的程度一定比较深切。"① 在《略读指导举隅》前言中又说:"学生从精读而略读,譬如孩子学走路,起初由大人扶着牵着,渐渐的大人把手放了,只在旁边遮拦着,替他规定路向,防他偶或跌倒。大人在旁边遮拦着,正与扶着牵着一样的需要当心;其目的唯在孩子步履纯熟,能够自由走路。"② 这里说的"动天君",就是尊重学生主体地位的体现;这里以孩子学走路为喻,由扶到放手,就是对在教师的引导下发挥学生主体性的诠释。

20 世纪 40 年代,叶圣陶在启发引导方面做了系列论述,逐步建构了一套基于学生本位的、重在启发诱导的教学模式,其主要特征在于"先预习后讨论"。在《论国文精读指导不只是逐句讲解》一文中,叶圣陶具体论述了教师启发引导的实践策略:"一篇精读教材放在面前,只要想到这是一个凭借,要用来养成学生阅读书籍的习惯,自然就会知道非教他们预习不可。预习的事项无非翻查、分析、综合、体会、审度之类;应该取什么方法,认定哪一些着眼点,教师自当测知他们所不及,给他们指点,可是实际下手得让他们自己动天君,因为他们将来读书必须自己动天君。""上课的活动,教学上的用语称为'讨论',预习得对不对,充分不充分,由学生与学生讨论,学生与教师讨论,求得解决。""教师犹如集会中的主席,排列讨论程序的是他,归纳讨论结果的是他,不过他比主席还多负一点责任,学习预习如有错误,他得纠正,如有缺漏,他得补充,如有完全没有注意到的地方,他得指示出来,加以阐发。""教师只要待学生预习之后,给他们纠正、补充、阐发;唯有如此,学生在预习的阶段既练习了自己读书,在讨论的阶段又得到切磋琢磨的实益,他们阅读书籍的良好习惯才会渐渐养成。"预习,"他们动了天君,得到理解,当讨论的时候,见到自己的理解与讨论结果正相吻合,便有独创成功的快感;或者见到自己的理解与讨论结果不甚相合,就作比量短长的思索;并且预习的时候决不会没有困惑,困惑而没法解决,到讨论的时候就集中了追求解决的注意力。这种快感、思索与注意力,足以鼓动阅读的兴趣,增进阅读的效果,都有很高的价值。"③ 在《论中学国文课程的改订》中又说:"学生不甚了解的文章书本,要使他们运用自己的心力,尝试去了解。""逐句讲解的办法废除了,指导预习的办法实施了,上课的情形就将和现在完全两样。上课做什么呢? 在学生是报告讨论,不再是一味听讲,在

① 中国教育科学研究院编:《叶圣陶语文教育论集》,教育科学出版社,2015 年,第 7–8 页。

② 中国教育科学研究院编:《叶圣陶语文教育论集》,教育科学出版社,2015 年,第 15 页。

③ 中国教育科学研究院编:《叶圣陶语文教育论集》,教育科学出版社,2015 年,第 48–49 页。

教师是指导和订正，不再是一味讲解。报告是各自报告预习的成绩，讨论是彼此讨论预习的成绩，指导是指导预习的方法，提示预习的项目，订正是订正或补充预习的成绩。在这样的场合里，教师犹如一个讨论会的主席，提出问题由他，订补意见由他，结束讨论由他。"① 在《中学国文教师》中说："上课是教师与学生的共同工作，而共同工作的方式该如寻常集会那样的讨论，教师仿佛集会的主席。"② 在为《谈语文教本——笔记文选读》作序时指出，教师"他的任务在指导学生的精读，见不到处给他们点明，容易忽略处给他们指出，需要参证比较处给他们提示。当然，遇到实在搅不明白处，还是给他们讲解。"③ 在 1949 年草拟《中学语文科课程标准》时指出："要使学生尽量自求了解，在没法彻底了解的时候，教师才给他们说明，订正，补充。不作逐字逐句的机械讲解。""要强调预习，预习是自求了解的重要步骤。课内多采用讨论会的方式，教师也是一个会员，至多处于主席的地位。"并说明："课内讨论以'提示'或'纲要'所列的各项目为中心，最后由教师作总结。也可以由学生作总结，教师看情形予以承认或订正。"④ 可见，这一时期叶圣陶初步建构了一个"先预习后讨论"的教学模式。在关于预习的论述中，叶圣陶强调学生自主学习的重要性，这一理念直至 21 世纪初期的课程改革仍不过时；在关于讨论的论述中，叶圣陶既重视学生之间的合作学习，又准确定位了教师的身份，即"集会中的主席"，这跟很多年后从国外引进的"平等中的首席"这里说法具有高度的契合性。后现代主义课程论专家小威廉姆·E.多尔在《后现代课程观》中提出了教师是"平等中的首席"⑤ 这一说法，对于构建新型的师生教学关系起到了重要的理论启示作用，而叶圣陶在其之前就将课堂讨论中的教师称为"集会中的主席"，由此可以看出叶圣陶的先见。当然，也要避免对这一理念的误解，"平等中的首席"并没有否定教师的权威。诚如多尔所说："在教师与学生的反思关系中，教师不要求学生接受教师的权威；相反，教师要求学生延缓对那一权威的不信任，与教师共同参与研究，探究学生所正在体验的一切。教师同意帮助学生理解所给建议的意义，乐于面

---

① 中国教育科学研究院编：《叶圣陶语文教育论集》，教育科学出版社，2015 年，第 61 页。
② 中国教育科学研究院编：《叶圣陶语文教育论集》，教育科学出版社，2015 年，第 70 页。
③ 中国教育科学研究院编：《叶圣陶语文教育论集》，教育科学出版社，2015 年，第 137 页。
④ 中国教育科学研究院编：《叶圣陶语文教育论集》，教育科学出版社，2015 年，第 150–151 页。
⑤ [美] 多尔：《后现代课程观》，教育科学出版社，2015 年，第 172 页。

对学生提出的质疑，并与学生一起共同反思每个人所获得的心照不宣的理解。"①

20世纪60年代以后，叶圣陶对教师的启发诱导做了新的论述，在教学实践策略上兼顾教师引导和学生主动两个方面，初步提出了重视语文基本训练的思想，使此前"先预习后讨论"的教学模式拓展为"预习——讨论——历练"的教学模式。叶圣陶1961年在呼和浩特跟语文教师讲话指出："学生能够理解和领会的东西，教师完全可以不讲。学生了解不透领会不深的地方，才需要教师给以指点和引导，但是也不宜讲得很多很琐碎。教师要善于引导学生自己多动脑筋。""经过老师指导，学生还是不能自己了解自己领会，那就只好由老师讲了，还得注意讲得多而啰唆不如讲得少而精。""如果一个老师能作到上课不需要讲，只作一些指点和引导，学生就能深刻理解，透彻领会，那就是最大的成功。""教师一方面给学生指点和引导，一方面督促学生练习，这就是训练。"② 在1962年的《阅读是写作的基础》一文中，叶圣陶指出："语文方面许多项目都要经过不断练习，锲而不舍，养成习惯，才能变成他们自己的东西。""一边教，一边要逐渐为'不需要教'打基础。打基础的办法，也就是不要让学生只是被动地听讲，而要想法设法引导他们在听讲的时候自觉地动脑筋。……怎样启发学生，使他们自觉地动脑筋，是老师备课极重要的项目。这个项目做到了，老师才真起了主导作用。"③ 这是对教师启发引导的阐述，强调教师要致力于学生自觉思考。从学生的角度讲，则要在教师的启发引导下进行语文训练，叶圣陶在《认真学习语文》讲座中指出："学习语文要练基本功。写一篇文章，就语文方面讲，用一个字，用一个词，写一个句子，打一个标点，以及全篇的结构组织，全篇的加工修改，这些方面都要做到家才算好。这些方面都得下功夫，都得养成好的习惯。这样，写起文章来就很自由，没有障碍，能够从心所欲。培养这些方面的能力，养成好的习惯，就叫练基本功。"④ 这是对教学基本训练的论述，为后来流行的"双基教学"开启了先声。在1962年《语文教学二十韵》中，叶圣陶也阐述了教师启发引导的重要性："为教纵详密，亦仅一隅陈，贵能令反三，触处自引伸。"⑤ 这一时期，叶圣陶在与广大语文教育工作者的通信中也多次阐述了教师的

① ［美］多尔：《后现代课程观》，教育科学出版社，2015年，第164－165页。

② 叶至善、叶至美、叶至诚编：《叶圣陶集》第13卷，江苏教育出版社，1992年，第199－201页。

③ 中国教育科学研究院编：《叶圣陶语文教育论集》，教育科学出版社，2015年，第355－356页。

④ 中国教育科学研究院编：《叶圣陶语文教育论集》，教育科学出版社，2015年，第105页。

⑤ 中国教育科学研究院编：《叶圣陶语文教育论集》，教育科学出版社，2015年，前言页。

引导。"教师教语文，无非是引导学生练习看书作文的本领，主要一步在透彻理解课文。而所谓透彻理解，须反复玩味课文，由字句章节而通观全篇，作者的思路，文章的脉络，都宜求之于本文，不宜舍文本而他求。"① "教师当然须教，而尤宜致力于'导'。导者，多方设法，使学生能逐渐自求得之，卒底于不待教师教授之谓也。"② "我欲进一言，可否自始即不多讲，而以提问与指点代替多讲。提问不能答，指点不开窍，然后畅讲，印入更深。而学生时常听老师提问，受老师指点，亦即于不知不觉之中学会遇到任何书籍文篇，宜如何下手乃能通其义而得其要。此如扶孩子走路，虽小心扶持，而时时不忘放手也。"③ "尝谓教师教各种学科，其最终目的在达到不复需教，而学生能自为研索，自求解决。故教师之为教，不在全盘授与，而在相机诱导。必令学生运其才智，勤其练习，领悟之源广开，纯熟之功弥深，乃为善教者也。"④ "教课之本旨并非教师讲一篇课文与学生听，而是教师引导学生理解此课文，从而使学生能自观其他类似之文章。既曰引导，自须令学生有所事事。使彼练习，向彼提问，皆其事也。"⑤ "所谓教师之主导作用，盖在善于引导启迪，俾学生自奋其力，自致其知，非谓教师滔滔讲说，学生默默聆受。"⑥ "如能令学生于上课之时，主动求知，主动练习，不徒坐听教师之讲说，即为改进教学之一道。教师不宜以讲课本为专务，教师指示必须注意之点，令自为理解，彼求之弗得或得之谬误，然后为之讲说。如是，则教师真起主导作用，而学生免处于被动地位矣。"可见，教师的启发引导和学生的积极主动，二者是相辅相成的。叶圣陶1974年写信指出："据往时接触及挤时间接闻知，语文教师以讲解为务者尚不乏其人，以为学生鲜能自览，必为之讲解始能明晓。鄙意则谓今日而言教育，此一点首宜打破。凡为教者必期于达到不须教。教师所务唯在启发导引，俾学生逐步增益其知能，展卷而自能通解，执笔而自能合度。"⑦ 这里揭示了要让学生达到"展卷而自能通解，执笔而自能合度"，就需要教师的"启发导引"。

① 中国教育科学研究院编：《叶圣陶语文教育论集》，教育科学出版社，2015年，第521页。

② 中国教育科学研究院编：《叶圣陶语文教育论集》，教育科学出版社，2015年，第522页。

③ 中国教育科学研究院编：《叶圣陶语文教育论集》，教育科学出版社，2015年，第523页。

④ 中国教育科学研究院编：《叶圣陶语文教育论集》，教育科学出版社，2015年，第524页。

⑤ 中国教育科学研究院编：《叶圣陶语文教育论集》，教育科学出版社，2015年，第525页。

⑥ 中国教育科学研究院编：《叶圣陶语文教育论集》，教育科学出版社，2015年，第526页。

⑦ 中国教育科学研究院编：《叶圣陶语文教育论集》，教育科学出版社，2015年，第538页。

新时期以来，叶圣陶对启发诱导的论述继续推进。1977年叶圣陶为《人民教育》编辑部题诗《自力二十二韵》，以"导儿学步"为喻，论述了教师启发诱导的策略："学步导幼儿，人人有经验，或则扶其肩，或则携其腕，唯令自举足，不虞颠仆患。既而去扶携，犹恐足未健，则复翼护之，不离其身畔。继之更有进，步步能稳践，翼护亦无须，独行颇利便，他日行千里，始基于焉奠。似此寻常事，为教倘可鉴。所贵乎教者，自力之锻炼。诱导与启发，讲义并示范，其道固多端，终的乃一贯，譬引儿学步，独行所切盼。独行将若何？诸般咸自办：疑难能自决，是非能自辨，斗争能自奋，高精能自探。学者臻此境，固非于一旦，而在导之者，胸中存成算，逐渐去扶翼，终酬放手愿。当其放手时，此才必精干。"[1] 用诗歌的形式对教师的启发引导做了阐释。1978年叶圣陶发表了题为《大力研究语文教学　尽快改进语文教学》的重要讲话。关于课文的教学，指出："口耳授受本来是人与人交际的通常渠道之一，教师教学生也是人与人交际，'讲'当然是必要的。问题可能在如何看待'讲'和怎么'讲'。说到如何看待'讲'，我有个朦胧的想头。教师教任何功课（不限于语文），'讲'都是为了达到用不着'讲'，换个说法，'教'都是为了达到用不着'教'。"所谓达到用不着教，就是指"学生入了门了，上了路了，他们能在繁复的事事物物之间自己探索，独立实践，解决问题了……"关于写作教学，着重论述了作文的修改："假如着重在培养学生自己改的能力，教师只给些引导和指点，该怎么改让学生自己去考虑去决定，学生不就处于主动地位了吗？养成了自己改的能力，这是终身受用的。""'改'与'作'关系密切，'改'的优先权应该属于作文的本人，所以我想，作文教学要着重在培养学生自己改的能力。"[2] 这一讲话是对"教是为了达到不需要教"具体实施策略的阐释，其中既强调了教师教学要善于启发引导这一基本理念，也论述了教师在课堂讲授、作文批改等方面的具体方法，具有纲领性的意义。

归结起来，叶圣陶在论述"教是为了达到不需要教"这一理念的过程中，逐步清晰地形成了基于学生主体、注重教师引导、开展基本训练的思想，为后来钱梦龙提出"学生为主体、教师为主导、训练为主线"的"三主"教学思想提供了理论基础。在教学模式上，叶圣陶逐步明晰地建构了"预习——讨论——历练"的教学模

① 叶圣陶：《自力二十二韵》，《人民教育》，1977年第1期。

② 中国教育科学研究院编：《叶圣陶语文教育论集》，教育科学出版社，2015年，第112-117页。

式，为建设中国特色的语文课程实践形态做出了积极探索。20 世纪末的各地区的教学改革，以至新世纪基础教育课程改革中，一些学校探索出的"先学后教，当堂训练"教学模式，在叶圣陶的教学思想中可以找到思想渊源。

（三）教学的保障：教师要有"本钱"

改进教学方法关键在于提高教师自己的水平，诚如《语文教学二十韵》的开头所说的："教亦多术矣，运用在乎人。"叶圣陶 1961 年在《"教师下水"》一文中指出："真要对学生练习作文起作用，给学生切合实际的引导和指点，还在乎老师消化那些书而不是转述那些书，还在乎老师在作文的实践中深知作文的甘苦。"[1] "跟教作文一样，唯有老师善于读书，深有所得，才能教好读书。"[2] 叶圣陶 1962 年写信说："教师增加本钱，最为切要。所谓本钱，一为善读，二为善写，二者实相关而不可剖分。""唯有老师善读善写，乃能导引学生渐进于善读善写。"将教师的素养称为教师的"本钱"，足以看出对教师素养的重视。[3] 1964 年写信说："语文教学之提高，与教师之水平关系至巨。教师辅导学生者为阅读与作文二事。教师善读善作，深知甘苦，左右逢源，则为学生引路，可以事半功倍。故教师不断提高其水平，实为要图。"[4] 1973 年写信指出："教师要帮助学生养成好习惯，教师自己就得有看书读书写东西的好习惯。"[5] 1979 年写信说："教师之所必须自励者，一则自己善读善作，心知其所以然，二则能真知语文教育之为何事（如何以须教学生阅读、何以须教学生作文之类），而不旁骛耳。"[6] 所谓"真知语文教学之为何事"，就是指真正掌握语文教学的规律，真正懂得语文教学的性质、任务、目标、要求，等等。

语文教师，既要注重"教学"规律，又要注重"语文"本身，但方法取决于内容，所以蒋仲仁曾呼吁："首先是'语文'，然后是'教学'。"[7] 语文教师要特别注重自身语文素养的提高。一方面，语文教师自己掌握扎实的语文知识，才能在培养学生语言能力的过程中由混沌走向自觉；另一方面，语文教学的各个方面，教师都应

---

① 中国教育科学研究院编：《叶圣陶语文教育论集》，教育科学出版社，2015 年，第 353 页。

② 中国教育科学研究院编：《叶圣陶语文教育论集》，教育科学出版社，2015 年，第 354 页。

③ 中国教育科学研究院编：《叶圣陶语文教育论集》，教育科学出版社，2015 年，第 522 页。

④ 中国教育科学研究院编：《叶圣陶语文教育论集》，教育科学出版社，2015 年，第 535 页。

⑤ 叶至善、叶至美、叶至诚编：《叶圣陶集》第 25 卷，江苏教育出版社，1994 年，第 53 页。

⑥ 中国教育科学研究院编：《叶圣陶语文教育论集》，教育科学出版社，2015 年，第 540 页。

⑦ 蒋仲仁：《思维·语言·语文教学》，人民教育出版社，1988 年，第 31 页。

该"下水",既是对学生的语文学习起到示范作用,也有利于教师亲自体验语文学习过程,认识语文学习的心理规律。当前,教师教育课程改革正积极推行,教育类课程受到了前所未有的重视,但在强化教育类课程的同时,也要防止弱化语文类的课程,陷入"此消彼长"的怪圈。

叶圣陶提出"以学生为本位"的教育哲学思想,并逐渐形成"教是为了达到不需要教"这一教学理念,是对中国传统教育思想中积极因素的继承和发展,是对自身教学实践经验的精辟总结和对现实教学问题的有力回应,也是对杜威实用主义教育思想中国化的积极尝试,与后来引入中国的美国布鲁纳"发现学习"、苏联赞可夫"发展性教学"、德国瓦根舍因"范例教学"等现代教育思想具有内在的契合性。可见,叶圣陶最坚决地批判陈腐的传统教学及其流弊,而又最认真地继承孔子以来中国教学和学习的优良传统并加以现代化;大胆借鉴外来先进教学思想,而又本着改革中国教学的需要加以中国化;总结自身丰富的教学实践经验和自学经验,而又不断地从新时代中国其他教育家和广大教师的有关思想、经验中汲取精华。这些因素,使叶圣陶的教学思想具有鲜明的民族特色、时代精神、实践品格。

第四章　名著品读

本章选取叶圣陶语文教育名著原文 18 篇。叶圣陶在这些文章中论及了语文课程、语文教材、语文教学等诸多问题，揭示了语文教育的本质和规律。重读叶圣陶，对于我们今天的教育改革和发展仍然是有意义的。

第一节　语文课程篇

本节选录的几篇文章较为集中地体现了叶圣陶的语文课程思想。

《略谈学习国文》于 1942 年 1 月 1 日发表于《国文杂志》（成都）第一期。该文提出，"知识是必要的，但这种知识必须成为习惯"。并强调，阅读和写作两项的知识和习惯，"是国文科的专责"。为了培养学生的习惯，需要让学生反复历练。这是语文课程基本目标和基本实施途径的重要论断。

《认真学习语文》是叶圣陶在中华函授学校举办的"语文学习讲座"第一讲的讲话，刊登在该校《语文学习讲座》第一辑，1962 年 10 月出版，后来经删改发表在 1963 年 10 月 5 日的《文汇报》。该讲话明确解释了语文课程名称的含义，提出"语文就是语言""语就是口头语言，文就是书面语言"，为语文课程内涵建设指引了正确的方向，并论证了语文知识与语文实践互相促进的关系，提出学习语文要练基本功。

《语文是一门怎样的功课》是叶圣陶 1980 年 7 月 14 日在全国小学语文教学研究会成立大会上的书面发言。在发言中，叶圣陶强调语文课程旨在学习运用语言的本领，提出听、说、读、写都重要，批评了忽视听、说训练的现象，并指出仅把阅读视为练习作文的手段是不妥当的，因为阅读也有自身的目的和要求。

《听、说、读、写都重要》于 1980 年 7 月 20 日在《语文学习》上发表。这是叶圣陶为《语文学习》编辑部举办的初中语文听、说、读、写邀请赛而作的。该文指出，要让学生掌握生活和工作的本领，就应该听、说、读、写同样看重，不可偏废。

《养成两种好习惯》是叶圣陶 1947 年 11 月为孙起孟、庞翔勋著作《学习国文的新路》作的序言。叶圣陶在该文指出，普通人学习国文的目的在于掌握吸收和发表的好习惯，吸收和发表是生活的必需，养成好习惯要靠实践。

这几篇文章相对集中地体现了叶圣陶的语文课程思想。归结起来：语文就是语言；语言的学习需要掌握语文知识，更需要在语文实践中培养语文习惯；语文的学习中，听、说、读、写都重要，不可偏废。

一、略谈学习国文[①]

无论学习什么学科，都该预先认清楚为什么要学习它。认清楚了，一切努力才有目标，有方向，不至于盲目地胡搅一阵。

学生为什么要学习国文呢？这个问题，读者诸君如果没有思考过，请仔细地思考一下。如果已经思考过了，请把思考的结果和后面所说的对照一下，看从中间能不能得到些补充或修正。

学习国文就是学习本国的语言文字。语言人人能说，文字在小学阶段已经学习了好几年，为什么到了中学阶段还要学习？这是因为平常说的语言往往是任意的，不免有粗疏的弊病；有这弊病，便算不得能够尽量运用语言；必须去掉粗疏的弊病，进到精粹的境界，才算能够尽量运用语言。文字和语言一样，内容有深浅的不同，形式有精粗的差别。小学阶段学习的只是些浅的和粗的罢了，如果即此为止，还算不得能够尽量运用文字；必须对于深的和精的也能对付，能驾御，才算能够尽量运用文字。尽量运用语言文字并不是生活上一种奢侈的要求，实在是现代公民所必须具有的一种生活能力。如果没有这种能力，就是现代公民生活上的缺陷；吃亏的不只是个人，同时也影响到社会。因此，中学阶段必须继续着小学阶段，学习本国的语言文字——学习国文。

语言文字的学习，就理解方面说，是得到一种知识；就运用方面说，是养成一种习惯。这两方面必须联成一贯；就是说，理解是必要的，但是理解之后必须能够

---

① 叶至善、叶至美、叶至诚编：《叶圣陶集》第 13 卷，江苏教育出版社，1992 年，第 103－106 页。

运用；知识是必要的，但是这种知识必须成为习惯。语言文字的学习，出发点在"知"，而终极点在"行"；到能够"行"的地步，才算具有这种生活的能力。这是每一个学习国文的人应该记住的。

从国文科，咱们将得到什么知识，养成什么习惯呢？简括地说，只有两项，一项是阅读，又一项是写作。要从国文科得到阅读和写作的知识，养成阅读和写作的习惯。阅读是"吸收"的事情，从阅读，咱们可以领受人家的经验，接触人家的心情；写作是"发表"的事情，从写作，咱们可以显示自己的经验，吐露自己的心情。在人群中间，经验的授受和心情的交通是最切要的，所以阅读和写作两项也最切要。这两项的知识和习惯，他种学科是不负授与和训练的责任的，这是国文科的专责。每一个学习国文的人应该认清楚：得到阅读和写作的知识，从而养成阅读和写作的习惯，就是学习国文的目标。

知识不能凭空得到，习惯不能凭空养成，必须有所凭借。那凭借就是国文教本。国文教本中排列着一篇篇的文章，使学生试去理解它们，理解不了的，由教师给与帮助（教师不教学生先自设法理解，而只是一篇篇讲给学生听，这并非最妥当的帮助）；从这里，学生得到了阅读的知识。更使学生试去揣摩它们，意念要怎样地结构和表达，才正确而精密，揣摩不出的，由教师给与帮助；从这里，学生得到了写作的知识。如果不试去理解，试去揣摩，只是茫然地今天读一篇朱自清的《背影》，明天读一篇《史记》的《信陵君列传》，那是得不到什么阅读和写作的知识的，国文课也就白上了。

这里有一点必须注意。国文教本为了要供学生试去理解，试去揣摩，分量就不能太多，篇幅也不能太长；太多太长了，不适宜于做细琢细磨的研讨工夫。但是要养成一种习惯，必须经过反复的历练。单凭一部国文教本，是够不上说反复的历练的。所以必须在国文教本以外再看其他的书，越多越好。应用研读国文教本得来的知识，去对付其他的书，这才是反复的历练。

现在有许多学生，除了教本以外，不再接触什么书，这是不对的。为养成阅读的习惯，非多读不可；同时为充实自己的生活，也非多读不可。虽然抗战时期，书不容易买到，买得到的价钱也很贵；但是只要你存心要读，究竟还不至于无书可读。学校图书室中不是多少有一些书吗？图书馆固然不是各地都有，可是民众教育馆不是普遍设立了吗？藏书的人（所藏当然有多有少）不是随处都可以遇见吗？各就自己所好，各就各科学习上的需要，各就解决某项问题的需要，从这些处所借书来读，这是应该而且必须做的。

写作的历练在乎多练，应用从阅读得到的写作知识，认真地作。写作，和阅读比较起来，尤其偏于技术方面。凡是技术，没有不需要反复历练的。学校里的定期作文，因为须估计教师批改的时间和精力，不能把次数规定得太多。每星期作文一次算是最多了；就学生历练方面说，还嫌不够。为养成写作的习惯，非多作不可；同时为适应生活的需要，也非多作不可。作日记，作读书笔记，作记叙生活经验的文章，作抒发内部情思的文章，凡遇有需要写作的机会，决不放过，这也是应该而且必须做的。

二、认真学习语文 [①]

学习语文的确很重要。近几年来越来越多的人觉得自己的语文程度不够高。语文程度不够高，大约指两个方面：一方面是阅读。比方看《人民日报》的社论，有些人看是看下去了，可是觉得不甚了然，抓不住要点，掌握不住精神。另一方面是写作。写了东西，总觉得词不达意，仿佛自己有很好的意思，只因为写作能力差，不能把它充畅地表达出来。这就可见阅读和写作两方面的能力都要提高。

阅读是怎么一回事？是吸收。好像每天吃饭吸收营养料一样，阅读就是吸收精神上的营养料。写作是怎么一回事？是表达。把脑子里的东西拿出来，让人家知道，或者用嘴说，或者用笔写。阅读和写作，吸收和表达，一个是进，从外到内，一个是出，从内到外。这两件事无论做什么工作都是经常需要的。这两件事没有学好，不仅影响个人，还会影响社会。说学习语文很重要，原因就在这里。

对学习语文要有正确的认识

什么叫语文？语文就是语言，就是平常说的话。嘴里说的话叫口头语言，写到纸面上的叫书面语言。语就是口头语言，文就是书面语言。把口头语言和书面语言连在一起说，就叫语文。这个名称是从一九四九年上半年用起来的。以前，这个学科的名称，小学叫"国语"，中学叫"国文"，一九四九年以后才统称"语文"。

语言是一种工具。工具是用来达到某个目的的。工具不是目的。比如锯子、刨子、凿子是工具，是用来做桌子一类东西的。我们说语言是一种工具，就个人说，是想心思的工具，是表达思想的工具，就人与人之间说，是交际和交流思想的工具。思想和语言的关系是很密切的，一般说来，想心思得靠语言来想，不能凭空

---

① 中国教育科学院编：《叶圣陶语文教育论集》，教育科学出版社，2015 年，第 102 页。

想。固然，绘画、音乐、舞蹈表达思想内容是不凭借语言的，绘画凭借线条和色彩，音乐凭借声音和旋律，舞蹈凭借动作和姿态，可是除了这些以外，表达思想都要依靠语言。

就学习语文来说，思想是一方面，表达思想内容的工具又是一方面。工具有好有坏，有的是锋利的，有的是迟钝的，有的合用，有的不合用，这是一方面。思想也有好有坏，有的是正确的，有的是错误的，有的很周密、深刻，有的很粗糙、浮浅，这又是一方面。学习语文，这两方面都要正确对待。有些人，而且是不少的人，对待这两方面不够正确。

有些人认为，只要思想内容好，用来表达的语言好不好无所谓。有些人甚至认为语文是雕虫小技，细枝末节，不必多注意。既然这样，看书无妨随随便便，写文章无妨随随便便。文章写出来半通不通不以为不对，反而认为只要思想内容好，写得差些没有关系。实际上，看书，马马虎虎地看，书上的语言还不甚了然，怎么能真正理解书的内容？写文章，马马虎虎地写，用词不当，语句不通，怎么能说思想内容好？文章写不通，主要由于没想通，半通不通的文章就反映半通不通的思想。

有些人认为只要学好了语文，思想内容的问题也会随之解决，因而就想专在字词语句方面下功夫。这个想法也不对。有人写工作总结写不好，写调查研究的报告写不好，认为这只是"写"的问题。学好了语文，工作总结和调查报告是不是一定写得好？不见得。为什么？写工作总结必须参加了某项工作，对这一项工作比较全面地了解，知道这一项工作的优点和缺点，经验和教训，加上语文程度又不错，这才能写。写调查报告也一样，一定要切切实实地进行调查，材料既要充分又要有选择，还要恰当地安排，才能写好。

这样说起来，要写好工作总结和调查报告，既要在语文方面下功夫，也要在实践方面下功夫。两方面的功夫都要认真地做，切实地做。

学语文为的是用，就是所谓"学以致用"。经过学习，读书比以前读得透彻，写文章比以前写得通顺，从而有利于自己所从事的工作，这才算达到学习语文的目的。进一步说，学习语文还可以养成思想精密的习惯，理解人家的意思理解得透彻，表达自己的意思表达得准确；还有培养品德的好处，如培养严肃认真，一丝不苟的态度等。这样看来，学习语文的意义更大了，对于做工作和培养品德都有好处。

学习语文不能要求速成

我常常接到这样的信，信上说，"我很想学语文，希望你来封信说说怎样学。"

意思是，去一封回信，他一看，就能学好语文了。又常常有这样的请求，要我谈谈写作的方法。我谈了，谈了三个钟头。有的人在散会的时候说，"今天听到的很解决问题。"解决问题哪有这么容易？哪有这么快？希望快，希望马上学到手，这种心情可以理解；可是学习不可能速成，不可能画一道符，吞下去就会了。学习是急不来的。为什么？学习语文目的在运用，就要养成运用语文的好习惯。凡是习惯都不是几天工夫能够养成的。比方学游泳。先看看讲游泳的书，什么蛙式，自由式，都知道了。可是光看书不下水不行，得下水。初下水的时候很勉强，一次勉强，二次勉强，勉强浮起来了，一个不当心又沉了下去。要到勉强阶段过去了，不用再想手该怎么样，脚该怎么样，自然而然能浮在水面上，能往前游，这才叫养成了习惯。学语文也是这样，也要养成习惯才行。习惯是从实践里养成的，知道一点做一点，知道几点做几点，积累起来，各方面都养成习惯，而且全是好习惯，就差不多了。举个最简单的例子，写完一句话要加个句号，谁都知道，一年级小学生也知道。但是偏偏有人就不这么办。知道是知道了，就是没养成习惯。

一定要把知识跟实践结合起来，实践越多，知道得越真切，知道得越真切，越能起指导实践的作用。不断学，不断练，才能养成好习惯，才能真正得到本领。

有人说，某人"一目十行"，眼睛一扫就是十行。有人说，某人"倚马万言"，靠在马旁边拿起笔来一下子就写了一万个字。读得快，写得快，都了不起。一目十行是说读书很熟练，不是说读书马马虎虎；倚马万言是说写得又快又好，不是说乱写一气，胡诌不通的文章。这两种本领都是勤学苦练的结果。

要学好语文就得下功夫。开头不免有点勉强，不断练，练的功夫到家了，才能得心应手，心里明白，手头纯熟。离开多练，想得到秘诀，一下子把语文学好，是办不到的。想靠看一封回信，听一会讲演，就解决问题，是办不到的。

有好习惯，也有坏习惯。好习惯养成了，一辈子受用；坏习惯养成了，一辈子吃它的亏，想改也不容易。比如现在学校里不少学生写的错别字很多，学校提出要纠正错别字，要消灭错别字。错别字怎么来的呢？不会写正确的形体吗？不见得。有的人写错别字成了习惯，别人告诉了他，他也知道错，可是下次一提笔还是错了。最好是开头就不要错，错了经别人指出，就勉强一下自己，硬要注意改正。比方"自己"的"己"和"已经"的"已"搞不清楚，那就下点儿功夫记它一记，随时提高警惕，直到不留心也不会错才罢休。

这个讲座要给大家讲一些好文章，让大家和好文章接触，学习作者怎样想心思，怎样安排材料，怎样看问题，怎样下结论，同时学习他怎样用语言来表达。通过这些好文章的讲读，帮助大家提高阅读的能力，养成认真读书的好习惯。还要讲一些有问题的文章和不大好的文章，或者意思不很完整，或者语言不够正确。请大家先看看这些文章有什么问题，哪些地方不好，怎么修改就对了，自己先想过一通，然后听别人讲，两下对一对，很可以提高看文章的眼光，提高写文章的能力。

学习语文要练基本功

学习语文要练基本功。写一篇文章，就语文方面讲，用一个字，用一个词，写一个句子，点一个标点，以及全篇的结构组织，全篇的加工修改，这些方面都要做到家才算好。这些方面都得下功夫，都得养成好的习惯。这样，写起文章来就很自由，就没有障碍，能够从心所欲。培养这些方面的能力，使之养成好的习惯，就叫练基本功。

一出戏要唱工做工都好是不容易的。最近我看周信芳，于连泉（筱翠花）几位总结他们表演艺术经验的书，讲一个动作如何做，一句唱词如何唱，都有很多道理。道理不是嘴上说说的，是从实践里归结出来的。我们学习语文，看文章写文章也能达到他们这样程度，就差不多了。学戏的开始，不是从整出的戏入手的，一定要练基本功，唱腔、道白、身段、眼神、一举手、一投足，都要严格训练，一丝不苟。起初当然勉强，后来逐渐熟练，表演出来就都合乎规矩。然后再学一出一出的戏。学绘画，要先练习写生，画茶杯，画花瓶，进一步练速写，这些都是基本功。学音乐，舞蹈也一样，都要练基本功。木工做一张桌子也不简单，锯子、刨子和凿子，使用要熟练，要有使用这些工具的好习惯，桌子才做得合规格。总之，无论学什么，练基本功是很重要的。

学语文的基本功是什么，大体上说有以下几方面：

第一、识字写字。同志们可能想，谁还不识字，这个功夫没有什么可练的。可是一个字往往有几个意义，几种用法，要知道得多些，个个字掌握得恰当，识字方面还得下功夫。比如"弃甲曳兵而走"，这是《孟子》上的一句话。小学生可能不认识"曳"字，其余都是认识的。可是小学生只学过"放弃""抛弃"等词，没用过单用的"弃"字。至于"甲"知道是"甲、乙"的"甲"，"兵"知道是"骑兵""伞兵"的"兵"，"走"知道是"走路"的"走"。他们不知道"甲"是古代的军装，"兵"在古代语言中是武器，古人说"走"，现代人说"逃跑"。"曳"这个字现代不用了，只说"拖"。"而"字在现代语言中是有的，如"为……而……奋斗""为某人的健康而干杯"，可是照"弃甲曳兵而走"这句话的意思说，"而"字就用不着了。用现代话说，这句话就是"丢了铠甲拖着武器逃跑"。到高中程度，识字当然要比小学比初中更进一步，对某些字知道更多的意义和用法。中国字太多，太复杂，谁也不能夸口说念字不会念错。字要念得正确，不要念别字。这也是识字方面应该下的功夫。

写字，也要下些功夫。不一定要去买什么碑帖，天天临它几小时，这不需要；可是字怎么写，总要有个规矩。写下的字是让人家看的，不要使人家看不清楚，看得很吃力。有时候我接到些信，字写得不清楚，要看好些时间，看得很吃力。不要自己乱造字，简化字有一定的规范，不要只管自己容易写，不管别人难于认。字要写得正确，一笔一划，都辨得很明白；还要写得熟练，如果写一个字要想三分钟，这怎么能适应需要。要把字写得正确熟练，这就是基本功。

第二、用字用词。用词怎么用得正确、贴切，需要比较一些词的细微的区别。这是很要紧的。比如与"密"字配合的，有"精密""严密""周密"等词，粗粗看来，好像差不多，要细细辨别，才辨得出彼此的差别。"精密"和"周密"有何不同，"精密"该用在何处，"周密"该用在何处，都要仔细想一想。想过了，用起来就有分寸。如果平时不下功夫，就不知道用哪一个才合适。

用词还有个搭配的问题。比方"成绩"，可以说"取得成绩"，"做出成绩"，如果说"造出成绩"就不对了。前边的词和后边的词，有配得上的，有配不上的，把不相配合的硬配在一起，就不行。所以用词也是基本功，无论阅读或是写作都要注意。

第三、写句子。句是由许多词组成的，许多词当中有主要的部分和附加的部分。读句子，写句子，一方面要抓住它的主要部分，要认清它的附加部分，另一方面要辨明附加部分和主要部分是什么关系。读一句话，写一句话，要能马上抓住主要的部分，能弄清楚其他的部分与主要的部分的关系，这就是基本功。长句子尤其要注意。有些文章像看得懂，又像看不懂，原因之一怕就是弄不清楚长句子的各个组成部分。

读文章，写文章，最好不要光用眼睛看，光凭手写，还要用嘴念。读人家的东西，念出来，比光看容易吸收。有感情的文章，念几遍就更容易领会。自己写了东西也要念，遇到念来不顺的地方，就要改。好的文章，要多读，读到能背。一边想，一边读，有好处。这好处就是自己脑子里的想法好像跟作者的想法合在一起了，自己的想法和语言运用能力就从而提高不少。长的文章可以挑出精彩的段落来多读，读到能背。读的时候不要勉强做作，要读得自然流畅，大家不妨试试。

第四、文章结构。看整篇文章，要看明白作者的思路。思想是有一条路的，一句一句，一段一段，都是有路的，这条路，好文章的作者是决不乱走的。看一篇文章，要看它怎样开头的，怎样写下去的，跟着它走，并且要理解它为什么这样走。比如一篇议论文，开始提出问题，然后从几个方面来说，而着重说的是某一个方面，其余几个方面只说了一点。为什么要这样安排呢？一定是有道理的。读的时候就得揣摩这个道理。再往细处说，第二句和头一句是怎样连接的，第三句和第二句又是怎样连接的，第二段和第一段有什么关系，第三段和第二段又有什么关系，诸如此类，都要搞清楚。这些就叫基本功。练，就是练这个功夫。

总起来一句话，许多基本功，都要从多读多写来练。读人家的文章，要学习别人运用语言的好习惯。自己写文章，要养成自己运用语言的好习惯。要多读，才能广泛地吸取。还要多写，越写越熟，到后来才能从心所欲。有人写了文章，自己不改，却对别人说，"费你的心改一改吧"。自己写了就算，不看不改，让别人改，以为这就过得去，哪有这么容易的事！

写之前，要多想想，不要动笔就写。想得差不多了，有了个轮廓了，可以拟个提纲。提纲可以写在纸上，也可以记在脑子里。总之，想得差不多了再写。写好以后，念它几遍，至少两三遍，念给自己听，或者念给朋友听。凡是不通的地方，有废话的地方，用词不当的地方，大致可以听出来。总之，要多念多改，作文的进步才快。请别人改，别人可能改得不怎么仔细，或者别人改的道理自己不明白，这就没有多大好处。当然，别人改得仔细，自己又能精心领会，那就很有好处。

要认真学习语文

认真不认真，是学得好不好的关键。希望学得好，先要有个认真的态度。看书，不能很快地那么一翻，看文章，不能眼睛一扫了事，这是囫囵吞枣。写文章，不能想都不想，动笔就写，写完了自己又懒得改。这些都是不认真的态度。如果这样，一定学不好。某个中学举行过一次测验，有一道题里学生需用"胡同"这个词，竟有不少学生把极容易的"同"字写错了。从这件事可以看出学习态度不认真。这应该由老师负责，老师没有用种种办法养成学生认真的习惯。大事情是由无数小事情加起来的，小事情不注意，而大事情却能注意，这是不能令人相信的。

有的人写了文章，别人给他指出某处是思想认识的错误，某处是语言文字上的错误，他笑了笑就算了，这也是不认真的态度的表现。写个请假条，写封信，也要注意。无论读或是写，都不能马虎。马虎是认真的反面。马虎的风气在学校里和机关里都有，要想办法改变这种坏风气。

有的老师有的家长往往说，某某孩子两天就看完了一部长篇小说，真了不起。我认为这不好。很大的一本书两天就看完，可能只看见些影子，只记得几个人名，别的恐怕很难领悟。这样的读书法是不该提倡的。先要认真读，有了认真读的习惯，然后再求读得快。

一句话，希望诸位认真自学。在这里听到的，只能给诸位一些启发，一些帮助，重要的还在自己学习。而且这里所讲的也不一定全盘接受，要自己认真想过，认为讲得有道理的，才接受。

三、语文是一门怎样的功课

——在小学语文教学研究会成立大会上的发言①

"语文"作为学校功课的名称，是一九四九年开始的。解放以前，这门功课在小学叫"国语"，在中学叫"国文"。为什么有这个区别？因为小学的课文全都是语体文，到了中学，语体文逐步减少，文言文逐步加多，直到把语体文彻底挤掉。可见小学"国语"的"语"是从"语体文"取来的，中学"国文"的"文"是从"文言文"取来的。

一九四九年改用"语文"这个名称，因为这门功课是学习运用语言的本领的。既然是运用语言的本领的，为什么不叫"语言"呢？口头说的是"语"，笔下写的是"文"，二者手段不同，其实是一回事。功课不叫"语言"而叫"语文"，表明口头语言和书面语言都要在这门功课里学习的意思。"语文"这个名称并不是把过去的"国语"和"国文"合并起来，也不是"语"指语言，"文"指文学（虽然教材里有不少文学作品）。

口头语言和书面语言都有两方面的本领要学习：一方面是接受的本领，听别人说的话，读别人写的东西；另一方面是表达的本领，说给别人听，写给别人看。口头语言的说和听，书面语言的读和写，四种本领都要学好。有人看语文课的成绩光看作文，这不免有点儿片面性；听、说、读、写四种本领同样重要，应该作全面的考查。有人把阅读看作练习作文的手段，这也不很妥当；阅读固然有助于作文，但

---

① 叶至善、叶至美、叶至诚编：《叶圣陶集》第13卷，江苏教育出版社，1992年，第247-248页。

是练习阅读还有它本身的目的和要求。忽视口头语言，忽视听和说的训练，似乎是比较普遍的情况。希望大家重视起来，在小学尤其应该重视。

现在大家都说学生的语文程度不够，推究起来，原因是多方面的。而语文教学还没有形成一个周密的体系，恐怕是多种原因之中相当重要的一个。不知道我说得对不对。语文课到底包含哪些具体的内容；要训练学生的到底有哪些项目，这些项目的先后次序该怎么样，反复和交叉又该怎么样；学生每个学期必须达到什么程度，毕业的时候必须掌握什么样的本领：诸如此类，现在都还不明确，因而对教学的要求也不明确，任教的老师只能各自以意为之。如果大家认为我的看法大致不错，现在小学语文教学研究会成立了，是否可以把我所说的作为研究的课题，在调查、研究、设计、试验各方面花它两三年的工夫，给小学语文教学初步建立起一个较为周密的体系来。

祝同志们工作顺利，身体健康，精神愉快！

1980 年 7 月 14 日讲

四、听、说、读、写都重要[①]

这回比赛——初中语文听、说、读、写邀请赛是个创举，我听到了十分高兴。请允许我向参加比赛的同学们表示祝贺，向同学们的老师表示祝贺，向举办这回邀请赛的《语文学习》编辑部表示祝贺。

学校里为什么要设语文课？这个问题好像挺简单，但是各人的认识并不一致，甚至有很大的不同。有一种看法认为语文课的目的是让学生掌握语言文字这种工具，培养他们的接受能力和发表能力。我同意这种看法。

接受和发表，表现在口头是听（听人说）和说（自己说），表现在书面是读和写。在接受方面，听和读同样重要，在发表方面，说和写同样重要。所以，听、说、读、写四项缺一不可，学生都得学好。这是生活的需要，工作的需要，也是参加祖国四个现代化建设的需要。

有人认为语文课就是教学生写文章，读也是为了写。在过去的社会里确实是这样，读书只是为写文章作准备，能写文章才可以去参加科举考试。现在教学生可不是让他们去应付考试，咱们是要让他们掌握生活和工作必要的本领。所以听、说、读、写四项应该同样看重，都要让学生受到最好的训练。

---

① 叶至善、叶至美、叶至诚编：《叶圣陶集》第 13 卷，江苏教育出版社，1992 年，第 249 页。

祝这回比赛获得成功，能引起语文教育界足够的重视。

1980 年 7 月 20 日发表

五、养成两种好习惯

——《学习国文的新路》序 ①

国文这门学科与其他学科不一样。其他学科都有特殊的材料，譬如，数学的材料是各种算法，历史的材料是以往人类活动的种种事迹，化学的材料是各种元素分析化合的种种关系。国文的特殊的材料是什么呢？很难回答。

就最广泛的方面说，凡是用我国文字写成的东西都是国文的材料，刻在龟甲牛骨上的殷墟文字是，《五经》与诸子的书是，历代的正史稗史是，所有的文集与笔记是，诗词歌赋是，唱本宝卷是，现代的新文艺作品也是。

就最狭窄的方面说，只有语文法的研究，写作技术的研究，修辞的研究才是国文的材料。读无论什么书籍文篇，都只作为着手研究的凭借，目的在从其中研究出一些法则来。因为研究不能凭空着手，必须有所凭借，譬如，研究化学必须凭借物质，离开物质就无从研究化学。

可是，如今各级学校里所谓国文以及一班从业青年口头嚷着的"学习国文"的国文没有那么广泛，也不能那么狭窄。理由很显然的。把从古到今所有用我国文字写成的东西一齐拿来阅读，加上研究的功夫，事实上没有这种必要，而且谁也办不到。至于语文法的研究，写作技术的研究，修辞的研究，那是少数人的专门之业，普通人各有负责做的喜欢做的事情要做，不能抛开了倒去做这些。

背通人在国文方面，大概只巴望养成两种好习惯——吸收的好习惯与发表的好习惯。

吸收与发表并不是生活上的点缀，却是实实在在的必需。人既然生活在社会里，社会里既然有这么一种文字，作为交换经验思想情感的工具，若不能"凭"文字吸收人家的经验思想情感，"用"文字发表自己的经验思想情感，吃亏之大是不必细说的。这吃亏而且不限于个人，因为社会仿佛一个有机体，一个人有了什么缺陷，牵连开来，往往会影响全社会。所以许多人意想中的理想社会，条件各各不同，却有一个条件几乎是共通的，就是：必须根绝文盲。全社会里没有一个文盲，就是人人能凭文字吸收人家的经验思想情感，人人能用文字发表自己的经验思想情感，人与人的交互影响更见密切，种种方面自然更易进展。

---

① 叶至善、叶至美、叶至诚编：《叶圣陶集》第 13 卷，江苏教育出版社，1992 年，第 152-154 页。

上面所说的"凭文字吸收"与"用文字发表"都是随时需用的事，也就是一辈子需用的事。大凡一辈子需用的事最需养成好习惯。在习惯没有养成之前，取个正当适宜的开端，集中心力，勉强而行之。渐渐的不大觉着勉强了，渐渐的习惯成自然，可以行所无事了。这就是好习惯已经养成，足够一辈子的受用。如果开端不怎么正当适宜，到后来就成了坏习惯。坏习惯染在身上，自己不觉察，永远的吃亏下去，自己觉察了，改掉他得费很大的劲儿，而且不一定完全改得掉。所以学习国文不能不取个正当适宜的开端，务求把吸收与发表的好习惯养成。

养成好习惯必须实践。换一句话说，那不仅是知识方面的事，心里知道该怎样怎样，未必就能养成好习惯，必须怎样怎样做去，才可以养成好习惯。向人家打听，听听人家的意见，当然是有益的，但是吸收的好习惯还得在继续不断的阅读中养成，发表的好习惯还得继续不断的写作中养成。废书不观，搁笔不写，尽在那里问什么阅读方法写作方法，以为一朝听到了方法，事情就解决了，好习惯就养成了，那是决无之理。

起孟、翔勋两位先生的这一本书曾经在《中学生》上分期登载过，对于学习国文，我认为他们说的是个正当适宜的开端。末了一篇叫做《从全面生活学习》，这个题目揭出了全书的宗旨。学习国文不是为了博得"读书"的美名，学习国文不是为了做个"能文之士"。为了生活，为了要求生活的充实，不能不像他们所说的那样着手学习。可惜抱这样见解的国文老师不怎么多，不然，大家依据这样见解指导他们的学生，我国的国文教学可以改观了。对于看了这本书的，我还想提醒一句：必须把两位先生说的一一实践，才可以养成吸收与发表的好习惯。

题目是至善拟的

1949 年 11 月 5 日

第二节　语文教材篇

本节选录的几篇文章较为集中地体现了叶圣陶的语文教材思想。

《国文教学的两个基本观念》原题为《对于国文教育的两个基本观念》，于 1940 年 9 月发表于《中等教育季刊》创刊号。该文提出，语文内容和语文方法都不容忽视，语文方法方面尤其应当注重，提出阅读写作的训练是国文教学"独当其任的任"；同时提出，国文的含义与文学不同，它比文学宽广得多，所以教学国文并不等于教学文学。该文体现了叶圣陶编辑语文教材的基本理念。

《认识国文教学》是1942年8月1日《国文杂志》(桂林)的发刊辞。该文第一次明确提出国文是生活中的必要工具，并指出国文的学习应由暗中摸索改为"明中探讨"，在参考、分析、比较、演绎、归纳、涵泳、体味、整饬思想语言、获得表达技能等种种事项上多下功夫，国文教学应提供学习方法的实例，使学生能够举一反三。

《国文百八课》是叶圣陶与夏丏尊合编的初中国文教科书，1935年开始由开明书店出版。该教材的"编辑大意"表现了编者的语文教材编制思想，其中特别提出要给予国文科以科学性，一扫长期以来玄妙笼统的观念。该文具体介绍了《国文百八课》在知识系统的建构、单元的组合、课文的选择等方面的探索思路。

《谈语文教本》是叶圣陶为吕叔湘编写《笔记文选读》所作的序言，收入1945年4月出版的叶圣陶、朱自清论文集《国文教学》。该序言提出了"语文教本只是些例子"的观点，强调语文教本好比锁钥，用这个锁钥可以开发无限的库藏。

《关于编教材》是1961年5月23日叶圣陶跟江苏农村教材编辑人员的讲话。该讲话指出，语文课本的材料是课文，课文实际上是举例的性质，为了较好地发挥课文的作用，就要对课文适当加工改写，并根据需要编写注释和练习题，从而利于学生把语文知识化为自己的语文能力。

这几篇文章相对集中地体现了叶圣陶的语文教材思想。归结起来：语文学习重在语言的形式；语文学习要以语文知识为指引；语文教材编写要努力追求科学化；语文教材无非是个例子，要引导学生举一反三。

一、国文教学的两个基本观念[①]

我们当国文教师，必须具有两个基本观念。我作这么想，差不多延续了二十年了。最近机缘凑合，重理旧业，又教了两年半的国文，除了同事诸君而外，还接触了许多位大中学的国文教师。觉得我们的同行具有那两个基本观念的诚然有，而认识完全异趣的也不在少数。现在想说明我的意见，就正于同行诸君。

请容我先指明那两个基本观念是什么。第一，国文是语文学科，在教学的时候，内容方面固然不容忽视，而方法方面尤其应当注重。第二，国文的涵义与文学不同，它比文学宽广得多，所以教学国文并不等于教学文学。

---

① 叶至善、叶至美、叶至诚编：《叶圣陶集》第13卷，江苏教育出版社，1992年，第52-60页。

如果国文教学纯粹是阅读与写作的训练，不含有其他意义，那么，任何书籍与文篇，不问它是有益或者有损于青年的，都可以拿来作阅读的材料与写作的示例。它写得好，摄取它的长处，写得不好，发现它的短处，对于阅读能力与写作能力的增进都是有帮助的。可是，国文是各种学科中的一个学科，各种学科又像轮辐一样辏合于一个教育的轴心，所以国文教学除了技术的训练而外，更需含有教育的意义。说到教育的意义，就牵涉到内容问题了。国文课程标准规定了教材的标准，书籍与文篇的内容必须合于这些个标准，才配拿来作阅读的材料与写作的示例。此外，笃信固有道德的，爱把圣贤之书教学生诵读，关切我国现状的，爱把抗战文章作为补充教材，都是重视内容也就是重视教育意义的例子。这是应当的，无可非议的。不过重视内容，假如超过了相当的限度，以为国文教学的目标只在灌输固有道德，激发抗战意识，等等，而竟忘了语文教学特有的任务，那就很有可议之处了。

道德必须求其能够见诸践履，意识必须求其能够化为行动。要达到这样地步，仅仅读一些书籍与文篇是不够的。必须有关各种学科都注重这方面，学科以外的一切训练也注重这方面，然后有实效可言。国文诚然是这方面的有关学科，却不是独当其任的唯一学科。所以，国文教学，选材能够不忽略教育意义，也就足够了，把精神训练的一切责任都担在自己肩膀上，实在是不必的。

国文教学自有它独当其任的任，那就是阅读与写作的训练。学生眼前要阅读，要写作，至于将来，一辈子要阅读，要写作。这种技术的训练，他科教学是不负责任的，全在国文教学的肩膀上。所谓训练，当然不只是教学生拿起书来读，提起笔来写，就算了事。第一，必须讲求方法。怎样阅读才可以明白通晓，摄其精英，怎样写作才可以清楚畅达，表其情意，都得让学生们心知其故。第二，必须使种种方法成为学生终身以之的习惯。因为阅读与写作都是习惯方面的事情，仅仅心知其故，而习惯没有养成，还是不济事的。国文教学的成功与否，就看以上两点。所以我在前面说，方法方面尤其应当注重。

现在四五十岁的人大都知道从前书塾的情形。从前书塾里的先生很有些注重方法的。他们给学生讲书，用恰当的方言解释与辨别那些难以弄明白的虚字。他们教学生阅读，让学生点读那些没有句读的书籍与报纸论文。他们为学生改文，单就原意增删，并且反复详尽地讲明为什么增删。遇到这样的先生，学生是有福的，修一年学，就得到一年应得的成绩。然而大多数书塾的先生却是不注重方法的，他们只教学生读，读，读，作，作，作，讲解仅及字面，改笔无异自作，他们等待着一个奇迹的出现——学生自己一旦豁然贯通。奇迹自然是难得出现的。所以，在书塾里坐了多年，走出来还是一窍不通，这样的人着实不少。假如先生都能够注重方法，请想一想，从前书塾不像如今学校有许多学科，教学的只是一科国文，学生花了多年的时间专习一种学科，何至于一窍不通呢？再说如今学校，学科不止一种了，学生学习国文的时间约占从前的十分之二三，如果仍旧想等待奇迹，其绝无希望是当然的。换过来说，如今学习时间既已减少，而应得的成绩又非得到不可，唯有特别注重方法，才会收到事半功倍的效果。多读多作固属重要，但是尤其重要的是怎样读，怎样写。对于这个"怎样"，如果不能切实解答，就算不得注重了方法。

　　现在一说到学生国文程度，其意等于说学生写作程度，至于与写作程度同等重要的阅读程度往往是忽视了的。因此，学生阅读程度提高了或是降低了的话也就没听人提起过。这不是没有理由的，写作程度有迹象可寻，而阅读程度比较难捉摸，有迹象可寻的被注意了，比较难捉摸的被忽视了，原是很自然的事情。然而阅读是吸收，写作是倾吐，倾吐能否合于法度，显然与吸收有密切的关系。单说写作程度如何如何是没有根的，要有根，就得追问那比较难捉摸的阅读程度。最近朱自清先生在《国文月刊》创刊号发表一篇《中学生的国文程度》，他说中学生写不通应用的文言，大概有四种情形。第一是字义不明，因此用字不确切，或犯重复的毛病。第二是成语错误。第三是句式不熟，虚字不通也算在这类里。第四是体例不当，也就是不合口气。他又说一般中学生白话的写作，比起他们的文言来，确是好得多。可是就白话论白话，他们也还脱不掉技术拙劣，思路不清的考语。朱先生这番话明明说的写作程度不够，但是也正说明了所以会有这些情形，都由于阅读程度不够。阅读程度不够的原因，阅读太少是一个，阅读不得其法尤其是重要的一个。对于"体会""体察""体谅""体贴""体验"似的一组意义相近的词，字典翻过了，讲解听过了，若不能辨别每一个的确切意义并且熟悉它的用法，还算不得阅读得其法。"汗牛充栋"为什么不可以说成"汗马充屋"？"举一反三"为什么不可以说成"举二反二"？仅仅了解他们的意义而不能说明为什么不可以改换，阅读方法也还没有到家。"与其"之后该来一个"宁""犹"或"尚"之后该接上一个"况"，仅仅记住这些，而不辨"与其"的半句是所舍义，"宁"的半句才是所取义，"犹"或"尚"的半句是旁敲侧击，"况"的半句才是正面文章，那也是阅读方法的疏漏。"良深哀痛"是致悼语，"殊堪嘉尚"是奖勉语，但是，以人子的身分，当父母之丧而说"良深哀痛"，以学生的身份，对抗战取胜的将领而说"殊堪嘉尚"，那一定是阅读时候欠缺了揣摩体会的工夫。以上只就朱先生所举四种情形，举例来说。依这些例子看，已经可以知道阅读方法不仅是机械地解释字义，记诵文句，研究文法修辞的法则，最紧要的还在多比较，多归纳，多揣摩，多体会，一字一语都不轻易放过，务必发现它的特性。唯有这样阅读，才能够发掘文章的蕴蓄，没有一点含胡。也唯有这样阅读，才能够养成用字造语的好习惯，下笔不至有误失。

阅读方法又因阅读材料而不同。就分量说，单篇与整部的书应当有异，单篇宜作精细地剖析，整部的书却在得其大概。就文体说，记叙文与论说文也不一样，记叙文在看作者支配描绘的手段，论说文却在阐明作者推论的途径。同是记叙文，一篇属于文艺的小说与一篇普通的记叙文又该用不同的眼光，小说是常常需要辨认那文字以外的意味的。就文章种类说，文言与白话也不宜用同一态度对付，文言——尤其是秦汉以前的——最先应注意那些虚字，必需体会它们所表的关系与所传的神情，用今语来比较与印证，才会透彻地了解。多方面地讲求阅读方法也就是多方面地养成写作习惯。习惯渐渐养成，技术拙劣与思路不清的毛病自然渐渐减少，一直减到没有。所以说阅读与写作是一贯的，阅读得其法，阅读程度提高了，写作程度没有不提高的。所谓得其法，并不在规律地作训诂学，文法学，修辞学与文章学的研究，那是专门之业，不是中学生所该担负的。可是，那些学问的大意不可不明晓，那些学问的治学态度不可不抱持，明晓与抱持又必须使他成为终身以之的习惯才行。

以下说关于第二个基本观念的话。五四运动以前，国文教材是经史古文，显然因为经史古文是文学。在一些学校里，这种情形延续到如今，专读《古文辞类纂》或者《经史百家杂抄》便是证据。"五四"以后，通行读白话了，教材是当时产生的一些白话的小说、戏剧、小品、诗歌之类，也就是所谓文学。除了这些，还有什么可以阅读的呢？这样想的人仿佛不少。就偏重文学这一点说，以上两派是一路的，都以为国文教学是文学教学。其实国文所包的范围很宽广，文学只是其中一个较小的范围，文学之外，同样包在国文的大范围里头的还有非文学的文章，就是普通文。这包括书信、宣言、报告书、说明书等等应用文，以及平正地写状一件东西载录一件事情的记叙文，条畅地阐明一个原理发挥一个意见的论说文。中学生要应付生活，阅读与写作的训练就不能不在文学之外，同时以这种普通文为对象。若偏重了文学，他们看报纸、杂志与各科课本、参考书，就觉得是另外一回事，要好的只得自辟途径，去发现那阅读的方法，不要好的就不免马虎过去，因而减少了吸收的分量。再就写作方面说，流弊更显而易见。主张教学生专读经史古文的，原不望学生写什么文学，他们只望学生写通普通的文言，这是事实。但是正因所读的纯是文学，质料不容易消化，技术不容易仿效，所以学生很难写通普通的文言。如今中学生文言的写作程度低落，我以为也可以从这一点来解释。如果让他们多读一些非文学的普通文言，我想文言的写作或许会好些。很有些人，在书塾里熟读了《四书》《五经》，笔下还是不通，偷空看了《三国演义》或者《饮冰室文集》，却居然通了，这可以作为左证。至于白话的写作，国文教师大概有这样的经验，只要教学生自由写作，他们交来的往往是一篇类似小说的东西或是一首新体诗。我曾经接到过几个学生的白话信，景物的描绘与心情的抒写全像小说，却与写信的目的全不相干。还有，现在爱写白话的学生多数喜欢高谈文学，他们不管文章的体裁与理法，他们不知道日常应用的不是文学而是普通文。认识尤其错误的，竟以为只要写下白话就是写了文学。以上种种流弊，显然从专读白话文学而忽略了白话的普通文生出来的，如果让他们多读一些非文学的普通白话，我想用白话来状物，记事，表情，达意，该会各如其分，不至于一味不相称地袭用白话文学的格调吧！

学习图画，先要描写耳目手足的石膏像，叫做基本练习。学习阅读与写作，从普通文入手，意思正相同。普通文易于剖析、理解，也易于仿效，从此立定基本，才可以进一步弄文学。文学当然不是在普通文以外别有什么方法，但是方法的应用繁复得多，变化得多。不先作基本练习而迳与接触，就不免迷离惝恍。我也知道有所谓"取法乎上，仅得其中"的说法，而且知道古今专习文学而有很深的造诣的不乏其人。可是我料想古今专习文学而碰壁的，就是说一辈子读不通写不好的，一定更多。少数人有了很深的造诣，多数人只落得一辈子读不通写不好，这不是现代教育所许可的。从现代教育的观点说，人人要作基本练习，而且必须练习得到家。说明白点，就是对于普通文字的阅读与写作，人人要得到应得的成绩，绝不容有一个人读不通写不好。这个目标应该在中学阶段达到，到了大学阶段，学生不必再在普通文的阅读与写作上费工夫了——现在大学里有一年级国文，只是一时补救的办法，不是不可变更的原则。

至于经史古文与现代文学的专习，那是大学本国文学系的事情，旁的系就没有必要，中学当然更没有必要。我不是说中学生不必读经史古文与现代文学，我只是说中学生不该专习那些。从教育意义说，要使中学生了解固有文化，就得教他们读经史古文。现代人生与固有文化同样重要，要使中学生了解现代人生，就得教他们读现代文学。但是应该选取那些切要的，浅易的，易于消化的，不宜兼收并包，泛滥无归。譬如，老子的思想在我国很重要，可是，《老子》的文章至今还有人作训释考证的工夫而没有定论，若读《老子》原文，势必先听取那些训释家考证家的意见，这不是中学生所能担负的。如果有这么一篇普通文字，正确扼要地说明老子的思想，中学生读了也就可以了解老子了，正不必读《老子》原文。又如，历来文家论文之作里头，往往提到神理气味格律声色的话，这些是研究我国文学批评的重要材料，但是放在中学生面前就不免徒乱人意。如果放弃这些，另外找一些明白具体的关于文章理法的普通文字给他们读，他们的解悟该会切实得多。又如，茅盾的长篇小说《子夜》，一般都认为精密地解剖经济社会的佳作，但是它的组织繁复，范围宽广，中学生读起来，往往不如读组织较简范围较小的易于透彻领会。依以上所说，可以知道无论古文学现代文学，有许多是中学生所不必读的。不读那些不必读的，其意义并不等于忽视固有文化与现代人生，也很显然。再说文学的写作，少数中学生或许能够写来很像个样子，但是决不该期望于每一个中学生。这就是说，中学生不必写文学是原则，能够写文学却是例外。据我所知的实际情形，现在教学生专读经史古文的，并不期望学生写来也像经史古文，他们只望学生能写普通的文言，而一般以为现代文学之外别无教材的，却往往存一种奢望，最好学生落笔就是文学的创作。后者的意见，我想是应当修正的。

在初中阶段，虽然也读文学，但是阅读与写作的训练应该偏重在基本方面，以普通文为对象。到了高中阶段，选取教材以文章体制，文学源流，学术思想为纲，对于白话，又规定"应侧重纯文艺作品"，好像是专向文学了，但是基本训练仍旧不可忽略。理由很简单，高中学生与初中学生一样，他们所要阅读的不纯是文学，他们所要写作的并非文学，并且，唯有对于基本训练锲而不舍，熟而成习，接触文学才会左右逢源，头头是道。

我的话到此为止。自觉说得还不够透彻，很感惭愧！

二、认识国文教学

——《国文杂志》发刊辞①

如果认真的检讨我国的学校教育，谁都会发现种种不满意处；训练不切实，教学不得法，是两大项目，分开来说，细目多到数不清。在各科教学方面，若问哪一

---

① 叶至善、叶至美、叶至诚编：《叶圣陶集》第 13 卷，江苏教育出版社，1992 年，第 107—111 页。

科有特殊优良的成绩，似乎一科也指不出来。数学吗？理化吗？史地吗？艺术吗？都不见得有特殊优良的成绩。而国文教学尤其成问题。他科教学的成绩虽然不见得优良，总还有些平常的成绩；国文教学的问题却不在成绩优良还是平常，而在成绩到底有没有。如果多多和学校接触，熟悉学校里国文教学的情形，更多多和学生接触，熟悉学生运用国文的情形，就会有一种感想，国文教学几乎没有成绩可说。这并不是说现在学生的国文程度低落到不成样子的地步了，像一些感叹家所想的那样；而是说现在学生能够看书，能够作文，都是他们自己在暗中摸索，渐渐达到的；他们没有从国文课程得到多少帮助，他们的能看能作当然不能算是国文教学的成绩。另有一部分学生虽然在学校里修习了国文课程，可是看书不能了了，作文不能通顺。国文教学的目标原在看书能够了了，作文能够通顺，现在实效和目标不符，当然是国文教学没有成绩。

国文，在学校里是基本科目中的一项，在生活上是必要工具中的一种。可是国文教学几乎没有成绩可说，这是目前教育上一个严重的问题。即使人人能够在暗中摸索，渐渐达到能看能作，也不能说那问题并不严重；因为暗中摸索所费的功力比较多，如果改为"明中探讨"，就可以节省若干功力，去做别的事情；尤其因为教育的本旨就在使受教育的人"明中探讨"，如果暗中摸索就可以，也就无需乎什么教育了。何况要人人从暗中摸索达到能看能作，事实上必然办不到。那些看书不能了了，作文不能通顺的，就是摸索不通或是根本没有去摸索的人。他们不能运用生活上的一种必要工具，自然是直接吃亏；他们都是社会的构成分子，就社会说，他们的缺陷也可以使社会间接蒙受不利的影响。教育不能补益个人，同时又牵累到社会，问题岂不严重？

国文教学没有成绩的原因，细说起来当然很多；可是赅括扼要地说，只有一个，就是对国文教学没有正确的认识。学校里的一些科目，都是旧式教育所没有的，唯有国文一科，所做的工作包括阅读和写作两项，正是旧式教育的全部。一般人就以为国文教学只需继承从前的传统好了，无须乎另起炉灶。这种认识极不正确，从此出发，就一切都错。旧式教育是守着古典主义的：读古人的书籍，意在把书中内容装进头脑里去，不问它对于现实生活适合不适合，有用处没有用处；学古人的文章，意在把那一套程式和腔调模仿到家，不问它对于抒发心情相配不相配，有效果没有效果。旧式教育又是守着利禄主义的：读书作文的目标在取得功名，起码要能得"食廪"，飞黄腾达起来做官做府，当然更好；至于发展个人生活上必要的知能，使个人终身受用不尽，同时使社会间接蒙受有利的影响，这一套，旧式教育根本就不管。因此，旧式教育可以养成记诵很广博的"活书橱"，可以养成学舌很巧妙的"人形鹦鹉"，可以养成或大或小的官吏以及靠教读为生的"儒学生员"；可是不能养成善于运用国文这一种工具来应付生活的普通公民。历来善于运用国文这一种工具的人并非没有，而且很多，出类拔萃的还成为专门家；可是他们都是离开了旧式教育的传统，自己在暗中摸索，或是遇到了不守传统的特别高明的教师，受他的指导，而得到成功的。如果没有暗中摸索的志概，又没有遇到特别高明的教师的幸运，那就只好在传统中混一辈子。居然是"活书橱"了，可是对于记诵的那些书籍，内容和形式都不甚了了；居然是"人形鹦鹉"了，可是写下一封通常书信来，须入"文章病院"；已经是民国时代了，可是蓄在心头的意念，甚至写在纸面的文字，还想"得君行道"：这样的人，现在从四十岁以上的人中间满可以找到。比这样的人更不如的当然还有，而且很多。旧式教育在他们生活上，只能算是空白的一页。现在的感叹家早也一声"国文程度低落"，晚也一声"国文程度低落"，好像从前读书人的国文程度普遍的"高升"似的；其实这哪里是真相？通文达理的是极少数人，大多数人一辈子不能从读书达到通文达理。知道了这个真相，就会相信从前读书人的国文程度并没有普遍的"高升"了。为什么不能普遍的"高升"？就为旧式教育守着古典主义和利禄主义。现在的国文教学既然继承着旧式教育的精神，它不能表现成绩，不能使学生的国文程度普遍的"高升"，正是当然的结果。

必须有正确的认识，国文教学才会有成绩。而达到正确的认识的先决条件，就是抛弃旧式教育的古典主义和利禄主义。古人的书并非不该读，为了解本国的文化起见，古人的书甚且必须读；但是像古典主义那样死记硬塞，非但了解不了什么文化，并且在思想行动上筑了一道障壁，读比不读更坏。一个人的聪明才智并非不该用文字表现，现代甄别人才的方法也用考试，考试的方法大都是使受试者用文字表现；但是像利禄主义那样专做摹仿迎合的工夫，非但说不上终身受用，并且把心术弄坏了，所得是虚而所失是实。知道了这两种主义应该抛弃，从反面想，自会渐渐的接近正确的认识。阅读和写作两项是生活上必要的知能；知要真知，能要真能，那方法决不是死记硬塞，决不是摹仿迎合。就读的方面说，若不参考，分析，比较，演绎，归纳，涵泳，体味，哪里会"真知"读？哪里会"真能"读？就作的方面说，若不在读的工夫之外再加上整饬思想语言和获得表达技能的训练，哪里会

"真知"作？哪里会"真能"作？这些方法牵涉到的范围虽然很广，但是大部分属于语文学和文学的范围。说人人都要专究语文学和文学，当然不近情理；可是要养成读写的知能，非经由语文学和文学的途径不可，专究诚然无须，对于大纲节目却不能不领会一些。站定语文学和文学的立场，这是对于国文教学的正确的认识。从这种认识出发，国文教学就将完全改观。不再像以往和现在一样，死读死记，死摹仿程式和腔调；而将在参考，分析，比较，演绎，归纳，涵泳，体味，整饬思想语言，获得表达技能种种事项上多下工夫。不再像以往和现在一样，让学生自己在暗中摸索，结果是多数人摸索不通或是没有去摸索；而将使每一个人都在"明中探讨"，下一分工夫，得一分实益。这样，国文教学该会"有"成绩，有"优良的"成绩了吧。

以上的意思，不但施教的教师应该认清，就是受教的学生也该明白。明白了这个意思，在遇不到可以满意的教师的时候，自己学习就不至于暗中摸索。还有些被摈弃在学校门外的青年，知道国文和生活关系密切，很想努力自学；他们也明白了这个意思，一切努力才不至于徒劳。

我们这个杂志没有什么伟大的愿望，只想在国文学习方面，对青年们（在校的和校外的）贡献一些助力。我们不是感叹家，不相信国文程度低落的说法；可是，我们站定语文学和文学的立场，相信现在的国文教学决不是个办法，从现在的国文教学训练出来的学生，国文程度实在不足以应付生活，更不用说改进生活。我们愿意竭尽我们的知能，提倡国文教学的改革，同时给青年们一些学习方法的实例。所谓学习方法，无非是参考，分析，比较，演绎，归纳，涵泳，体味，整饬思想语言，获得表达技能这些事项。这个杂志就依照这些事项来分门分栏。我们的知能有限，未必就能实现我们的愿望；希望有心于教育和国文教学的同志给我们指导，并且参加我们的工作，使我们的愿望不至于落空。如果这样，不仅是我们的荣幸，实在是青年们的幸福。对青年的读者，我们希望凭着这个杂志的启发，自己能够"隅反"；把这里所说的一些事项随时实践，应用在阅读和写作方面。单看一种杂志，不必再加别的努力，就会把国文学好了；这是一种错误观念。我们相信青年们不至于有这种错误观念。

1942 年 8 月 1 日发表　原载《发刊词》

三、《国文百八课》编辑大意 [1]

一、本书依教育部初级中学国文科课程标准编辑，供初级中学国文科教学及有志自修者之用。

一、本书用分课的混合编制法，共六册。每册十八课，供一学期的教学。

一、在学校教育上，国文科向和其他科学对列，不被认为一种科学，因此国文科至今还缺乏客观具体的科学性。本书编辑旨趣最重要的一点就是想给与国文科以科学性，一扫从来玄妙笼统的观念。

一、从来教学国文，往往只把选文讲读，不问每小时、每周的教学目标何在。本书每课为一单元，有一定的目标，内含文话、文选、文法或修辞，习问四项，各项打成一片。文话以一般文章理法为题材，按程配置；次选列古今文章两篇为范例，再次列文法或修辞，就文选中取例，一方面仍求保持其固有的系统；最后附列习问，根据着文选，对于本课的文话、文法或修辞提举复习考验的事项。

一、古今论文之作及关于文艺上主义、派别的论著向占国文教材的一部分，本书虽也采取纯文艺作品，但论文之作及文艺理论概不收录。一则因每课已有自具系统的特编的文话，不必再依赖此种零星材料；二则编者在经验上深信片段的论文之作及文艺理论对于初中程度的青年并非必要，甚且是以诱致一知半解的恶果。

一、本书选文力求各体匀称，不偏于某一种类、某一作家。内容方面亦务取旨趣纯正有益于青年的身心修养的。唯运用上注重于形式，对于文章体制、文句格式、写作技术、鉴赏方法等，讨究不厌详细。

一、本书每课所列文选，以文话为中心，并不一定取同类的文章，使活用的范围更广。

一、应用文为中学国文教学上的一个重要纲目，坊间现行国文课本大都不曾列入。本书从第一册起即分别编入此项材料，和普通文同样处置。

一、本书选文不附注释。一般所谓注释只着眼于难字、典故和人地名。其实，何者应注释，何者不应注释，因用书的人而不同，定不出明确的标准。本书所收选文都是极常见的传诵之作，不附注释，教学时当也不致有何困难。编者又以为对于每一篇选文，教学上所当注意的方面正多，关于难字、典故，人地名有现成的辞书可以利用，比较上还是最容易解决的一方面，很可以把这余地留给教学者的。

---

[1] 中国教育科学研究院编：《叶圣陶语文教育论集》，教育科学出版社，2015 年，第 127 页。

一、本书关于教材和教法虽已大体拟定，实际教学时尚有待于教师的补充、阐发。如各项例证的扩充，章句的实际吟味，临时材料的提出，参考文章的指示，练习的多方运用等，都希望教师善为处理。

一、本书编辑上所依据的只是编者往日教学的经验和个人的信念，如在实际教学上发觉有不合不妥的地方，尚望不吝指教。

四、谈语文教本

—— 《笔记文选读》序 ①

一

青年们个个都捧着语文教本，可是不一定个个都想过语文教本是什么东西，有什么作用。通常以为语文教本选的是些好篇章，人人必读的，读了这个，就吸尽了本国艺文的精华。读起来又怀着一类神秘的想头，只要一味的读着，神智就会开朗起来，笔下就会畅达起来。这未免看得简单了些。人人必读的好篇章，判别的标准就不容易定。前些年许多专家给青年们开必读书目，开出来几乎各各不同。他们当然各有标准，但公同的标准不容易定，从此也可以见出。就说选的确是十足道地的好篇章，语文教本也不过是薄薄的小册子，而以为天下之道尽在于是，所见未免欠广。再说"开卷有益"也只是句鼓励人家的话；实际上，把篇章读得烂熟，结果毫无所得，甚至把个头脑读糊涂了，这样的人古今都有；毫无所得是无益，把个头脑读胡涂了是非但无益而且有害。所以，认为一味的读具有魔法似的作用，未见得妥当。

语文教本只是些例子，从青年现在或将来需要读的同类的书中举出来的例子；其意是说你如果能够了解语文教本里的这些篇章，也就大概能阅读同类的书，不至于摸不着头脑。所以语文教本不是个终点；从语文教本入手，目的却在阅读种种的书。说到了解就牵涉到能力的问题。能力的长进得靠训练，能力的保持得靠熟习，其间都有个条理，步骤，不能马马虎虎一读了之。所以语文教本需要"精读"；并不是说旁的书就可以马马虎虎的读，只是说在读语文教本的时候，养成了精读的能力，读旁的书才不至于马马虎虎。精读的条理、步骤，读得多了，决不会全没领悟；如果经人指导，使那领悟直捷而且周遍，自然更好。语文教本所以要待老师来

---

① 叶至善、叶至美、叶至诚编：《叶圣陶集》第16卷，江苏教育出版社，1993年，第63－68页。

教，就在于此。老师不是来"讲书"的，尤其不是来"逐句逐句的翻"，把文言翻为白话，把白话翻为另一个说法的白话的；他的任务在指导学生们精读，见不到处给他们点明，容易忽略处给他们指出，需要参证比较处给他们提示，当然，遇到实在搞不明白处，还是给他们讲解。——这一节说语文教本的性质跟作用。

这个认识很寻常，可是很关紧要。有了这个认识，就不会把语文教本扔在抽屉角里，非不得已再也不翻一翻；也不会把语文教本认作唯一的宝贝，朝夜诵读而外，不再涉及旁的书。你想，语文教本好比一个锁钥，用这个锁钥可以开发无限的库藏——种种的书，你肯把它扔在抽屉角里吗？锁钥既已玩熟，老玩下去将觉乏味，必然要插入库藏的锁眼儿，把库藏开开，才感满足。于是你渐渐养成广泛读书的习惯。这样，语文素养有了，读书习惯有了，岂不是你一辈子的受用？

二

现在中学里的语文教本，白话文言兼收；就材料说，从现在人的随笔小说，以至经史子集，几乎无所不包。这个风气在民国十一二年间开始，到现在二十年，一直继承下来。当时白话文运动迅速展开，大家认为白话与古文一样，有在课内研读的必要；于是白话取得了编入教本的资格。至于无所不包，那是把"举例"的意思推广到极端的办法：譬如说，桌子上放着几十样好菜，教本就从每样里夹一筷子，舀一调羹，教你都尝一点儿。这种编辑方法并不是绝无可商之处的。前一篇彭端淑的《为学》，后一篇朱自清的《背影》，前一篇孟子的《鱼我所欲也章》，后一篇徐志摩的《我所知道的康桥》，无论就情趣上文字上看，显得多么不调和。不调和还没有什么，最讨厌的是读过一篇读下一篇，得准备另一副心思；心思时常转换，印入就难得深切。再说经史百家都来一点，因受时代的限制，无论编辑人怎样严守"切合现代生活"的标准，总不免选入一些篇章，让青年们觉得格格不入。例如墨子的《非攻》，王粲的《登楼赋》，韩愈的《原毁》，欧阳修的《朋党论》，这些东西并没有什么深文大义，青年们也很容易了解；可是只认为古人说过的一番话，要沉浸其中，心领神会，就未必能办到。如果这类篇章所占成分不少，那么，原来的每样都尝一点儿的好意，反而得了每样都只是浅尝的劣果。但是人总喜欢在走熟了的路上走，二十年来，教本出了不知多少种，都继承着十一二年间的规模，并无改革。

然而改革的议论也并不是没有。有人主张把现代白话跟文言分开来教，作为两种课程，使用两种教本。他们以为现代白话虽然不少承袭文言的地方，二者并非截然无关的两个系统，但现代白话跟普通文言的差异，比起普通文言跟古文的差异来，还多得多；无论普通文言或荒远的古文，不问在写作的当时上口不上口，在现今看，总之可以包括成一大类，叫做古文；而现代白话是现代上口的语言，又成一类。这两类在理法上差异很多，在表达上也大不一样，要分开来学习才可以精熟，不然就夹七夹八，难免糊涂。两相比较当然是需要的，但是须待分头弄清楚了才能比较，开头就混合在一起，不分辨什么是什么，比较也只是徒劳。这个主张着眼在学习的精熟，见到白话文言混合学习，结果两样都不易精熟，就想法改革。效果如何虽还不得而知，值得试办却是无疑的。

语文教本的选材，也有人主张须在内容跟形式两方面找出些条件来做取舍的标准。内容方面，大概可以凭背景的亲近不亲近，需要的迫切不迫切，头绪的简明不简明这些条件；形式方面，大概可以凭需要的迫切不迫切，结构的普通不普通，规律的简单不简单这些条件。这就跟每样都尝一点儿的办法不一样；每样都尝一点儿的办法是只问好菜，这个办法却顾到吃的人的脾胃，顾到他的真实得到营养。上下古今泛览一阵子，在要求博通的人自然是好，但是在语文课程里是不是也该如此，确然是个疑问。着眼在背景，头绪，需要，结构，规律等等方面，也许可以使学习的人受用得多吧。而这样的着眼，必然有若干篇章，虽属好菜，可不在入选之列。这当然也值得试办。

三

吕叔湘先生这部《笔记文选读》就是按照以上主张试办的语文教本。专选文言，为的是希望读者学习文言，达到精熟的地步。文言之中专选笔记，笔记之中又专选写人情，述物理，记一时的谐谑，叙一地的风土，那些跟实际人生直接打交道的文字，为的是内容富于兴味，风格又比较朴实而自然，希望读者能完全消化，真实得到营养。没经过试用，效果如何不敢说。假如有些有心的老师，采取这个本子好好的教学生，或者有些有志的青年，采取这个本子认真的自己研读，那成绩是好是坏（好就是说比较白话文言混合学习的时候，文言的程度见得高强，坏就是说见得不如），就可判定这个本子的效果是正是负；同时也约略可以判定有了二十年传统的语文教本需要不需要改革。

对于文字写成的篇章，一般人心目中都有普通文跟文学作品的分别。若问什么是普通文，什么是文学作品，似乎又不容易说清楚。现在且不谈这个，单就人生日用上说，一个人不一定要写一般心目中的文学作品，可必须写一般心目中的普通文。看见什么，听见什么，记得下来，想到什么，悟到什么，写得出来，只要写记的大致不走样，文字方面没有毛病，给人家看可以了了，这样一个人在写作方面也就很可以满足了。这些正是普通文；按体类说，又多半是记叙文。除非对宇宙人生有所觉解，像老子，人不会想写一部《道德经》，除非身处政界，感触很深，意欲有所劝惩；像欧阳修，人不会想写一篇《朋党论》；这儿且不问《道德经》跟《朋党论》是普通文还是文学作品，总之可见论说文跟著述文在多数人是不大写的。给多数人预备语文教本，一半总带着供给写作范式的意思，那自然该多选记叙文，少选论说文跟著述文，甚至完全不选。吕先生这个选本，取材以笔记为范围，几乎全是记叙文，对于读者日常写作，该会有不少帮助。在阅读的当儿，同时历练观察的方法，安排的层次，印象的把捉，情趣的表出；这些逐渐到家，就达到什么都记得下来，什么都写得出来的境地。并且，这些跟白话文言不生关系，从这儿历练，对于白话的写作同样的有好处。

这个选本有吕先生写的"注释与讨论"。这是所谓指导工作，属于老师分内的事儿。通行的语文教本也有加入这一部分的，可是平心的说，并非阿其所好，吕先生的才真做到了"指导"。他用心那么精密，认定他在指导读者"读文言"，处处不放松，他使读者不但得到了解，并且观其会通。在现在青年，文言到底是一种比较生疏的语言，不经这样仔细咬嚼，是很难弄通的。他的指导又往往从所读的篇章出发，教读者想开去，或者自省体验，或者旁求参证；这无关于文言不文言，意在使读者读书，心胸常是活泼泼的，不至于只见有书，让书拘束住了。愿意读者好好的利用这个本子。

五、关于编教材

——跟江苏农村教材编辑人员的讲话①

编农村半日制学校教材，是一件很重大的事情，以前谁也没有搞过，带有尝试的性质，创造的性质。我这一回经过陕西、四川、湖北，都谈过这个问题，大家盼望着这套课本的出版。这项工作具有全国性的意义。以下我对编辑工作提一些看法。

编教材跟个人写作不同。个人写作只要"持之有故，言之成理"，不违背基本原则，都可以写出来"争鸣"，编教材可不能这样。课本是各科教学的重要凭借，

---

① 叶至善、叶至美、叶至诚编：《叶圣陶集》第16卷，江苏教育出版社，1993年，第145－150页。

重要工具，教和学双方都如此。教师教的时候，要把课本上用文字表达的思想和知识传授给学生，要求学生不仅能懂能讲，而且通过课本受到教育，能终身受用。

编课本要注意教育方针，培养目标，各门学科的特点；我们这套教材，更应当注意农村的特点：这几方面都要考虑周到，认识清楚。"编写纲要"（方案）是抽象的几条，应当具体体现在课本里；要考虑教师怎样去教，还要为学生的学着想。编辑先生应当时刻假想教师面临的情况，设身处地于教学活动之中，考虑怎样才能让学生心领神会。

无论什么课本，广义地说有两点是相同的：一是所有的课本都是政治课本，一是所有的课本都是语文课本；语文、数学、历史、地理、物理、化学、生物等等都一个样。说都是政治课本，因为各种课本都要体现教育方针、体现政策、培育新人。所有的课本都要为这个总的目标服务。做编辑工作的人必须对方针、政策、形势有所了解，了解得越广越深，越有好处。譬如国务院公布了关于度量衡的规定，我们的课本就应该用"米"，不用"公尺"。再如卫生部李德全部长在全国人民代表大会的发言中说，中国已经消灭了霍乱这种传染病，我们的卫生常识课本中就不该再说中国有霍乱。这些并非技术性问题，而是政治性问题。说都是语文课本，因为数学、物理、化学等等课本都是用中国话写的，除了少数民族用本民族的语言外，都用汉语，所以写出来的东西必须规范化。我们听人家讲话，看人家写的文章，同时在无形中接受人家的语言习惯的影响。反过来说，我们编辑拿出来的是语言，写在课本上的语言，能否给人家好的影响，这一点非常重要，非注意不可。我们要从各个方面提高学生的语文程度。这个任务，语文课本要担当起来，别的课本也应该担当起来。因此，编辑人员的政治修养和语文修养不嫌其多，要从各方面去钻研，去吸收，使化为自己的东西，就是我常说的变成自己的血肉，才能左右逢源，运用自如。

下边说关于语文课本的问题。语文课文是进行政治思想教育的重要工具，同时有一项特殊的使命：训练学生运用语言文字的能力和良好习惯（在这里，我不大愿意说"知识"。）这两者不能偏废，而且应当联系在一起，所以课文必须选，选内容和表达都好的文章；有的文章内容好，表达不太好，就得加工。（目前中学课本的课文都是选的，小学课本的课文有选的，也有编辑先生写的。）选课文有几种情况：一是先有框框，这不太好。譬如一定要选一篇讲模范人物的文章，就到处去找，看到题目合适就选。可是题目合适不一定是好文章，这是"拉在篮里就是菜"。一是只看作家的名字，看到作家写的文章就选，这也不太好。作家的表达自然是好的了，可是他写作另有意图，并不是为语文课本而写的，用来作课文不一定适宜，所以除了看名字，更应该看文章的内容。

语文课本不同于其他的课本：数学、物理、化学等课本，材料是一定的，各科的"教学大纲"都规定好了，语文课本的材料是课文，课文实际上是举例的性质，"教学大纲"并未规定，所以要选。譬如有两篇讲模范人物的文章，都很好，但是只要一篇，到底用哪一篇呢？就要编辑先生动脑筋了：对学生进行思想教育，看哪一篇更合适；让学生练习阅读和写作的能力，看哪一篇更有效。课文只是"举一"，要学生学了能"反三"，选得是否妥当，就看编辑先生的眼光是否敏锐。如果要一百篇课文，可用的文章有三个一百篇，就看你选哪一百篇了。

选的文章内容好，表达却不到家，就得加工，加工就是改文章。文章有不明白的地方，大多由于作者在写的时候想得不太明白；文章有不周密的地方，大多由于作者在写的时候没考虑周密：从这个意义讲，改文章实际是改思想。语文老师改作文本，做的就是这个工作；我们编辑加工课文，做的也是这个工作。审查课本的人一般注重大的方面，看课文的政治思想是否正确；对表达是否到家，很少提出意见。我们做编辑的得负起责任来，同时注意小的方面：看到不明白的地方，就把它改明白，看到不周密的地方，就把它改周密，一句话一个字也不能放过。

加工是改别人的文章，那么自己应该有写文章的经验，知道写文章的甘苦，所以做编辑的人要经常练笔。新华社在一九五三至一九五四年搞过练笔运动；我们不一定来个运动，但是应当养成练笔的习惯。改的时候可以分成小组，譬如五个人一组，一个人读，四个人听。读语文课本的课文要带感情，其他课本的课文只要逻辑地读。光用眼睛看，往往只注意文章讲的什么，听别人读，会随时发现多了些什么，或者少了些什么，要改的正是这些地方。这个方法比一个人加工容易得多，大家不妨试试。

课文的注释是老师和学生都用得着的。设想某一句话老师教起来学生读起来有困难，就应当做注。做注单从字面作个解释是不够的。譬如"烟雨茫苍苍，龟蛇锁大江"，有人把"锁大江"注作"长江比较狭窄的地方"，这就注得不好。"锁"字很重要，是"扼守"的意思，没有注出来；说的是龟山蛇山夹江对峙，形势险要。再如"把酒酹滔滔"中的"酹"，有人注作"把酒倒在长江里"，学生还是不明白：为什么要把酒倒在长江里呢？可见这样解释还不够。老师和学生对课文不理解，不感兴趣，怎么能教得好学得好呢？编辑先生首先要自己体会课文，一定要再三读，再三体会，才能做好注释。有些地方单注个别的字不行，要整句注。譬如单注"锁"字，不注"龟蛇锁大江"，意思就讲不明白。

出练习题，过去有几种毛病：是论说文，往往要求学生把课文分段，写出段落大意，加上小标题；是文艺作品，往往要求学生指出怎样描写英雄人物，英雄人物有哪些高贵品质，为什么会有这些高贵品质。这类"怎样式""为什么式"的练习题，好处无非要学生再看一遍课文。练习题不应当只起这个作用，应当引导学生进一步理解课文，得到真的知识，提高阅读和写作的能力。练习题的作用好像开一扇门，让学生自己走进去，这就是常说的"带有启发性"。编辑先生未免太讲卫生了，只怕用伤了脑子，出练习题不肯多花心思。审读课本，应当对练习题作全面的检查。划分段落的题目是每篇课文都可以用的，编辑先生出起来也用不着动脑筋。我不是说这类题目一律不能出，遇到层次不太分明的文章，就应该让学生根据自己的理解把段落分清楚，逐步提高阅读的能力并养成习惯。

语文教学的目的之一，是培养学生运用语言文字的能力，包括阅读能力和写作能力。出练习题的人往往着重写作能力的培养，其实阅读能力也是必不可少的。不光培养能力，还得养成习惯，这就要让学生反覆练习。出的练习题有启发性，才能对学生有帮助。我们编辑应当多提供有启发性的题目，老师要多指点，多引导，不要太顾惜学生的脑子；脑子是用不伤的，只会越用越敏捷。

我不大赞成"语文知识"这个说法。把语法、逻辑、修辞之类称作"知识"，好像只要讲得出来就行，容易忽略实际运用。现在大家既然用惯了"知识"这个词，那么就得把这个词的意义扩大，把能力也包括在内。要让学生把知识化为自己的血肉，在生活中能够随时运用，教学的目的才算达到了。譬如讲语法，单讲名词术语的定义是解决不了问题的，要多多培成学生把一句话切成几段的能力；把一句话切成了几段，主语、谓语、宾语、定语、状语、补语，自然就分清楚了。我曾经跟几位大学生一起读一篇《人民日报》的社论，就用"切"的方法，分清楚节与节的关系，段与段的关系，句与句的关系，句子中各个成分的关系，这样一层一层往下"切"，对社论的理解就比较深刻，语法和篇章结构方面的问题，也一一得到解决。

最后补说两点。第一点，除了语文课本，其他的课本都是说理文，尤其是理科的课本，名词术语一定要用得准确。同一个词，在同一个地方不能代表两个不同的概念。我们有些说法还不定型，而教科书有一定的体例，表达的方式不能随意，连用词也包括在内。科学的道理要用平常的普通话准确地表达出来，这就要求我们编辑对科学道理能融会贯通，在表达出来的时候还要对学生贴体入微。第二点，各科的课本虽然有分工，但受之者只是一人。因此，各科课本要注意互相联系，不能矛盾，不要重复，不论纵向横向，都应该注意。

第三节　语文教学篇

本节选录的几篇文章较为集中地体现了叶圣陶的语文教学思想。

《中学国文学习法》出自于1948年7月由《中学生》杂志社编、开明书店出版的《中学生手册》，为其中《中学各科学习法》的"国文"部分。叶圣陶站在学生的角度，论述了阅读的方法和写作的方法。

《文艺作品的鉴赏》由"要认真阅读""驱遣我们的想象""训练语感""不妨听听别人的话"四部分组成，分别于1937年1—4月发表于《新少年》杂志。在这组文章中，叶圣陶论述了文艺作品的鉴赏方法，为阅读学习指引了方向。

《精读指导举隅》是叶圣陶和朱自清合著的关于精读指导的著作，1941年2月由四川省教育厅出版，1942年3月由商务印书馆出版。《前言》既论述了精读教学之前的学生预习任务，又论述了精读教学之后学生的练习任务，对精读教学的全过程做了系统化阐释。

《略读指导举隅》是叶圣陶和朱自清合著的关于略读指导的著作，1943年1月由商务印书馆出版。《前言》以"导儿学步"为喻，阐述了略读教学对于学生阅读"举一反三"的意义，并介绍了略读指导的教学策略。

《作文论》是叶圣陶早年论述写作教学的代表作，1924年4月由商务印书馆印行单行本，列为百料小丛书第四十八种。后收入《万有文库》第一集，于1929年10月出版。署名叶绍钧。这部论著阐述了作文是生活的一部分，在材料上和表达上都要坚持求诚实的态度，并具体介绍了文章的组织方法和不同文体的写作方法。全书由"一、引言""二、诚实的自己的话""三、源头""四、组织""五、文体""六、叙述""七、议论""八、抒情""九、描写""十、修词"等部分组成。本书节选前三个部分。

《写作是极平常的事》于1941年4月在《中学生战时半月刊》发表，是《国文随谈》系列文章的一部分。该文指出，写作是极平常的可是极需要认真的事情，写作要适应生活的需要，在实用上下功夫。文章还论述了在阅读中学习写作的方法。

《怎样教语文课》是叶圣陶1961年9月8日在呼和浩特向语文教师发表的讲话。讲话中论述了"文"与"道"的问题，指出语文教学中要文道统一，不可分割。叶圣陶提出"讲的目的，在于达到不需要讲"这一主张，为后来提出"教是为了达到不需要教"做了铺垫。

《大力研究语文教学　尽快改进语文教学》是叶圣陶1978年3月在中国社会科学院语言研究所召开的北京地区语言学科规划座谈会上的发言，随即发表于《中国语文》。在发言中，叶圣陶深入论述了"语文教材无非是个例子""教是为了达到不需要教"的思想，强调要把学生放在主体地位，教师重在引导指点。

这几篇文章相对集中地体现了叶圣陶的语文教学思想。归结起来就是：要坚持文道统一；语文学习重在语文的实践运用；要坚持学生主体地位；教是为了达到不需要教，教师重在引导。

一、中学国文学习法 [①]

认定目标

学习国文该认定两个目标：培养阅读能力，培养写作能力。培养能力的事必须继续不断地做去，又必须随时改善学习方法，提高学习效率，才会成功。所以学习国文必须多多阅读，多多写作，并且随时要求阅读得精审，写作得适当。

在课内，阅读的是国文教本。那用意是让学生在阅读教本的当儿，培养阅读能力。凭了这一份能力，应该再阅读其他的书，以及报纸杂志等等。这才可以使阅读能力越来越强。并且，要阅读什么就能阅读什么，才是真正的受用。

在课内，写作的是老师命题作文。那用意是让学生在按题作文的当儿，培养写作能力。凭了这一份能力，应该随时动笔，写日记，写信，写笔记，写自己的种种想要写的。这才可以使写作能力越来越强。并且，要写作什么就能写作什么，才是真正的受用。

就一个高中毕业生说，阅读能力和写作能力应该达到如下的程度：

---

① 叶至善、叶至美、叶至诚编：《叶圣陶集》第13卷，江苏教育出版社，1992年，第138－151页。

阅读方面——（一）能读日报和各种并非专门性质的杂志;（二）能看适于中学程度的各科参考书;（三）能读国人创作的以及翻译过来的各体文艺作品的一部分;（四）能读如教本里所选的欧阳修、苏轼、归有光等人所作散文那样的文言;（五）能适应需要，自己查看如《论语》《孟子》《史记》《通鉴》一类的书;（六）能查看《国语词典》《辞源》《辞海》一类的工具书。这里所说的"能"表示了解得到家，体会得透彻，至少要不发生错误。眼睛在纸面上跑一回马，心里不起什么作用，那是算不得"能"的。

写作方面——（一）能做十分钟的演说;（二）能写合情合理合式的书信;（三）能把自己的所见所闻所思所感记下来;（四）能写类似现社会中通用的文言信那样的文言。这里所说的"能"指表达得正确明白而言，至少也得没有语法上论理上的错误。就演说和书信说，还得没有礼貌上的错误。为什么把演说也列在写作方面？因为演说和写作是同一源头的两条水流，演说是用口的写作，写作是用笔的演说。

以上虽只是个人的意见，我自以为很切实际，一个高中毕业生能够如此，国文程度也就可以了，自己也很够受用了。至于阅读不急需的古书如《尚书》《左传》《老子》《庄子》，写作不切用的体裁如骈文古文旧体诗，各人有各人的自由，旁人自然不便说他不对。可是就时代观点和教育立场说，这些都是不必教中学生操心思花工夫的。还有文艺创作，能够着手固然好，不能够也无须强求，因为这件事不是人人都近情的。

靠自己的力

阅读要多靠自己的力，自己能办到几分务必办到几分;不可专等老师给讲解，也不可专等老师抄给字典辞典上的解释以及参考书上的文句。直到自己实在没法解决，才去请教老师或其他的人。因为阅读是自己的事，像这样专靠自己的力才能养成好习惯，培养真能力。再说，我们总有离开可以请教的人的时候，这时候阅读些什么，非专靠自己的力不可。

要靠自己的力阅读，不能不有所准备。特别划一段时期特别定一个课程来准备，不但不经济，而且很无聊。也只须随时多用些心，不肯马虎，那就是为将来作了准备。譬如查字典，如果为了作准备，专看字典，从第一页开头，一页一页顺次看下去，这决非办法。只须在需要查某一字的时候看得仔细，记得清楚，以后遇到这个字就是熟朋友了，这就是作了准备。不但查字典如此，其他都如此。

应作的准备大概有以下几项：

（一）留心听人家的话。写在书上是文字，说在口里就是话。听话也是阅读，不过读的是"声音的书"。能够随时留心听话，对于阅读能力的长进大有帮助。听清楚，不误会，固然第一要紧；根据自己的经验加以衡量，人家的话正确不正确，有没有罅漏，也是必要的事。不然只是被动地听，那是很有流弊的。至于人家用词的选择，语调的特点，表现方法的优劣，也须加以考虑。他有长处，好在哪里？他有短处，坏在哪里？这些都得解答，对于阅读极有用处。

（二）留心查字典。一个字往往有几个意义，有些字还有几个读音。翻开字典一看，随便取一个读音一个意义就算解决，那实在是没有学会查字典。必须就读物里那个字的上下文通看，再把字典里那个字的释文来对勘，然后确定那个字何音何义。这是第一步。其次，字典里往往有些例句，自己也可以找一些用着那个字的例句，许多例句聚在一块儿，那个字的用法（就是通行这么用）以及限制（就是不通行那么用）可以看出来了。如果能找近似而不一样的字两相比较，辨明彼此的区别在哪里，应用上有什么不同，那自然更好了。

（三）留心查词典。一个辞也往往有几个意义，认真查辞典，该与前一节说的一样。那个辞若是有关历史的，最好根据自己的历史知识，把那个时代的事迹想一回。那个辞若是个地名，最好把地图翻开来辨认一下。那个辞若是涉及生物理化等科的，最好把自己的生物理化的知识温习一遍，辞典里说的或许很简略，就查各科的书把它考究个明白。那个辞若是来自某书某文的典故或是有关某时某人的成语，如果方便，最好把某书某文以及记载某时某人的话的原书找来看看。那个辞若是一种制度的名称，一个专用在某种场合的术语，辞典里说的或许很简略，如果方便，最好找些相当的书来考究个详细。以上说的无非要真个弄明白，不容含胡了事。而且，这样将辞典作钥匙，随时翻检，阅读的范围就扩大了，阅读参考书的习惯也可以养成了。

（四）留心看参考书。参考书范围很广，性质不一，未可一概而论。可是也有可以说的。一种参考书未必需要全部看完，但是既然与它接触了，它的体例总得弄清楚。目录该通体一看，书上的序文，人家批评这书的文章，也该阅读。这样，多接触一种参考书就如多结识一个朋友，以后需要的时候，还可以向他讨教，与他商量。还有，参考书未必全由自己购备，往往要往图书馆借看。那么，图书分类法是必要的知识。某个图书馆用的什么分类法，其中卡片怎样安排，某一种书该在哪一类里找，必须认清搞熟，检查起来才方便。此外如各家书店的特点以及它们的目录，如果认得清，取得到，对于搜求参考书也有不少便利。

以上说的准备也可以换成"积蓄"两个字。积蓄得越多，阅读能力越强。阅读不仅是中学生的事，出了学校仍需要阅读。人生一辈子阅读，其实是一辈子在积蓄中，同时一辈子在长进中。

阅读举要

如果经常作前面说的那些准备，阅读就不是什么难事情。阅读时候的心情也得自己调摄，务需起劲，愉快。认为阅读好像还债务，那一定读不好。要保持着这么一种心情，好像腹中有些饥饿的人面对着甘美膳食的时候似的，才会有好成绩。

阅读总得"读"。出声念诵固然是读，不出声默诵也是读，乃至口腔喉舌绝不运动，只用眼睛在纸面上巡行，如古人所谓"目治"，也是读。无论怎样读，起初该用论理的读法，把文句中一个个词切断，读出它们彼此之间的关系来。又按各句各节的意义，读出它们彼此之间的关系来。这样读了，就好比听作者当面说一番话，大体总能听明白。最忌的是不能分解，不问关系，胡里胡涂读下去——这样读三五遍，也许还是一片朦胧。

读过一节停一停，回转去想一下这一节说的什么，这是个好办法。读过两节三节，又把两节三节连起来回想一下。这个办法可以使自己经常清楚，并且容易记住。

回想的时候，最好自己多多设问。文中讲的若是道理，问问是怎样的道理？用什么方法论证这个道理？文中讲的若是人物，问问是怎样的人物？用怎样的笔墨表现这个人物？有些国文读本在课文后面提出这一类的问题，就是帮助读者回想的。一般的书籍报刊当然没有这一类的问题，唯有读者自己来提出。

读一遍未必够，而且大多是不够的，于是读第二遍第三遍。读过几遍之后，若还有若干地方不明白不了解，就得做翻查参考的工夫。这在前面已经说过了，关于翻查字典辞典，以及阅读参考书，这儿不再重复。

总之，阅读以了解所读的文篇书籍为起码标准。所谓了解，就是明白作者的意思情感，不误会，不缺漏，作者表达些什么，就完全领会他那什么。必须做到这一步，才可以进一步加以批评，说他说得对不对，合情理不合情理，值不值得同情或接受。

在阅读的时候，标记全篇或者全书的主要部分，有力部分，表现最好的部分，这可以帮助了解，值得采用。标记或画铅笔线，或做别种符号，都一样。随后依据这些符号，可以总结全部的要旨，可以认清全部的警句，可以辨明值得反复玩味的部分。

说理的文章大概只需论理地读，叙事叙情的文章最好还要"美读"。所谓美读，就是把作者的情感在读的时候传达出来。这无非如孟子所说的"以意逆志"，设身处地，激昂处还他个激昂，委婉处还他个委婉，诸如此类。美读的方法，所读的若是白话文，就如戏剧演员读台词那个样子。所读的若是文言，就用各地读文言的传统读法，务期尽情发挥作者当时的情感。美读得其法，不但了解作者说些什么，而且与作者的心灵相感通了，无论兴味方面或受用方面都有莫大的收获。

读要不要读熟？这看自己的兴趣和读物的种类而定。心爱某篇文字，自然乐于读熟。对于某书中的某几段文字感觉兴趣，也不妨读熟。读熟了，不待翻书也可以随时温习，得到新的领会，这是很大的乐趣。

学习文言，必须熟读若干篇。勉强记住不算熟，要能自然成诵才行。因为文言是另一种语言，不是现代口头运用的语言，文言的法则固然可以从分析比较而理解，可是要养成熟极如流的看文言的习惯，非先熟读若干篇文言不可。

阅读当然越快越好，可以经济时间，但是得以了解为先决条件。胡里胡涂读得快，不如通体了解而读得慢。练习的步骤该是先求其无不了解，然后求其尽量地快。出声读须运动口腔喉舌，总比默读仅用"目治"来得慢些。为阅读多数书籍报刊的便利起见，该多多练习"目治"。

阅读之后该是做笔记了，如果需要记什么的话。关于作笔记，在后面谈写作的时候说。

最要紧的，阅读不是没事做闲消遣，无非要从他人的经验中取其正确无误的，于我有用的，借以扩充我的知识，加多我的经验，增强我的能力，就是读文艺作品如诗歌小说等，也不是没事做闲消遣。好的文艺作品中总含有一种人生见解和社会观察，这对于我的立身处世都有极大的关系。

写作须知

写作必须把它看成一件寻常事，好比说话一样。但是又必须把它看成一件认真事，好比说话一样。

写作决不是无中生有。必须有了意思才动手写作，有了需要才动手写作。没意思，没需要，硬找些话写出来，这会养成不良的写作习惯，而且影响到思想方面。

写作和说话虽说同样是发表，可也有不同处。写作一定有个中心，写一张最简单的便条，写一篇千万字的论文，同样的有个中心，不像随便谈话那样可以东拉西扯，前后无照应。写作又得比说话正确些，齐整些，干净些。说话固然也不宜错误拖沓，可是听的人就在对面，不明白可以当面问，不心服可以当面驳，嫌啰唆也可以说别太啰唆了。写了下来，看的人可不在对面，如果其中有不周到不妥帖处，就将使他人不明白，不心服，不愉快，岂不违反了写作的本意？所以写作得比说话正确些，齐整些，干净些。

写作的中心问自己就知道。写一张便条，只要问为什么写这张便条，那答案就是中心，写一篇论文，只要问我的主要意思是什么，那答案就是中心。

所有材料（就是要说的事物或意思）该向中心集中，用得着的毫无遗漏，用不着的淘汰净尽。当然，用得着用不着只能以自己的知识能力为标准。按标准把材料审查一下总比不审查好，不审查往往会发生遗漏了什么或多余了什么的毛病。

还有一点，写作不仅是拿起笔来写在纸上那一段时间内的事情。如前面所说，意思的发生，需要的提出，都在动笔之前。认定中心，审查材料，也在动笔之前。提起笔来写在纸上，不过完成这工作的一段步骤罢了。有些人认为写作的工作在提起笔来的时候才开始，这显然是错误的。如果如此，写作就成为一种无需要，无目的，可做可不做的事了。

写作完毕之后，或需修改，或不需修改。不改，是自以为一切都写对了，没有什么遗憾了。至于修改，通常说由于自己觉得文字不好。说得确切一点，该是由于自己觉得还没有写透那意思，适合那需要。于是再来想一通，把材料增减一些，调动一些，把语句增减一些，变换一些，这就是修改。

练习写作，如果是课内作文，也得像前面所说的办。题目虽然是老师临时出的，可是学生写的意思要是平时有的，所需的材料又要是找得到的，不然就是无中生有的勾当了。（老师若出些超出学生能力范围的题目，学生只好交白卷，但是不必闹风潮。）练习是练习有意思有材料就写，而且写得像样，不是练习无中生有。

无论应用的或练习的写作，以写得像样为目标。记事物记清楚了，说道理说明白了；没有语法上的毛病了，没有论理上的毛病了，这就是像样。至于写得好，那是可遇而不可求的。经验积聚得多，情感蕴蓄得深，思想钻研得精，才可以写成好文章。换句话说，好文章是深度生活的产品，生活的深度不够，是勉强不来的。希求生活渐进于深度，虽也是人生当然之事，可是超出了国文学习的范围了。

要写得像样，除了审查材料以外，并得在语言文字上用心，这才可以表达出那选定的材料，不至于走样。所谓在语言文字上用心，实际也是极容易的事，试列举若干项。

（一）所用的词要熟习的，懂得他的意义和用法的。似懂非懂的词宁可不用，换一个熟习的采用。

（二）就一句句子说，那说法要通行的，也就是人家会这么说，常常这么说的。一句话固然可以有几样说法，作者有自由挑选那最相宜的使用，可是决不能独造一种教人家莫名其妙的说法。

（三）就一节一段说，前后要连贯，第二句接得上第一句，第三句接得上第二句。必须注意连词的运用，语气的承接，观点的转换不转换。一个"所以"一个"然而"都不可随便乱用。陈述、判断、反诘、疑问等的语气都不可有一点含胡。观点如须转换，不可不特别点明。

（四）如果用比喻，要问所用的比喻是否恰当明白。用不好的比喻还不如不用比喻。

（五）如果说些夸张话，要问那夸张话是否必要。不必要的夸张不只是语言文字上的毛病，也是思想上修养上的毛病。

（六）不要用一些套语滥调如"时代的巨轮""紧张的心弦"之类。这些词语第一个人用来见得新鲜，大家都用就只有讨厌。

（七）运用成语以不改原样为原则，如"削足适履"不宜作"削足凑鞋"，"怒发冲冠"不宜作"怒发把帽子都顶起来了"。

（八）用标点符号必须要审慎。宜多用句号，把一句句话交代清楚。宜少用感叹号，如"以为很好""他怕极了"都不是感叹语气，用不着感叹号。用问号也得想一想。询问和反诘的语气才用问号，并不是含有疑问词的语句都要用问号。如"他不知道该怎么做""我问他老张哪一天到的"都不是问句，用不着问号。

写作举要

练习写作，最好从记叙文入手。记叙文的材料是现成的，作者只须加上安排取舍的工夫，容易着手。

议论文也不是不必练习，但是所说的道理或意见必须明白透彻，最忌把不甚了了的道理或意见乱说一阵。因此，练习议论文该从切近自身的话题入手，如学习心得和见闻随感之类。

应用文如书信，如读书报告，往往兼包记叙和议论。写作这类东西，一方面固然应用，一方面也是练习。所以也得认真地写，多一回认真的练习，就多一分长进。

以下略说写作各类东西的大要。

（一）记物的文字须把那东西的要点记明。譬如记一幅图画，画的什么就是要点，必须记明。也许画面上东西很多，而以某一件东西为主，这某一件东西必须说明。

（二）叙事的文字须把那事件的始末和经过叙明。譬如叙一个文艺晚会，晚会的用意和开会的过程必须叙明。也许会中节目很多，几个重要的节目必须详叙，其余节目只说几句简单的话带过。

（三）书信须把自己要向对方说的话说清楚。不清楚，失了写信的作风，重复罗唆，容易混淆对方的心思，都不能算写得适当。书信又须注意程式。程式不是客套，程式之中实在包含着情分和礼貌。不注意程式，在情分上礼貌上若有欠缺，就将使对方不快，这也违反写信的初意。

（四）日记最好能够天天写，对修养有好处，对写作也有好处。刻板式的日记比较没有意义。一天里头总有些比较新鲜的知识见闻和想头，就把那些记下来。

（五）读书笔记不只是把老师写在黑板上的注解表格等等抄上去，也不只是把一些书本上的美妙紧要的文句抄上去。除了这些，还有应该记的，如：翻了几种书，就可以把参照比较的结果记录下来。读了一篇文章一部书，自己有些想头，或属怀疑，或属阐发，或属欣赏，都可以记录下来。

（六）给壁报揭载的或投寄报纸杂志的文章与其他文章一样，也应该以写自己熟知的了解的东西为主。可是有点不同，这类文章是特地写给他人看的，写的时候，心目中就须顾到读者。既然顾到读者，人人知道的事物和道理就不必写。至于自己还没有弄清楚的大问题大道理，那非但不必写，简直不容写，写出来就是欺人，欺人是最要不得的。

写字

末了儿还得说一说写字。一般人只须讲求实用的写字，不必以练成书家为目标。实用的写字，除了首先求其正确之外，还须求其清楚匀整，放在眼前觉得舒服，至少也须不觉得难看。

临碑帖，一般人没有这么多闲工夫。只须逢写字不马虎，就是练习。写字是手的技能，随时留意，自然会做到心手相应的地步。

目前写字的工具不只毛笔，钢笔、铅笔也常用，也许用得更多。无论用什么笔写，全都得不马虎，才可以养成好习惯。

就字体而论；一般人只须注意真书行书两种。行书写起来比真书快，所以应用更广。行书是真书的简化，基本还是真书。真书写得像样，行书就不会太差。

真书求其清楚匀整，大略有如下几点可以说的：

（一）笔笔交代清楚，横是横，撇是撇，一点不含胡。

（二）横平竖直，不要歪斜，这就端正了。

（三）就一个字而言，各笔的距离务须匀称，不太宽也不太挤。这须相度各个字的形状。偏旁占一半还是三分之一，头和底各占几分之几，中心又是哪一笔，相度清楚，然后照此落笔。距离匀称，不宽不挤，看在眼里就舒服。

（四）就一行的字而言，须求其上下连贯，无形中好像有一条直线穿着似的。还须认定各个字的中线，把中线放在一直线上。中线或是一竖，如"中"字"草"字，或是虚处，如"非"字"井"字，很容易辨明。

（五）就若干行的字而言，须求两行之间有一条空隙。次行的字的笔画触着前行的字的笔画固然不好看，就是几乎要触着也不好看。

（六）写一长篇的字须要前后如一。如果开头端端整整，到后来潦潦草草，这就通篇不一致，说不上匀整了。

如果有工夫练习实用的写字，可以按字的形体分类练习，如挑选若干木旁字来写，又挑选若干雨头字来写。木旁雨头的字是比较容易的。比较烦难的尤宜如此，如心底的字，从辶的字。手写之外，宜乎多看，看人家怎样把这些字写得合适。看与写并行，心与手并用，自然会逐渐有进步。

二、文艺作品的鉴赏 ①

一、要认真阅读

文艺鉴赏不是一桩特别了不起的事，不是只属于读书人或者文学家的事。

我们苏州地方流行着一首儿歌：

> 咿呀咿呀踏水车。水车沟里一条蛇，游来游去捉虾蟆。虾蟆躲（原音"伴"，意义和"躲"相当，可是写不出这个字来）在青草里，青草开花结牡丹。牡丹娘子要嫁人，石榴姊姊做媒人。桃花园里铺"行家"（嫁装），梅花园里结成亲……

儿童唱着这个歌，仿佛看见春天田野的景物，一切都活泼而有生趣：水车转动了，蛇游来游去了，青草开花了，牡丹做新娘子了。因而自己也觉得活泼而有生趣，蹦蹦跳跳，宛如郊野中一匹快乐的小绵羊。这就是文艺鉴赏的初步。

---

① 中国教育科学研究院编：《叶圣陶语文教育论集》，教育科学出版社，2015 年，第 189 页。

另外有一首民歌，流行的区域大概很广，在一百年前已经有人记录在笔记中间了，产生的时间当然更早。

> 月儿弯弯照九州。几家欢乐几家愁？
>
> 几家夫妇同罗帐？几个飘零在外头？

唱着这个歌，即使并无离别之感的人，也会感到在同样的月光之下，人心的欢乐和哀愁全不一致。如果是独居家中的妇人，孤栖在外的男子，感动当然更深。回想同居的欢乐，更见离别的难堪，虽然头顶上不一定有弯弯的月儿，总不免簌簌地掉下泪来。这些人的感动也可以说是从文艺鉴赏而来的。

可见文艺鉴赏是谁都有分的。

但是要知道，文艺鉴赏不只是这么一回事。

文艺中间讲到一些事物，我们因这些事物而感动，感动以外，不再有别的什么。这样，我们不过处于被动的地位而已。

我们应该处于主动的地位，对文艺要研究，考察。它为什么能够感动我们呢？同样讲到这些事物，如果说法变更一下。是不是也能够感动我们呢？这等问题就涉及艺术的范围了。而文艺鉴赏正应该涉及艺术的范围。

在电影场中，往往有人为着电影中生死离别的场面而流泪。但是另外一些人觉得这些场面只是全部情节中的片段，并没有什么了不起，反而对于某景物的一个特写、某角色的一个动作点头赞赏不已。这两种人中，显然是后一种人的鉴赏程度比较高。前一种人只被动地着眼于故事，看到生离死别，设身处地一想，就禁不住掉下泪来。后一种人却着眼于艺术，他们看出了一个特写、一个动作对于全部电影所加增的效果。

还就看电影来说。有一些人希望电影把故事交代得清清楚楚，譬如剧中某角色去访朋友，必须看见他从家中出来的一景，再看见他在路上步行或者乘车的一景，再看见他走进朋友家中去的一景，然后满意。如果看见前一景那个角色在自己家里，后一景却和朋友面对面谈话了，他们就要问："他门也没出，怎么一会儿就在朋友家中了？"像这样不预备动一动天君的人，当然谈不到什么鉴赏。

散场的时候，往往有一些人说那个影片好极了，或者说，紧张极了，巧妙极了，可爱极了，有趣极了——总之是一些形容词语。另外一些人却说那个影片不好，或者说，一点不紧凑，一点不巧妙，没有什么可爱，没有什么趣味——总之也还是一些形容词语。像这样只能够说一些形容词语的人，他们的鉴赏程度也有限得很。

文艺鉴赏并不是摊开了两只手，专等文艺给我们一些什么。也不是单凭一时的印象，给文艺加上一些形容词语。

文艺中间讲到一些事物，我们就得问：作者为什么要讲到这些事物？文艺中间描写风景，表达情感，我们就得问：作者这样描写和表达是不是最为有效？我们不但说了个"好"就算，还要说得出好在哪里，不但说了个"不好"就算，还要说得出不好在哪里。这样，才够得上称为文艺鉴赏。这样，从好的文艺得到的感动自然更深切。文艺方面如果有什么不完美的地方，也会觉察出来，不至于一味照单全收。

鲁迅的《孔乙己》，现在小学高级和初级中学都选作国语教材，读过的人很多了。匆匆读过的人说："这样一个偷东西被打折了腿的瘪三，写他有什么意思呢？"但是，有耐心去鉴赏的人不这么看，有的说："孔乙己说回字有四样写法，如果作者让孔乙己把四样写法都写出来，那就索然无味了。"有的说："这一篇写的孔乙己，虽然颓唐、下流，却处处要面子，处处显示出他所受的教育给与他的影响，绝不同于一般的瘪三，这是这一篇的出色处。"有一个深深体会了世味的人说："这一篇中，我以为最妙的文字是'孔乙己是这样的使人快活，可是没有他，别人也便这么过。'这个话传达出无可奈何的寂寞之感。这种寂寞之感不只属于这一篇中的酒店小伙计，也普遍属于一般人。'也便这么过'，谁能跳出这寂寞的罗网呢？"

可见文艺鉴赏犹如采矿，你不动手，自然一无所得，只要你动手去采，随时会发见一些晶莹的宝石。

这些晶莹的宝石岂但给你一点赏美的兴趣，并将扩大你的眼光，充实你的经验，使你的思想、情感、意志往更深更高的方面发展。

好的文艺值得一回又一回地阅读，其原由在此。否则明明已经知道那文艺中间讲的是什么事物了，为什么再要反复阅读？

另外有一类也称为文艺的东西，粗略地阅读似乎也颇有趣味。例如说一个人为了有个冤家想要报仇，往深山去寻访神仙。神仙访到了，拜求收为徒弟，从他修习剑术。结果剑术练成，只要念念有辞，剑头就放出两道白光，能取人头于数十里之外。于是辞别师父，下山找那冤家，可巧那冤家住在同一的客店里。三更时分，人不知，鬼不觉，剑头的白光不必放到数十里那么长，仅仅通过了几道墙壁，就把那冤家的头取来，藏在作为行李的空皮箱里。深仇既报，这个人不由得仰天大笑。——我们知道现在有一些少年很欢喜阅读这一类东西。如果阅读时候动一动天君，就觉察这只是一串因袭的浮浅的幻想。除了荒诞的传说，世间哪里有什么神仙？除了本身闪烁着寒光，剑头那里会放出两道白光？结下仇恨，专意取冤家的头，其人的性格何等暴戾？深山里住着神仙，客店里失去头颅，这样的人世何等荒唐？这中间没有真切的人生经验，没有高尚的思想、情感、意志作为骨子。说它是一派胡言，也不算过分。这样一想，就不再认为这一类东西是文艺，不再觉得这一类东西有什么趣味。读了一回，就大呼上当不止。谁高兴再去上第二回当呢？

可见阅读任何东西不可马虎，必须认真。认真阅读的结果，不但随时会发现晶莹的宝石，也随时会发现粗劣的瓦砾。于是吸取那些值得取的，排除那些无足取的，自己才会渐渐地成长起来。

取着走马看花的态度的，谈不到文艺鉴赏。纯处于被动的地位的，也谈不到文艺鉴赏。

要认真阅读。在阅读中要研究，考察。这样才可以走上文艺鉴赏的途径。

二、驱遣我们的想象

原始社会里，文字还没有创造出来，却先有了歌谣一类的东西。这也就是文艺。

文字创造出来以后，人就用它把所见所闻所想所感的一切记录下来。一首歌谣，不但口头唱，还要刻呀，漆呀，把它保留在什么东西上（指使用纸和笔以前的时代而言）。这样，文艺和文字就并了家。

后来纸和笔普遍地使用了，而且发明了印刷术。凡是需要记录下来的东西，要多少份就可以有多少份。于是所谓文艺，从外表说，就是一篇稿子，一部书，就是许多文字的集合体。

当然，现在还有许多文盲在唱着未经文字记录的歌谣，像原始社会里的人一样。这些歌谣只要记录下来，就是文字的集合体了。文艺的门类很多，不止歌谣一种。古今属于各种门类的文艺，我们所接触到的，可以说，没有一种不是文字的集合体。

文字是一道桥梁。这边的桥堍站着读者，那边的桥堍站着作者。通过了这一道桥梁，读者才和作者会面。不但会面，并且了解作者的心情，和作者的心情相契合。

先就作者的方面说。文艺的创作决不是随便取许多文字来集合在一起。作者着手创作，必然对于人生先有所见，先有所感。他把这些所见所感写出来，不做抽象的分析，而作具体的描写，不作刻板的记载，而作想象的安排。他准备写的不是普通的论说文、记叙文；他准备写的是文艺。他动手写，不但选择那些最适当的文字，让它们集合起来，还要审查那些写下来的文字，看有没有应当修改或是增减的。总之，作者想做到的是：写下来的文字正好传达出他的所见所感。

现在就读者的方面说。读者看到的是写在纸面或者印在纸面的文字，但是看到文字并不是他们的目的。他们要通过文字去接触作者的所见所感。

如果不识文字，那自然不必说了。即使识了文字，如果仅能按照字面解释，也接触不到作者的所见所感。王维的一首诗中有这样两句：

> 大漠孤烟直，
>
> 长河落日圆。

大家认为佳句。如果单就字面解释，大漠上一缕孤烟是笔直的，长河背后一轮落日是圆圆的，这有什么意思呢？或者再提出疑问：大漠上也许有几处地方聚集着人，难道不会有几缕的炊烟吗？假使起了风，烟不就曲折了吗？落日固然是圆的，难道朝阳就不圆吗？这样的提问，似乎是在研究，在考察，可是也领会不到这两句诗的意思。要领会这两句诗，得睁开眼睛来看。看到的只是十个文字呀。不错，我该说得清楚一点：在想象中睁开眼睛来，看这十个文字所构成的一幅图画。这幅图画简单得很，景物只选四样，大漠、长河、孤烟、落日，传出北方旷远荒凉的印象。给"孤烟"加上个"直"字，见得没有一丝的风，当然也没有风声，于是更来了个静寂的印象。给"落日"加上个"圆"字，并不是说唯有"落日"才"圆"，而是说"落日"挂在地平线上的时候才见得"圆"。圆圆的一轮"落日"不声不响地衬托在"长河"的背后，这又是多么静寂的境界啊！一个"直"，一个"圆"，在图画方面说起来，都是简单的线条，和那旷远荒凉的大漠、长河、孤烟、落日正相配合，构成通体的一致。

象这样驱遣着想象来看，这一幅图画就显现在眼前了。同时也就接触了作者的意境。读者也许是到过北方的，本来觉得北方的景物旷远、荒凉、静寂，使人怅然凝望。现在读到这两句，领会着作者的意境，宛如听一个朋友说着自己也正要说的话，这是一种愉快。读者也许不曾到过北方，不知道北方的景物是怎样的。现在读到这两句，领会着作者的意境，想象中的眼界就因而扩大了，并且想想这意境多美，这也是一种愉快。假如死盯着文字而不能从文字看出一幅图画来，就感受不到这种愉快了。

上面说的不过是一个例子。这并不是说所有文艺作品都要看作一幅图画，才能够鉴赏。这一点必须弄清楚。

再来看另一些诗句。这是从高尔基的《海燕》里摘录出来的。

> 白濛濛的海面上，风在收集着阴云。在阴云和海的中间，得意洋洋地掠过了海燕……
>
> …………
>
> 海鸥在暴风雨前头哼着，——哼着，在海面上窜着，愿意把自己对于暴风雨的恐惧藏到海底里去。
>
> 潜水鸟也在哼着——它们这些潜水鸟，够不上享受生活的战斗的快乐！轰击的雷声就把它们吓坏了。
>
> 蠢笨的企鹅，畏缩地在崖岸底下躲藏着肥胖的身体……
>
> 只有高傲的海燕，勇敢地，自由自在地，在泛着白沫的海面上飞掠着。
>
> …………
>
> ——暴风雨！暴风雨快要爆发了！
>
> 勇猛的海燕，在闪电中间，在怒吼的海上，得意洋洋地飞掠着，这胜利的预言者叫了：
>
> ——让暴风雨来得利害些吧！

如果单就字面解释，这些诗句说了一些鸟儿在暴风雨之前各自不同的情况，这有什么意思呢？或者进一步追问：当暴风雨将要到来的时候，人忧惧着生产方面的损失以及人事方面的阻障，不是更要感到不安吗？为什么抛开了人不说，却去说一些无关紧要的鸟儿？这样地追问，似乎是在研究，在考察，可是也领会不到这首诗的意思。

要领会这首诗，得在想象中生出一对翅膀来，而且展开这对翅膀，跟着海燕"在闪电中间，在怒吼的海上，得意洋洋地飞掠着"。这当儿，就仿佛看见了聚集的阴云，耀眼的闪电，以及汹涌的波浪，就仿佛听见了震耳的雷声，怒号的海啸。同时仿佛体会到，一场暴风雨之后，天地将被洗刷得格外清明，那时候在那格外清明的天地之间飞翔，是一种无可比拟的舒适愉快。"暴风雨有什么可怕呢？迎上前去吧！教暴风雨快些来吧！让格外清明的天地快些出现吧！"这样的心情自然萌生出来了。回头来看看海鸥、潜水鸟、企鹅那些东西，它们苟安、怕事，只想躲避暴风雨，无异于不愿看见格外清明的天地。于是禁不住激昂地叫道："让暴风雨来得利害些吧！"

像这样驱遣着想象来看，才接触到作者的意境。那意境是什么呢？就是不避"生活的战斗"。唯有迎上前去，才够得上"享受生活的战斗的快乐"。读者也许是海鸥、潜水鸟、企鹅似的人物，现在接触到作者的意境，感到海燕的快乐，因而改取海燕的态度，这是一种受用。读者也许本来就是海燕似的人物，现在接触到作者的意境，仿佛听见同伴的高兴的歌唱，因而把自己的态度把握得更坚定，这也是一种受用。假如死盯着文字而不能从文字领会作者的意境，就无从得到这种受用了。

我们鉴赏文艺，最大目的无非是接受美感的经验，得到人生的受用。要达到这个目的，不能够拘泥于文字。必须驱遣我们的想象，才能够通过文字，达到这个目的。

三、训练语感

前面说过，要鉴赏文艺，必须驱遣我们的想象。这意思就是：文艺作品往往不是倾箱倒箧地说的，说出来的只是一部分罢了，还有一部分所谓言外之意，弦外之音，没有说出来，必须驱遣我们的想象，才能够领会它。如果拘于有迹象的文字，而抛荒了言外之意、弦外之音，至多只能够鉴赏一半；有时连一半也鉴赏不到，因为那没有说出来的一部分反而是极关重要的一部分。

这一回不说"言外"而说"言内"。这就是语言文字本身所有的意义和情味。鉴赏文艺的人如果对于语言文字的意义和情味不很了了，那就如入宝山空手回，结果将一无所得。

审慎的作家写作，往往斟酌又斟酌，修改又修改，一句一字都不肯随便。无非要找到一些语言文字，意义和情味同他的旨趣恰相贴合，使他的作品真能表达他的旨趣。我们固然不能说所有的文艺作品都能做到这样，可是我们可以说，凡是出色的文艺作品，语言文字必然是作者的旨趣的最贴合的符号。

作者的努力既是从旨趣到符号，读者的努力自然是从符号到旨趣。读者若不能透切地了解语言文字的意义和情味，那就只看见徒有迹象的死板板的符号，怎么能接近作者的旨趣呢？

所以，文艺鉴赏还得从透切地了解语言文字入手。这件事看来似乎浅近，但是是最基本的。基本没有弄好，任何高妙的话都谈不到。

陶渊明"好读书不求甚解"，从来传为美谈，因而很有效法他的。我还知道有一些少年看书，遇见不很了了的地方就一眼带过；他们自以为有一宗可靠的经验，只要多遇见几回，不很了了的自然就会了了。其实陶渊明的"好读书不求甚解"究竟是不是胡乱阅读的意思，原来就有问题。至于把不很了了的地方一眼带过，如果成了习惯，将永远不能够从阅读得到多大益处。囫囵吞东西，哪能辨出真滋味来？文艺作品跟寻常读物不同，是非辨出真滋味来不可的。读者必须把捉住语言文字的意义和情味，才有辨出真滋味来——也就是接近作者的旨趣的希望。

要了解语言文字，通常的办法是翻查字典辞典。这是不错的。但是现在许多少年仿佛有这样一种见解：翻查字典辞典只是国文课预习的事情，其他功课内就用不到，自动地阅读文艺作品当然更无需那样了。这种见解不免错误。产生这个错误不是没有原由的。其一，除了国文教师以外，所有辅导少年的人都不曾督促少年去利用字典词典。其二，现在还没有一种适于少年用的比较完善的字典和辞典。虽然有这些原由，但是从原则上说，无论什么人都该把字典辞典作为终身伴侣，以便随时解决语言文字的疑难。字典辞典即使还不完善，能利用总比不利用好。

不过字典辞典的解释，无非取比照的或是说明的办法，究竟和原字原辞不会十分贴合。例如"踌躇"，解作"犹豫"，就是比照的办法；"情操"，解作"最复杂的感情，其发作由于精神的作用，就是爱美和尊重真理的感情"，就是说明的办法。完全不了解什么叫做"踌躇"，什么叫做"情操"的人看了这样的解释，自然能有所了解。但是在文章中间，该用"踌躇"的地方不能换上"犹豫"，该用"情操"的地方也不能拿说明的解释语去替代，可见从意义上、情味上说，原字原辞和字典辞典的解释必然多少有点距离。

不了解一个字一个辞的意义和情味，单靠翻查字典辞典是不够的。必须在日常生活中随时留意，得到真实的经验，对于语言文字才会有正确丰富的了解力，换句话说，对于语言文字才会有灵敏的感觉。这种感觉通常叫做"语感"。

夏丏尊先生在一篇文章里讲到语感，有下面的一节说：

> 在语感锐敏的人的心里，"赤"不但解作红色，"夜"不但解作昼的反对吧。"田园"不但解作种菜的地方，"春雨"不但解作春天的雨吧。见了"新绿"二字，就会感到希望、自然的化工、少年的气概等等说不尽的旨趣，见了"落叶"二字，就会感到无常、寂寥等等说不尽的意味吧。真的

生活在此，真的文学也在此。

夏先生这篇文章提及的那些例子，如果单靠翻查字典，就得不到什么深切的语感。唯有从生活方面去体验，把生活所得的一点一点积聚起来，积聚得越多，了解就越深切。直到自己的语感和作者不相上下，那时候去鉴赏作品，就真能够接近作者的旨趣了。

譬如作者在作品中描写一个人从事劳动，末了说那个人"感到了健康的疲倦"，这是很生动很实感的说法。但是语感欠锐敏的人就不觉得这个说法的有味，他想："疲倦就疲倦了，为什么加上'健康的'这个形容词呢？难道疲倦还有健康的和不健康的分别吗？"另外一个读者却不然了，他自己有过劳动的经验，觉得劳动后的疲倦确然和一味懒散所感到的疲倦不同；一是发皇的、兴奋的，一是萎缩的、委靡的，前者虽然疲倦但有快感，后者却使四肢百骸都像销融了那样地不舒服。现在看见作者写着"健康的疲倦"，不由得拍手称赏，以为"健康的"这个形容词真有分寸，真不可少，这当儿的疲倦必须称为"健康的疲倦"，才传达出那个人的实感，才引得起读者经历过的同样的实感。

这另外一个读者自然是语感锐敏的人了。他的语感为什么会锐敏？就在乎他有深切的生活经验，他知道同样叫作疲倦的有性质上的差别，他知道劳动后的疲倦怎样适合于"健康的"这个形容词。

看了上面的例子，可见要求语感的锐敏，不能单从语言文字上揣摩，而要把生活经验联系到语言文字上去。一个人即使不预备鉴赏文艺，也得训练语感，因为这于治事接物都有用处。为了鉴赏文艺，训练语感更是基本的准备。有了这种准备，才可以通过文字的桥梁，和作者的心情相契合。

四、不妨听听别人的话

鉴赏文艺，要和作者的心情相契合，要通过作者的文字去认识世界，体会人生，当然要靠读者自己的努力。有时候也不妨听听别人的话。别人鉴赏以后的心得不一定就可以转变为我的心得；也许它根本不成为心得，而只是一种错误的见解。可是只要抱着参考的态度，听听别人的话，总不会有什么害处。抱着参考的态度，采取不采取，信从不信从，权柄还是在自己手里。即使别人的话只是一种错误的见解，我不妨把它搁在一旁；而别人有几句话搔着了痒处，我就从此得到了启发，好比推开一扇窗，放眼望出去可以看见许多新鲜的事物。阅读文艺也应该阅读批评文章，理由就在这里。

批评的文章有各式各样。或者就作品的内容和形式加以赞美或指摘；或者写自己被作品引起的感想；或者说明这作品应该怎样看法；或者推论这样的作品对于社会会有什么影响。一个文艺阅读者，这些批评的文章都应该看看。虽然并不是所有的批评文章都有价值，但是看看它们，就像同许多朋友一起在那里鉴赏文艺一样，比较独个儿去摸索要多得到一点切磋琢磨的益处和触类旁通的机会。

文艺阅读者最需要看的批评文章是切切实实按照作品说话的那一种。作品好在哪里，不好在哪里；应该怎样看法，为什么；对于社会会有什么影响，为什么：这样明白地说明，当然适于作为参考了。

有一些批评文章却只用许多形容词，如"美丽""雄壮"之类；或者集合若干形容词语，如"光彩焕发，使人目眩""划时代的，出类拔萃的"之类。对于诗歌，这样的批评似乎更常见。从前人论词（从广义说，词也是诗歌），往往说苏、辛豪放，周、姜蕴藉，就是一个例子。这只是读了这四家的词所得的印象而已；为要用语言文字来表达所得的印象，才选用了"豪放"和"蕴藉"两个形容词。"豪放"和"蕴藉"虽然可以从辞典中查出它们的意义来，但是对于这两个形容词的体会未必人人相同，在范围上，在情味上，多少有广狭、轻重的差别。所以，批评家所说的"豪放"和"蕴藉"不就是读者意念中的"豪放"和"蕴藉"。读者从这种形容词所能得到的帮助很少。要有真切的印象，还得自己去阅读作品。其次，说某人的作品怎样，大抵只是扼要而言，不能够包括净尽。在批评家，选用几个形容词，集合几个形容词语，来批评某个作家的作品，固然是他的自由；可是读者不能够以此自限。如果以此自限，对于某个作家的作品的领会就得打折扣了。

阅读了一篇作品，觉得淡而无味，甚至发生疑问，作者为什么要采集这些材料，写成这篇文章呢？这是读者常有的经验。这当儿，我们不应该就此武断地说，这是一篇要不得的作品，没有道理的作品。我们应该虚心地想，也许是没有把它看懂吧。于是去听听别人的话。听了别人的话，再去看作品，觉得意味深长了；这些材料确然值得采集，这篇文章确然值得写作。这也是读者常有的经验。

我有一个朋友给他的学生选读小说，有一回，选了日本国木田独步的一篇《疲劳》。这篇小说不过两千字光景，大家认为国木田独步的佳作。它的内容大略如下：

篇中的主人公叫做大森。所叙述的时间是五月中旬某一天的午后二时到四时半光景。地点是一家叫做大来馆的旅馆里。譬之于戏剧，这篇小说可以分为两场：前一场是大森和他的客人田浦在房间里谈话；后一场是大森出去了一趟回到房间之后的情形。

在前一场中，侍女阿清拿了来客中西的名片进来报告说，遵照大森的嘱咐，账房已经把人不在馆里的话回复那个来客了。大森和田浦正要同中西接洽事情，听说已经把他回复了，踌躇起来。于是两个人商量，想把中西叫来；又谈到对付中西的困难，迁就他不好，对他太像煞有介事也不好。最后决定送信到中西的旅馆去，约他明天清早到这里来。大森又准备停会儿先出去会一会与事情有关的骏河台那个角色；当夜还要把叫做泽田的人叫来，教他把"样本的说明顺序"预备妥当，以便对付中西。

在后一场中，大森从外面回来，疲劳得很，身子横倒在席上，成了个"大"字。侍女报说江上先生那里来了电话。大森勉强起来去接，用威势堂堂的声气接谈，回答说，"那么就请来。"大森"回到房里，又颓然把身子横倒了，闭上眼睛。忽而举起右手，屈指唱着数目，似乎在想什么。过了一会，手'啪'地自然放下，发出大鼾声来，那脸色宛如死人。"

许多学生读了这篇小说，觉得莫名其妙。大森和田浦要同中西接洽什么事情呢？接洽的结果怎样呢？篇中都没有叙明。像这样近乎无头无尾的小说，作者凭什么意思动笔写作呢？

于是我的朋友向学生提示说：

你们要注意，这是工商社会中生活的写生。他们接洽的是什么事情，对于领会这篇小说没有多大关系；单看中间提及"样本的说明顺序"，知道是买卖交易上的事情就够了。在买卖交易上需要这么钩心斗角，斟酌对付，以期占得便宜：这是工商社会的特征。

再看大森和田浦的生活方式完全是工商社会的：他们在旅馆里开了房间商量事情；那旅馆的电话备有店用的和客用的，足见通话的频繁；午后二时光景住客大都出去了，足见这时候正有许多事情在分头进行。大森在房间里拟的是"电报稿"，用的是"自来水笔"，要知道时间，看的是"案上的金时计"。他不断地吸"纸烟"，才把烟蒂放下，接着又取一支在手；烟灰盆中盛满了埃及卷烟的残蒂。田浦呢，匆忙地查阅"函件"；临走时候，把函件整理好了装进"大皮包"里。这些东西好比戏剧中的"道具"，样样足以显示人物的生活方式。他们在商量事情的当儿，不免由一方传染到对方，大家打着"呵欠"。在唤进侍女来教她发信的当儿，却顺便和她说笑打趣。从这上边，可以见到他们所商量的事情并不是怎样有兴味的。后来大森出去了一趟再回来，横倒在席上，疲劳得连洋服也不耐烦脱换。从这上边可以见到他这一趟出去接洽和商量的事情也不是怎样有兴味的。待他接了江上的电话之后，才在"屈指唱着数目，似乎在想什么"，但是一会儿就入睡了，"脸色宛如死人"。这种生活怎样地使人疲倦，也就可想而知了。

"领会了这些，再来看作为题目的'疲劳'这个词，不是有画龙点睛的妙处吗？"

许多学生听了提示，把这篇小说重读一遍，差不多异口同声地说："原来如此。现在我们觉得这篇小说句句有分量，有交代了！"

三、精读的指导

——《精读指导举隅》前言①

前　言

在指导以前，先得令学生预习。预习原很通行，但是要收到实效，方法必须切实，考查必须认真。现在请把学生应做的预习工作分项说明于下。

一、通读全文

理想的办法，国文教本要有两种本子：一种是不分段落，不加标点的，供学生预习用；一种是分段落，加标点的，待预习过后才拿出来对勘。这当然办不到。可是，不用现成教本而用油印教材的，那就可以在印发的教材上不给分段落，也不给加标点，令学生在预习时候自己用铅笔画分段落，加上标点。到上课时候，由教师或几个学生通读，全班学生静听，各自拿自己预习的成绩来对勘；如果自己有错误，就用墨笔订正。这样，一份油印本就有了两种本子的功用了。现在的书籍报刊都分段落，加标点，从著者方面说，在表达的明确上很有帮助；从读者方面说，阅读起来可以便捷不少。可是，练习精读，这样的本子反而把学者的注意力减轻了。即已分了段落，加了标点，就随便看下去，不再问为什么要这样分，这样点，这是人之常情。在这种常情里，恰恰错过了很重要的练习机会。若要不放过这个机会，唯有令学者用一种只有文字的本子去预习，在怎样分段、怎样标点上用一番心思。预习的成绩当然不免有错误，然而不足为病。除了错误以外，凡是不错误的地方都是细心咀嚼过来的，这将是终身的受用。

假如用的是现成教本，或者虽用油印教材，而觉得只印文字颇有不便之处，那就

---

① 中国教育科学研究院编：《叶圣陶语文教育论集》，教育科学出版社，2015年，第4页。

只得退一步设法，令学生在预习的时候，对于分段标点作一番考核的功夫。为什么在这里而不在那里分段呢？为什么这里该用逗号而那里该用句号呢？为什么这一句该用惊叹号而不该用疑问号呢？这些问题，必须自求解答，说得出个所以然来。还有，现成教本是编辑员的产品，油印教材大都经教师加过工，"智者千虑，必有一失"，岂能完全没有错误？所以，不妨再令学生注意，不必绝对依赖印出来的教本与教材，最要紧的是用自己的眼光通读下去，看看是不是应该这样分段，这样标点。

要考查这一项预习的成绩怎样，得在上课时候指名通读。全班学生也可以借此对勘，订正自己的错误。读法通常分为两种：一种是吟诵，一种是宣读。无论文言白话，都可以用这两种读法来读。文言的吟诵，各地有各地的调子，彼此并不一致；但是都为了传出文字的情趣，畅发读者的感兴。白话一样可以吟诵，大致与话剧演员念台词差不多，按照国语的语音，在抑扬顿挫表情传神方面多多用功夫，使听者移情动容。现在有些小学校里吟诵白话与吟诵文言差不多，那是把"读"字呆看了。吟诵白话必须按照国语的语音，国语的语音运用得到家，才是白话的最好的吟诵。至于宣读，只是依照对于文字的理解，平正地读下去，用连贯与间歇表示出句子的组织与前句和后句的分界来。这两种读法，宣读是基本的一种；必须理解在先，然后谈得到传出情趣与畅发感兴。并且，要考查学生对于文字理解与否，听他的宣读是最方便的方法。比如《泷冈阡表》的第一句，假如宣读作"呜呼！唯我皇——考崇公卜——吉于泷冈——之六十年，其子修始——克表于其阡，非——敢缓也，盖有待也"。这就显然可以察出，读者对于"皇考"，"崇公"，"卜吉"，"六十年"与"卜吉于泷冈"的关系，"始"字"克"字"表"字及"非"字"敢"字"缓"字缀合在一起的作用，都没有理解。所以，上课时候指名通读，应该用宣读法。

二、认识生字生语

通读全文，在知道文章的大概；可是要能够通读下去没有错误，非先把每一个生字生语弄清楚不可。在一篇文章里，认为生字生语的，各人未必一致，只有各自挑选出来，依赖字典词典的翻检，得到相当的认识。所谓认识，应该把它解作最广义。仅仅知道生字生语的读音与解释，还不能算充分认识；必须熟习它的用例，知道它在某一种场合才可以用，用在另一种场合就不对了，这才真个认识了。说到字典辞典，我们真惭愧，国文教学的受重视至少有二十年了，可是还没有一本适合学生使用的字典辞典出世，现在所有的，字典脱不了《康熙字典》的窠臼，辞典还是

《辞源》称霸，对学习国文的学生都不很相宜。通常英文字典有所谓"求解""作文"两用的，学生学习国文，正需要这一类的国文字典辞典。一方面知道解释，另一方面更知道该怎么使用，这才使翻检者对于生字生语具有彻底的认识。没有这样的字典辞典，学生预习效率就不会很大。但是，使用不完善的工具总比不使用工具强一点；目前既没有更适用的，就只得把属于《康熙字典》系统的字典与称霸当世的《辞源》将就应用。这当儿，教师不得不多费一点心思，指导学生搜集用例，或者搜集了若干用例给学生，使学生自己去发现生字生语的正当用法。

学生预习，通行写笔记，而生字生语的解释往往在笔记里占大部分篇幅。这原是好事情，记录下来，印象自然深一层，并且可以备往后的考查。但是，学生也有不明白写笔记的用意的；他们因为教师要他们交笔记，所以不得不写笔记。于是，有胡乱抄了几条字典辞典的解释就此了事的；有遗漏了真该特别注意的字语而仅就寻常字语解释一下拿来充数的。前者胡乱抄录，未必就是那个字语在本文里的确切意义；后者随意挑选，把应该注意的反而放过了；这对于全文的理解都没有什么帮助。这样的笔记交到教师手里，教师辛辛苦苦地把它看过，还要提起笔来替它订正，实际上对学生没有多大益处，因为学生并没有真预习。所以，须在平时使学生养成一种观念与习惯，就是：生字生语必须依据本文，寻求那个字语的确切意义；又必须依据与本文相类和不相类的若干例子，发现那个字语的正当用法。至于生字生语的挑选，为了防止学生或许会有遗漏，不妨由教师先行尽量提示，指明这一些字语是必须弄清楚的。这样，学生预习才不至于是徒劳，写下来的笔记也不至于是循例的具文。

要考查学生对于生字生语的认识程度怎样，可以看他的笔记，也可以听他的口头回答。比如《泷冈阡表》第一句里"始克表于其阡"的"克"字，如果解作"克服"或"克制"，那显然是没有照顾本文，随便从字典里取了一个解释。如果解作"能够"，那就与本文切合了，可见是用了一番心思的。但是还得进一步研求："克"既然作"能够"解，"始克表于其阡"可不可以写作"始能表于其阡"呢？对于这个问题，如果仅凭直觉回答说，"意思也一样，不过有点不顺适"，那是不够的。这须得研究"克"和"能"的同和异。在古代，"克"与"能"用法是一样的，后来渐渐分化了，"能"字被认为常用字，直到如今；"克"字成为古字，在通常表示"能够"意义的场合上就不大用它。在文句里面，丢开常用字不用，而特地用那同义的古字，除了表示相当意义以外，往往还带着郑重、庄严、虔敬等等情味。"始克表于其阡"一语，用了"能"字的同义古字"克"字，见得作者对于"表于其阡"的事情看得非常郑重，不敢随便着手，这正与全义的情味相应。若作"始能表于其阡"，就没有那种情味，仅仅表明方始"能够"表于其阡而已。所以直觉地看，也辨得出它有点不顺适了。再看这一篇里，用"能"字的地方很不少，如"吾何恃而能自守邪""然知汝父之能养也""吾不能知汝之必有立""故能详也""吾儿不能苟合于世""汝能安之"。这几个"能"字，作者都不换用"克"字，因为这些语句都是传述母亲的话，无须带着郑重、庄严、虔敬等等情味；并且，用那常用的"能"字，正切近于语言的自然。用这一层来反证，更可以见得"始克表于其阡"的"克"字，如前面所说，是为着它有特别作用才用了的——像这样的讨究，学生预习时候未必人人都做得来；教师在上课时候说给他们听，也嫌烦琐一点。但是简单扼要地告诉他们，使他们心知其故，还是必需的。

学生认识生字生语，往往有模糊笼统的毛病，用句成语来说，就是"不求甚解"。曾见作文本上有"笑颜逐开"四字，这显然是没有弄清楚"笑逐颜开"究竟是什么意义，只知道在说到欢笑的地方仿佛有这么四个字可以用，结果却把"逐颜"两字写颠倒了。又曾见"万卷空巷"四字，单看这四个字，谁也猜不出是什么意义；但是连着上下文一起看，就知道原来是"万人空巷"；把"人"字忘记了，不得不找一个字来凑数，而"卷"字与"巷"字字形相近，因"巷"字想到"卷"字，就写上了"卷"字。这种错误全由于当初认识的时候太疏忽了，意义不曾辨明，语序不曾念熟，怎得不闹笑话？所以令学生预习，必须使他们不犯模糊笼统的毛病；像初见一个生人一样，一见面就得看清他的形貌，问清他的姓名职业。这样成为习惯，然后每认识一个生字生语，好像积钱似的，多积一个就多加一分财富的总量。

三、解答教师所提示的问题

一篇文章，可以从不同的观点去研究它。如作者意念发展的线索，文章的时代背景，技术方面布置与剪裁的匠心，客观上的优点与疵病，这些就是所谓不同的观点。对于每一个观点，都可以提出问题，令学生在预习的时候寻求解答。如果学生能够解答得大致不错，那就真个做到了"精读"两字了——"精读"的"读"字原不是仅指"吟诵"与"宣读"而言的。比较艰深或枝节的问题，估计起来不是学生所必须知道的，当然不必提出。但是，学生应该知道而未必能自行解答的，却不妨预先提出，让他们去动一动天君，查一查可能查到的参考书。他们经过了自己的一番摸索，或者是略有解悟，或者是不得要领，或者是全盘错误，这当儿再来听教师的指导，印入与理解的程度一定比较深切。最坏的情形是指导者与领受者彼此不相应，指导者只认领受者是一个空袋子，不问情由把一些叫作知识的东西装进去。空袋子里装东西进去，还可以容受；完全不接头的头脑里装知识进去，能不能容受却是说不定的。

　　这一项预习的成绩，自然也得写成笔记，以便上课讨论有所依据，往后更可以覆按、查考。但是，笔记有敷衍了事的，有精心撰写的。随便从本文里摘出一句或几句话来，就算是"全文大意"与"段落大意"；不赅不备地列几个项目，挂几条线，就算是"表解"；没有说明，仅仅抄录几行文字，就算是"摘录佳句"；这就是敷衍了事的笔记。这种笔记，即使每读一篇文字都做，做上三年六年，实际上还是没有什么好处。所以说，要学生作笔记自然是好的，但是仅仅交得出一本笔记，这只是形式上的事情，要希望收到实效，还不得不督促学生凡作笔记务须精心撰写。所谓精心撰写也不须求其过高过深，只要写下来的东西真是他们自己参考与思索得来的结果，就好了。参考要有路径，思索要有方法，这不单是知识方面的事，而且是习惯方面的事。习惯的养成在教师的训练与指导。学生拿了一篇文章来预习，往往觉得茫然无从下手。教师要训练他们去参考，指导他们去思索，最好给他们一种具体的提示。比如读《泷冈阡表》，这一篇是作者叙述他的父亲，就可以教他们取相类的文章归有光的《先妣事略》来参考，看两篇的取材与立意上有没有异同；如果有的话，为什么有。又如《泷冈阡表》里有叙述赠封三代的一段文字，好像很罗唆，就可以教他们从全篇的立意上思索，看这一段文字是不是不可少的；如果不可少的话，为什么不可少。这样具体地给他们提示，他们就不至于茫然无从下手，多少总会得到一点成绩。时时这样具体地给他们提示，他们参考与思索的习惯渐渐养成，写下来的笔记再也不会是敷衍了事的了。即使所得的解答完全错误，但是在这以后得到教师或同学的纠正，一定更容易心领神会了。

　　上课时候令学生讨论，由教师作主席、评判人与订正人，这是很通行的办法。但是讨论要进行得有意义，第一要学生在预习的时候准备得充分，如果准备不充分，往往会与虚应故事的集会一样，或是等了好久没有一个人开口，或是有人开口了只说一些不关痛痒的话。教师在无可奈何的情形之下，只得不再要学生发表什么，只得自己一个人滔滔汩汩地讲下去。这就完全不合讨论的宗旨了。第二还得在平时养成学生讨论问题、发表意见的习惯。听取人家的话，评判人家的话，用不多不少的话表白自己的意见，用平心静气的态度比勘自己的与人家的意见，这些都要力练的。如果没有力练，虽然胸中仿佛有一点准备，临到讨论是不一定敢于发表的。这种习惯的养成不仅是国文教师的事情，所有教师都得负责。不然，学生成为只能听讲的被动人物，任何功课的进步至少要减少一半。——学生事前既有充分的准备，平时又有讨论的习惯，临到讨论才会人人发表意见，不至于老是某几个人开口。所发表的意见又都切合着问题，不至于胡扯乱说，全不着拍。这样的讨论，在实际的国文教室里似乎还不易见到；然而要做到名副其实的讨论，却非这样不可。

讨论进行的当儿，有错误给与纠正，有疏漏给与补充，有疑难给予阐明，虽说全班学生都有份儿，但是最后的责任还在教师方面。教师自当抱着客观的态度，就国文教学应有的观点说话。现在已经规定要读白话了，如果还说白话淡而无味，没有读的必要；或者教师自己偏爱某一体文字，就说除了那一体文字都不值一读；就都未免偏于主观，违背了国文教学应有的观点了。讲起来，滔滔汩汩连续到三十五十分钟，往往不及简单扼要讲这么五分十分钟容易使学生印入得深切。即使教材特别繁复，非滔滔汩汩连续到三十五十分钟不可，也得在发挥完毕的时候，给学生一个简明的提要。学生凭这个提要，再去回味那滔滔汩汩的讲说，就好像有了一条索子，把散开的钱都穿起来了。这种简明的提要，当然要让学生写在笔记本上；尤其重要的是写在他们心上，让他们牢牢记住。

课内指导之后，为求涵咀得深，研讨得熟，不能就此过去，还得有几项事情要做。现在请把学生应做的练习工作分项说明如下。

一、吟诵

在教室内通读，该用宣读法，前面已经说过。讨究完毕以后，学生对于文章的细微曲折之处都弄清楚了，就不妨指名吟诵。或者先由教师吟诵，再令学生仿读。自修的时候，尤其应该吟诵；只要声音低一点，不妨碍他人的自修。原来国文和英文一样，是语文学科，不该只用心与眼来学习；须在心与眼之外，加用口与耳才好。吟诵就是心、眼、口、耳并用的一种学习方法。从前人读书，多数不注重内容与理法的讨究，单在吟诵上用功夫，这自然不是好办法。现在国文教学，在内容与理法的讨究上比从前注重多了；可是学生吟诵的功夫太少，多数只是看看而已。这又是偏向了一面，丢开了一面。唯有不忽略讨究，也不忽略吟诵，那才全而不偏。吟诵的时候，对于讨究所得的不仅理智地了解，而且亲切地体会，不知不觉之间，内容与理法化而为读者自己的东西了，这是最可贵的一种境界。学习语文学科，必须达到这种境界，才会终身受用不尽。

一般的见解，往往以为文言可以吟诵，白话就没有吟诵的必要。这是不对的。只要看戏剧学校与认真演习的话剧团体，他们练习一句台词，不惜反复订正，再四念诵，就可以知道白话的吟诵也大有讲究。多数学生写的白话为什么看起来还过得去，读起来就少有生气呢？原因就在他们对于白话仅用了心与眼，而没有在口与耳方面多用功夫。多数学生登台演说，为什么有时意思还不错，可是语句往往杂乱无次，语调往往不合要求呢？原因就在平时对于语言既没有训练，国文课内对于白话又没有好好儿吟诵。所以这里要特别提出，白话是与文言一样需要吟诵的。白话与文言都是语文，要亲切地体会白话与文言的种种方面，都必须花一番功夫去吟诵。

吟诵的语调，有客观的规律。语调的差别，不外乎高低、强弱、缓急三类。高低是从声带的张弛而来的分别。强弱是从肺部发出空气的多少而来的分别。缓急是声音与时间的关系，在一段时间内，发音数少是缓，发音数多就是急。吟诵一篇文章，无非依据对于文章的了解与体会，错综地使用这三类语调而已。大概文句之中的特别主眼，或是前后的词彼此关联照应的，发声都得高一点。就一句来说，如意义未完的文句，命令或呼叫的文句，疑问或惊讶的文句，都得前低后高。意义完足的文句，祈求或感激的文句，都得前高后低。再说强弱。表示悲壮、快活、叱责或慷慨的文句，句的头部宜加强。表示不平、热诚或确信的文句，句的尾部宜加强。表示庄重、满足或优美的文句，句的中部宜加强。再说缓急。含有庄重、畏敬、谨慎、沉郁、悲哀、仁慈、疑惑等等情味的文句，须得缓读。含有快活、确信、愤怒、惊愕、恐怖、怨恨等等情味的文句，须得急读。以上这些规律，都应合着文字所表达的意义与情感，所以依照规律吟诵，最合于语言的自然。上面所说的三类声调，可以用符号来表示，如把"·"作为这个字发声须高一点的符号，把"△"作为这一句该前低后高的符号，把"▽"作为这一句该前高后低的符号，把"Ｖ"作为句的头部宜加强的符号，把"∧"作为句的尾部宜加强的符号，把"◇"作为句的中部宜加强的符号，把"——"作为急读的符号，把"———"作为缓读的符号，把"﹏﹏"作为不但缓读而且须摇曳生姿的符号。在文字上记上符号，练习吟诵就不至于漫无凭依。符号当然可以随意规定，多少也没有限制，但是应用符号总是对教学有帮助的。

吟诵第一求其合于规律，第二求其通体纯熟。从前书塾里读书，学生为了要早一点到教师跟前去背诵，往往把字句勉强记住。这样强记的小法是要不得的，不久连字句都忘记了，还哪里说得上体会？令学生吟诵，要使他们看作一种享受而不看作一种负担。一遍比一遍读来入调，一遍比一遍体会亲切，并不希望早一点能够背诵，而自然达到纯熟的境界。抱着这样享受的态度是吟诵最易得益的途径。

二、参读相关的文章

精读文章，每学年至多不过六七十篇。初中三年，所读仅有两百篇光景，再加上高中三年，也只有四百篇罢了。倘若死守着这几百篇文章，不用旁的文章来比勘，印证，就难免化不开来，难免知其一不知其二。所以，精读文章，只能把它认作例子与出发点；既已熟习了例子，占定了出发点，就得推广开来，阅读略读书籍，参读相关文章。这里不谈略读书籍，单说所谓相关文章。比如读了某一体文章，而某一体文章很多，手法未必一样，大同之中不能没有小异；必须多多接触，方能普遍领会某一体文章的各方面。或者手法相同，而相同之中不能没有个优劣得失；必须多多比较，方能进一步领会优劣得失的所以然。并且，课内精读文章是用细琢细磨的功夫来研讨的；而阅读的练习，不但求其理解明确，还须求其下手敏捷，老是这样细磨细琢，一篇文章研讨到三四个钟头，是不行的。参读相关文章就可以在敏捷上历练；能够花一两个钟头把一篇文章弄清楚固然好，更敏捷一点只花半个钟头一个钟头尤其好。参读的文章既与精读文章相关，怎样剖析，怎样处理，已经在课内受到了训练，求其敏捷当然是可能的。这种相关文章可以从古今"类选""类纂"一类的书本里去找。学生不能自己置备，学校的图书室不妨多多陈列，供给学生随时参读。

请再说另一种意义的相关文章。夏丏尊先生在一篇说给中学生听的题目叫作《阅读什么》[①]的演讲辞里，有以下的话：

> 诸君在国文教科书里读到了一篇陶潜的《桃花源记》，……这篇文字是晋朝人作的，如果诸君觉得和别时代人所写的情味有些两样，要想知道晋代文的情形，就会去翻中国文学史；这时文学史就成了诸君的参考书。这篇文字里所写的是一种乌托邦思想，诸君平日因了师友的指教，知道英国有一位名叫马列斯的社会思想家，写过一本《理想乡消息》，和陶潜所

---

① 见《阅读与写作》，作者与夏丏尊合著，开明书店一九三八年四月出版。——原作者注。

写的性质相近，拿来比较；这时《理想乡消息》就成了诸君的参考书。这篇文字是属于记叙一类的，诸君如果想明白记叙文的格式，去翻看记叙文作法；这时记叙文作法就成了诸君的参考书。还有，这篇文字的作者叫陶潜，诸君如果想知道他的为人，去翻《晋书·陶潜传》或陶集；这时《晋书》或陶集就成了诸君的参考书。

这一段演讲里的参考书就是这里所谓另一种意义的相关文章。像这样把精读文章作为出发点，向四面八方发展开来，那么，精读了一篇文章，就可以带读许多书，知解与领会的范围将扩张到多么大呀！学问家的广博与精深差不多都从这个途径得来。中学生虽不一定要成学问家，但是这个有利的途径是该让他们去走的。

其次，关于语调与语文法的揣摩，都是愈熟愈好。精读文章既已到了纯熟的地步，再取语调与语文法相类似的文章来阅读，纯熟的程度自然更进一步。小孩子学说话，能够渐渐纯熟而没有错误，不单是从父母方面学来的；他从所有接触的人方面去学习，才会成功。在精读文章以外，再令读一些相类似的文章，比之于小孩子学说话，就是要他们从所有接触的人方面去学习。

三、应对教师的考问

学生应对考问是很通常的事情。但是对于应对考问的态度未必一致。有尽其所知所能，认真应对的；有不负责任，敷衍应对的；有提心吊胆，战战兢兢地只着眼于分数的多少的。以上几种态度，自然第一种最可取。把所知所能尽量拿出来，教师就有了确实的凭据，知道哪一方面已经可以了，哪一方面还得督促。考问之后，教师按成绩记下分数；分数原是备稽考的，分数多不是奖励，分数少也不是惩罚，分数少到不及格，那就是学习成绩太差，非赶紧努力不可。这一层，学生必须明白认识。否则误认努力学习只是为了分数，把切己的事情看作身外的事情，就是根本观念错误了。

教师记下了分数，当然不是指导的终结，而是加工的开始。对于不及格的学生，尤须设法给他们个别的帮助。分数少一点本来没有什么要紧；但是分数少正表明学习成绩差，这是热诚的教师所放心不下的。

考查的方法很多，如背诵、默写、简缩、扩大、摘举大意、分段述要、说明作法、述说印象，也举不尽许多。这里不想逐项细说，只说一个消极的原则，就是：不足以看出学生学习成绩的考问方法最好不要用。比如教了《泷冈阡表》之后，考问学生说，"欧阳修的父亲做过什么官？"这就是个不很有意义的考问。文章里明明写着"为道州判官，泗绵二州推官，又为泰州判官"，学生精读了一阵，连这一点也不记得，还说得上精读吗？学生回答得出这样的问题，也无从看出他的学习成绩好到怎样，所以说它不很有意义。

考问往往在精读一篇文章完毕或者月考期考的时候举行；除此之外，通常不再顾及，一篇文章讨究完毕就交代过去了。这似乎不很妥当。从前书塾里读书，既要知新，又要温故，在学习的过程中，匀出一段时间来温理以前读过的，这是个很好的办法。现在教学国文，应该采取它。在精读几篇文章之后，且不要上新的；把以前读过的温理一下，回味那已有的了解与体会，更寻求那新生的了解与体会，效益决不会比上一篇新的来得少。这一点很值得注意。所以附带在这里说一说。

四、略读的指导

——《略读指导举隅》前言①

国文教学的目标，在养成阅读书籍的习惯，培植欣赏文学的能力，训练写作文字的技能。这些事不能凭空着手，都得有所凭借。凭借什么？就是课本或选文。有了课本或选文，然后养成、培植、训练的工作得以着手。课本里所收的，选文中入选的，都是单篇短什，没有长篇巨著。这并不是说学生读了一些单篇短什就足够了。只因单篇短什分量不多，要做细磨细琢的研读功夫，正宜从此入手，一篇读毕，又读一篇，涉及的方面既不嫌偏颇，阅读的兴趣也不致单调；所以取作"精读"的教材。学生从精读方面得到种种经验，应用这些经验，自己去读长篇巨著以及他的单篇短什，不再需要教师的详细指导，这就是"略读"。就教学而言，精读是主体，略读只是补充；但是就效果而言，精读是准备，略读才是应用。学生在校的时候，为了需要与兴趣，须在课本或选文以外阅读旁的书籍文章；他日出校之后，为了需要与兴趣，一辈子须阅读各种书籍文章；这种阅读都是所谓应用。使学生在这方面打定根基，养成习惯，全在国文课的略读。如果只注意于精读，而忽略了略读，功夫便只做得一半。其弊害是想象得到的，学生遇到需要阅读的书籍文章，也许会因没有教师在旁作精读那样的详细指导，而致无所措手。现在一般学校，忽略了略读的似乎不少，这是必须改正的。

略读不再需要教师的详细指导，并不等于说不需要教师的指导。各种学科的教

① 中国教育科学研究院编：《叶圣陶语文教育论集》，教育科学出版社，2015年，第14页。

学都一样，无非教师帮着学生学习的一串过程。略读是国文课程标准里面规定的正项工作，哪有不需要教师指导之理？不过略读指导与精读指导不同。精读指导必须纤屑不遗，发挥净尽；略读指导却需提纲挈领，期其自得。何以需提纲挈领？唯恐学生对于当前的书籍文掌摸不到门径，辨不清路向，马马虎虎读下去，结果所得很少。何以不必纤屑不遗？因为这一套功夫在精读方面已经训练过了，照理说，该能应用于任何时候的阅读；现在让学生在略读时候应用，正是练习的好机会。学生从精读而略读，譬如孩子学走路，起初由大人扶着牵着，渐渐的大人把手放了，只在旁边遮拦着，替他规定路向，防他偶或跌跤。大人在旁边遮拦着，正与扶着牵着一样的需要当心，其目的唯在孩子步履纯熟，能够自由走路。精读的时候，教师给学生纤屑不遗的指导，略读的时候，更给学生提纲挈领的指导，其目的唯在学生习惯养成，能够自由阅读。

仅仅对学生说，你们随便去找一些书籍文章来读，读得越多越好；这当然算不得略读指导。就是斟酌周详，开列个适当的书目篇目，教学生自己照着去阅读，也还算不得略读指导。因为开列目录只是阅读以前的事；在阅读一事的本身，教师没有给一点帮助，就等于没有指导。略读如果只任学生自己去着手，而不给他们一点指导，很容易使学生在观念上发生误会，以为略读只是"粗略的"阅读，甚而至于是"忽略的"阅读；而在实际上，他们也就"粗略的"甚而至于"忽略的"阅读，就此了事。这是非常要不得的，积久养成不良习惯，就终身不能从阅读方面得到多大的实益。略读的"略"字，一半系就教师的指导而言：还是要指导，但是只须提纲挈领，不必纤屑不遗，所以叫作"略"。一半系就学生的功夫而言：还是要像精读那样仔细咬嚼，但是精读时候出于努力钻研，从困勉达到解悟，略读时候却已熟能生巧，不须多用心力，自会随机肆应，所以叫作"略"。无论教师与学生都须认清楚这个意思，在实践方面又须各如其分，做得到家，略读一事才会收到它预期的效果。

略读既须有教师指导，自宜与精读一样，全班学生用统一的教材。假如一班学生同时略读几种书籍，教师就不便在课内指导；指导了略读某种书籍的一部分学生，必致抛荒了略读别种书籍的另一部分学生；各部分轮流指导固也可以，但是每周略读指导的时间至多也只能有两小时，各部分轮流下来，必致每部分都非常简略。况且同学间的共同讨论是很有帮助于阅读能力的长进的，也必须阅读同一的书籍才便于共同讨论。一学期中间，为求精详周到起见，略读书籍的数量不宜太多，有二三种也就可以了。好在略读与精读一样，选定一些教材来读，无非"举一隅"的性质，都希望学生从此学得方法，养成习惯，自己去"以三隅反"；故数量虽少，并不妨事。学生如果在略读教材之外，更就兴趣选读旁的书籍，那自然是值得奖励的；并且希望能够普遍地这么做。或许有人要说，略读同一的教材，似乎不能顾到全班学生的能力与兴趣。其实这不成问题。精读可以用统一的教材，为什么略读就不能？班级制度的一切办法，总之以中材为标准；凡是忠于职务，深知学生的教师，必能选取适合于中材的教材，供学生略读；这就没有能力够不够的问题。同时，所取教材必能不但适应学生的一般兴趣，并且切合教育的中心意义；这就没有兴趣合不合的问题。所以，略读同一的教材是无弊的，只要教师能够忠于职务，能够深知学生。

　　课内略读指导，包括阅读以前对于选定教材的阅读方法的提示，及阅读以后对于阅读结果的报告与讨论。做报告与讨论的虽是学生，但是审核他们的报告，主持他们的讨论，仍是教师的事；其间自不免有需要订正与补充的地方，所以还是指导。略读教材若是整部的书，每一堂略读课内令学生报告并讨论阅读那部书某一部分的实际经验；待全书读毕，然后令作关于全书的总报告与总讨论。至于实际阅读，当然在课外。学生课外时间有限，能够用来自修的，每天至多不过四小时。在这四小时内，除了温理旁的功课，作旁的功课的练习与笔记外，分配到国文课的自修的，至多也不过一小时。一小时够少了，而精读方面也得自修、预习、复习、诵读、练习，这些都是非做不可的；故每天的略读时间至多只能有半小时。每天半小时，一周便是三小时（除去星期放假）。每学期上课时间以二十周计，略读时间仅有六十小时。在这六十小时内，如前面所说的，要阅读二三种书籍，篇幅太多的自不相宜；如果选定的书正是篇幅太多的，那只得删去若干，选读它的一部分。不然，分量太多，时间不够，学生阅读势必粗略，甚而至于忽略；或者有始无终，没有读到完篇就丢开；这就会养成不良习惯，为终身之累。所以漫无计算是要不得的；与其贪多务广，以致发生流弊，不如预作精密估计，务使在短少时间之内把指定的教材读完，而且把应做的工作都做到家，绝不草率行事，借此养成阅读的优良习惯，来得有益得多。学生有个很长的暑假，又有个相当长的寒假；在这两个假期内，可以自由阅读很多的书。如果略读时候养成了优良习惯，到暑假寒假期间，各就自己的需要与兴趣去多多阅读，那一定比不经略读的训练多得吸收的实效。归结起来说，就是：略读的分量不宜过多，必须顾到学生能用上的时间；多多阅读固宜奖励，但是得为时间所许可，故以利用暑假寒假最为适当。

书籍的性质不一，因而略读指导的方法也不能一概而论。就一般说，在阅读以前应该指导的有以下各项。

一、版本指导

一种书往往有很多版本。从前是木刻，现在是排印。在初刻初排的时候或许就有了错误，随后几经重排重刻，又不免辗转发生错误；也有逐渐地增补或订正。读者读一本书，总希望得到最合于原稿的，或最为作者自己惬意的本子；因为唯有读这样的本子才可以完全窥见作者的思想感情，没有一点含糊。学生所见不广，刚与一种书接触，当然不会知道哪种本子较好；这须待教师给他们指导。现在求书不易，有书可读便是幸事，更谈不到取得较好的本子。正唯如此，这种指导更不可少；哪种本子校勘最精审，哪种本子是作者的最后修订稿，都得给他们说明，使他们遇到那些本子的时候，可以取来覆按，对比。还有，这些书经各家的批评或注释，每一家的批评或注释自成一种本子，这中间也就有了优劣得失的分别。其需要指导，理由与前说相同。总之，这方面的指导，宜运用校勘家、目录家的知识，而以国文教学的观点来范围它。学生受了这样的熏陶，将来读书不但知道求好书，并且能够抉择好本子，那是受用无穷的。

二、序目指导

读书先看序文，是一种好习惯。学生拿到一部书，往往立刻看本文，或者挑中间有趣味的部分来看，对于序文，认为与本文没有关系似的；这是因为不知道序文很关重要的缘故。序文的性质常常是全书的提要或批评，先看一遍，至少对于全书有个概括的印象或衡量的标准；然后阅读全书，就不至于茫无头绪。通常读书，其提要或批评不在本书而在旁的地方的尚且要找来先看；对于具有提要或批评的性质的本书序文怎能忽略过去？所以在略读的时候，必须教学生先看序文，养成他们的习惯。序文的重要程度，各书并不一致。属于作者的序文，若是说明本书的作意、取材、组织等项的，那无异于"编辑大意""编辑例言"，借此可以知道本书的规模，自属非常重要。有些作者在本文之前作一篇较长的序文，其内容并不是本文的提要，却是阅读本文的准备知识，犹如津梁或门径，必须通过这一关才可以涉及本文；那就是"导言"的性质，重要程度也高。属于编订者或作者师友所作的序文，若是说明编订的方法，抉出全书的要旨，评论全书的得失的，都与了解全书直接有关，重要也不在上面所说的作者自序之下。无论作者自作或他人所作的序文，有些仅仅叙一点因缘，说一点感想，与全书内容关涉很少；那种序文的本身也许是一篇好文字，对于作者就比较不重要了。至于他人所作的序文，有专事赞扬而过了分寸的，有很想发挥而不得要领的；那种序文实际上很不少，诗文集中尤其多，简直可以不必看。教师指导，要教学生先看序文，更要审查序文的重要程度，与以相当的提示，使他们知道注意之点与需要注意力的多少。若是无关紧要的序文，自然不让他们看，以免浪费时力。

目录表示本书的眉目，也具有提要的性质。所以也须养成学生先看目录的习惯。有些书籍，固然须顺次读下去，不读第一卷就无从着手第二卷。有些书籍却不然，全书分作许多部分，各部分自为起讫，其前后排列或仅大概以类相从，或仅依据撰作的年月，或竟完全出于编排时候的偶然，对于那样的书籍，就不必顺次读下去；可以打乱全书的次第，把有关某一方面的各卷各篇聚在一起读，读过以后，再把有关其他方面的各卷各篇聚在一起读，或许更比顺次读下去方便且有效得多。要把有关的各卷各篇聚在一起，就更有先看目录的必要。又如选定教材若是长篇小说，假定是《水浒》，因为分量太多，时间不够，不能通体略读，只好选读它的一部分，如写林冲或武松的几回。要知道哪几回是写林冲或武松的，也得先看目录。又如选定教材的篇目若是非常简略，而其书又适宜于不按照次第来读的，假定是《孟子》，那就在篇目之外，最好先看赵岐的"章指"。"章指"并不编列在目录的地位；用心的读者不妨抄录二百几十章的"章指"，当它是个详细的目录提要。有了这详细的目录提要，因阅读的目标不同，就可以把二百几十章作种种的组合，为某一目标取某一组合来精心研读。目录的作用当然还有，可以类推，不再详说。教师指导的时候，务须相机提示，使学生能够充分利用目录。

三、参考书籍指导

参考书籍，包括关于文字的音义，典故成语的来历等所谓工具书，以及与所读书有关的必须借彼而后明此的那些书籍。从小的方面说，阅读一书而求其彻底了解，从大的方面说，做一种专门研究，要从古今人许多经验中得到一种新的发现，一种系统的知识，都必须广博地翻检参考书籍。一般学生读书，往往连字典词典也懒得翻，更不用说跑进图书室去查阅有关书籍了。这种"读书不求其解"的态度，一时未尝不可马虎过去；但是这就成了终身的病根，将不能从阅读方面得到多大益处；若做专门研究工作，更难有满意的成就。所以，利用参考书籍的习惯，必须在学习国文的时候养成。精读方面要多多参考，略读方面还是要多多参考。起初，学生必嫌麻烦，这要翻检，那要搜寻，不如直截读下去来地爽快；但是渐渐成了习惯，就觉得必须这样多多参考，才可以透澈地了解所读的书，其味道的深长远胜于"不求甚解"；那时候，让他们"不求甚解"也不愿意了。国文课内指导参考书籍，当然不能如专家做研究工作一样，搜罗务求广博，凡有一语一条用得到的材料都舍不得放弃，开列个很长的书目。第一，须顾到学生的能力。参考书籍用来帮助理解本书，若比本书艰深，非学生能力所能利用，虽属重要，也只得放弃。譬如阅读某一书，须做关于史事的参考，与其教学生查《二十四史》，不如教他们翻一部近人所编的通史；再退一步，不如教他们看他们所读的历史课本。因为通史与历史课本的编辑方法适合于他们的理解能力；而《二十四史》本身还只是一堆材料，要在短时期间从中得到关于一件史事的概要，事实上不可能。曾见一些热心的教师给学生开参考书目，把自己所知道的，巨细不遗，逐一开列，结果是洋洋大观；学生见了唯有望洋兴叹；有些学生果真去按目参考，又大半不能理解，有参考之名，无参考之实。这就是以教师自己为本位，忽略了学生能力的弊病。第二，须顾到图书室的设备。教师提示的书籍，学生从图书室立刻可以检到，既不耽误功夫，且易引起兴趣。如果那参考书的确必要，又为学生的能力所能利用，而图书室没有，学生只能以记忆书名了事；那就在阅读上短少了一分努力，在训练上错过了一个机会。因此，消极的办法，教师提示参考书籍，应以图书室中所具备的为限；积极的办法，就得促图书室有计划地采购图书——各科至少有最低限度的必要、参考书籍，国文科方面当然要有它的一份。这件事很值得提倡。现在一般学校，不是因经费不足，很少买书，就是因偶然的机缘与教师的嗜好，随便买书；有计划地为供学生参考而采购的，似乎还不多见。还有个补救的办法，图书室没有那种书籍，而地方图书馆或私家藏书却有，教师不妨指引学生去借来参考。图书室购备参考书籍，即使有复本，也不过两三本；一班学生同时要拿来参考，势必争先恐后，后拿到手的，已经浪费了许多时间。为解除这种困难，可以用分组参考的办法：假定阅读某种书籍需要参考四部书，就分学生为四组，使每组参考一部；或待相当时间之后互相交换，或不再交换，就使每组报告参考所得，以免他组自去参考。第三，指定了参考书籍，教师的事情并不就此完毕。如果那种书籍的编制方法是学生所不熟悉的，或者分量很多，学生不容易找到所需参考的部分的，教师都得给他们说明或指示。一方面要他们练习参考，一方面又要他们不致茫无头绪，提不起兴趣：唯有如上所说相机帮助他们，才可以做到。

四、阅读方法指导

各种书籍因性质不同，阅读方法也不能一样。但是就一般说，总得像精读时候的阅读那样，就其中的一篇或一章一节，逐句循诵，摘出不了解的处所；然后应用平时阅读的经验，试把那些不了解的处所自求解答；得到了解答，再看注释或参考书，以检验解答的对不对；如果实在无法解答，那就径看注释或参考书。不了解的处所都弄清楚了，又复读一遍，明了全篇或全章全节的大意。最后细读一遍，把应当记忆的记忆起来，把应当体会的体会出来，把应当研究的研究出来。全书的各篇或各章各节，都该照此办法。略读原是用来训练阅读的优良习惯，必须脚踏实地，毫不苟且，才有效益；决不能让学生胡乱读过一遍就算。唯有开始脚踏实地，毫不苟且，到习惯既成之后才会"过目不忘""展卷有得"。若开始就草草从事，说不定将一辈子"过目辄忘""展卷而无所得"了。还有一层，略读既是国文功课方面的工作，无论阅读何种书籍，都宜抱着研究国文的态度。平常读一本数学课本，不研究它的说明如何正确；读一本史地课本，也不研究它的叙述如何精当。数学课本与史地课本原可以在写作技术方面加以研究；因作者的造诣不同，同样是数学课本与史地课本，其正确与精当的程度实际上确也大有高下。但是在学习数学、学习史地的立场，自不必研究那些；如果研究那些，便转移到学习国文的立场，抱着研究国文的态度了。其他功课的阅读都只须顾到书籍的内容。国文功课训练阅读，独须内容形式兼顾，并且不把内容形式分开来研究，而认为不可分割的两方面；经过了国文功课方面的训练，再去阅读其他功课的书籍，眼力自也增高。认清了这一层，对于选定的略读书籍自必一律作写作技艺的研究。被选的书总有若干长处；读者不仅在记得那些长处，尤其重要的在能看出为什么会有那些长处。同时不免或多或少有些短处；读者也须能随时发现，说明它的所以然，这才可以做到读书而不为书所蔽——这一层也是就一般说的。

现在再分类来说，有些书籍，阅读它的目的在从中吸收知识，增加自身的经验；那就须运用思考与判断，认清全书的要点，不歪曲也不遗漏，才得如愿。若不能抉择书中的重要部分，认不清全书的要点，或忽略了重要部分，却把心思用在枝节上，所得结果就很少用处。要使书中的知识化为自身的经验，自必从记忆入手；记忆的对象若是阅读之后看出来的要点，因它条理清楚，印入自较容易。若不管重要与否，而把全部平均记忆，甚至以全部文句为记忆的对象，那就没有纲领可凭，徒增不少的负担，结果或且全部都不记忆。所以死用记忆决不是办法，漫不经心地读着读着，即使读到烂熟，也很难有心得；必须随时运用思考与判断，接着择要记忆，才合于阅读这一类书籍的方法。

又如小说或剧本，一般读者往往只注意它的故事；故事变化曲折，就感到兴趣，读过以后，也只记住它的故事。其实凡是好的小说和剧本，故事仅是迹象；凭着那迹象，作者发挥他的人生经验或社会批判，那些才是精魂。阅读小说或剧本而只注意它的故事，专取迹象，抛弃精魂，决非正当方法。在国文课内，要培植欣赏文学的能力，尤其不应如此。精魂就寄托在迹象之中，对于故事自不可忽略；但是故事的变化曲折所以如此而不如彼，都与作者发挥他的人生经验和社会批判有关，这一层更须注意。初学者还没有素养，一时无从着手；全仗教师给他们易晓的暗示与浅明的指导，渐渐引他们入门。穿凿附会固然要不得，粗疏忽略同样要不得。凭着故事的情节，逐一追求作者要说而没有明白说出来的意思，才会与作者的精神相通，才是阅读这一类书籍的正当方法。有些学生喜欢看低级趣味的小说之类，教他们不要看，他们虽然答应了，一转身还是偷偷地看。这由于没有学得阅读这类书籍的方法，注意力仅仅集中在故事上的缘故。他们如果得到适当的暗示与指导，渐渐有了素养，就会觉得低级趣味的小说之类在故事之外没有东西，经不起咀嚼；不待他人禁戒，自然就不喜欢看了——这可以说是消极方面的效益。

又如诗集，若是个人的专集，按写作年月，顺次看诗人意境的扩大或转换，风格的确立或变易，是一种读法。按题材归类，看诗人对于某一题材如何立意，如何发抒，又是一种读法。按体式归类，比较诗人对于某一类体式最能运用如意，倾吐诗心，又是一种读法。以上都是分析研究方面的事，而文学这东西，尤其是诗歌，不但要分析地研究，还得要综合地感受。所谓感受，就是读者的心与诗人的心起了共鸣，仿佛诗人说的正是读者自己的话，诗人宣泄的正是读者自己的情感似的。阅读诗歌的最大受用在此。通常说诗歌足以陶冶性情，就因为深美玄妙的诗歌能使读者与诗人同其怀抱。但是这种受用不是没有素养的人所能得到的；素养不会凭空而至，还得从分析的研究入手。研究愈精，理解愈多，才见得纸面的文字——是诗人心情动荡的表现；读它的时候，心情也起了动荡，几乎分不清那诗是诗人的还是读者自己的。所读的若是总集，也可应用类似前说的方法，发现各代诗人取材的异同，风格的演变，比较各家各派意境的浅深，抒写的技巧；探讨各种体式如何与内容相应，如何去旧而谋新：这些都是研究的事，唯有经过这样研究，才可以享受诗歌。我国历代诗歌的产量极为丰富；读诗一事，在知识分子中间差不多是普遍的嗜好。但是就一般说，因为研究不精，感受不深，往往不很了然什么是诗。无论读和写，几乎都认为凡是五字一句，七字一句，而又押韵的文字便是诗；最近二十年通行了新体诗，又都认为凡是分行写的白话便是诗。连什么是诗都不能了然，哪里还谈得到享受？更哪里谈得到写作？中学生固然不必写诗，但是有享受诗的权利；要使他们真能享受诗，自非在国文课内认真指导不可。

又如古书，阅读它而要得到真切的了解，必须明了古人所处的环境与所怀的抱负。陈寅恪先生作审查一本中国哲学史的报告，中间说："古人著书立说，皆有所为而发；故其所处之环境，所受之背景，非完全明了，则其学说不易评论。而古代哲学家去今数千年，其时代之真相极难推知。吾人今日可依据之材料，仅为当时所遗存最小之一部；欲借此残余断片以窥测其全部结构，必须备艺术家欣赏古代绘画雕刻之眼光及精神，然后古人立说之用意与对象始可以真了解。所谓真了解者，必神游冥想，与立说之古人处于同一境界，而对于其持论所以不得不如是之苦心孤诣，表一种之同情，始能批评其学说之是非得失，而无隔阂肤廓之论。否则数千年前之陈言旧说，与今日之情势迥殊，何一不可以可笑可怪目之乎？"这里说的是专家研究古代哲学应持的态度，并不为中学生而言；要达到这种境界，必须有很深的修养与学识，一般知识分子尚且不易做到，何况中学生？但是指导中学生阅读古书，不可不酌取这样的意思，以正他们的趋向——尽浅不妨，只要趋向正，将来可以渐求深造。否则学生必致辨不清古人的是非得失，或者一味盲从古人，成个不通的"新顽固"，或者一味抹杀古人，骂古人可笑可怪，成个浅薄的妄人。这岂是教他们阅读古书的初意？所谓尽浅不妨，意思是就学生所能领会的，给他们适当的指导。如读《孟子·许行章》"或劳心，或劳力；劳心者治人，劳力者治于人；治于人者食人，治人者食于人：天下之通义也。"一节，若以孟子这个话为天经地义，而说从前君主时代竭尽天下的人力物力以供奉君主是合理的，现代的民权思想与民主政治是要不得的；这便是糊涂头脑。若以孟子这个话为胡言乱语，而说后代劳心者与劳力者分成两个阶级，劳心阶级地位优越，劳力阶级不得抬头，都是孟子的遗毒；这也是偏激之论。要知道孟子这一章在驳许行的君臣并耕之说，他所持的论据是与许行相反的"分工互助"。劳力的百工都有专长，劳心的"治人者"也有他的专长，各出专长，分任工作，社会才会治理：这是孟子的政治理想。时代到了战国，社会关系渐趋繁复，许行那种理想当然行不通。孟子看得到这一点，自是他的识力。要怎样才是他理想中的"治人者"？看以下"当尧之时"一大段文字便可明白，就是：像尧舜那样一心为民，干得有成绩，才算合格。这是从他"民为贵"的根本观点而来的；正因"民为贵"，所以为民除疾苦，为民兴教化的人是"治人者"的模范。于此可见他所谓"治人者"至少含有"一心为民，干政治具有专长的人"的意思，并不泛指处在君位的人，如古代的酋长或当时的诸侯。至于"食人""食于人"，在他的意想中，只是表示互助的关系而已，并不含有"注定被掠夺""注定掠夺人家"的意思。——如此看法，大概近于所谓"了解的同情"，与前面说起的糊涂头脑与偏激之论全然异趣。这未必深奥难知，中材的高中二三年生也就可以领会。多做类似的指导，学生自不致走入泥古诬古的歪路了。

五、问题指导

无论阅读何种书籍，要把应当记忆的记忆起来，把应当体会的体会出来，把应当研究的研究出来，总得认清几个问题——也可以叫作题目。如读一个人的传记，这个人的学问、事业怎样呢？或读一处地方游记，那地方的自然环境、社会情形怎样呢？都是最浅近的例子。心中存在着这些问题或题目，阅读就有了标的，辨识就有了头绪。又如阅读《爱的教育》，可以提出许多问题或题目：作为书中主人翁的那个小学生安利柯，他的父亲常常勉励他，教训他，父亲希望他成个怎样的人呢？书中写若干小学生，家庭环境不同，品性习惯各异，品性习惯受不受家庭环境的影响呢？书中很有使人感动的地方，为什么能使人感动呢？诸如此类，难以说尽。又如阅读《孟子》，也可以提出许多问题或题目：孟子主张"民为贵"，书中的哪些篇章发挥这个意思呢？孟子的理想中，把政治分为王道的与霸道的两种，两种的区别怎样呢？孟子认为"王政"并不难行，他的论据又是什么呢？诸如此类，难以说尽。这些是比较深一点的。善于读书的人，一边读下去，一边自会提出一些问题或题目来，作为阅读的标的，辨识的头绪，或者初读时候提出一些，重读时候另外又提出一些。教学生略读，当然希望学生也能如此；但是学生习惯未成，功力未到，恐怕他们提不出什么，只随随便便地胡读一阵了事，就有给他们提示问题的必要。对于一部书，可提出的问题或题目，往往如前面说的，难以说尽。提得太深了，学生无力应付；提得太多了，学生又无暇兼顾。因此，宜取学生能力所及的，分量多少又得顾到他们的自修时间。凡所提示的问题或题目，不只教他们"神游冥想"，以求解答；还要让他们利用所有的凭借，就是序目、注释、批评、及其他参考书。在教师提示之外，学生如能自己提出，当然大可奖励。但是提得有无价值，得当不得当，还须由教师注意与指导。为养成学生的互助习惯与切磋精神起见，也可分组研究；令每组解答一个问题或题目，到上课时候报告给大家知道，再听同学与教师的批判。

　　以上说的，都是教师给学生的事前指导。以后就是学生的事情了——按照教师所指导的去阅读，去参考，去研究。在这一段过程中，学生应该随时作笔记。说起笔记，现在一般学生似乎还不很明白它的作用；只因教师吩咐要作笔记，他们就在空白本子上胡乱写上一些文字交卷。这种观念必须纠正。要让他们认清，笔记不是教师向他们要的赋税，而是他们读书学习不能不写的一种记录。参考得来的零星材料，临时触发的片段意思，都足以供排比贯穿之用，怎能不记录？极关重要的解释与批评，特别欣赏的几句或一节，就在他日还值得一再检览，怎能不记录？研究有得，成了完整的理解与认识，若不写下来，也许不久又忘了，怎能不记录？这种记录都不为应门面，求分数，讨教师的好；而只为于他们自己有益——必须这么做，他们的读书学习才见得切实。从上面的话看，笔记大概该有两大部分：一部分是碎屑的摘录；一部分是完整的心得——说得堂皇一点，就是"读书报告"或"研究报告"。对于初学，当然不能求其周密深至；但是敷衍塞责的弊病必须从开头就戒除，每抄一条，每写一段，总得让他们说得出个所以然。这样成了习惯，终身写作读书笔记，便将受用无穷，无论应付实务或研究学问，都可以从笔记方面得到许多助益。而在上课讨论的时候，这种笔记就是参加讨论的准备；有了准备，自不致茫然无从开口，或临时信口乱说了。

　　学生课外阅读之后，在课内报告并讨论阅读一书某一部分的实际经验；待全书读毕，然后作全书的总报告与总讨论，前面已经说过。那时候教师所处的地位与应取的态度，《精读指导举隅》曾经提到，不再多说。现在要说的是成绩考查的事。教师指定一本书教学生阅读，要他们从书中得到何种知识或领会，必须有个预期的标准；那个标准就是判定成绩的根据。完全达到了标准，成绩很好，固然可喜；如果达不到标准，也不能给他们一个不及格的分数就了事，必须研究学生所以达不到标准的原因——是教师自己的指导不完善呢，还是学生的资质上有缺点，学习上有疏漏？——竭力给他们补救或督促，希望他们下一次阅读的成绩比较好，能渐近于标准。一般指导自然愈完善愈好；对于资质较差，学习能力较低的学生的个别指导，尤须有丰富的同情与热诚。总之，教师在指导方面多尽一分力，无论优等的次等的学生必可在阅读方面多得一分成绩。单是考查，给分数，填表格，没有多大意义；为学生的利益而考查，依据考查再打算增进学生的利益，那才是教育家的存心。

以上说的成绩，大概指了解，领会以及研究心得而言。还有一项，就是阅读的速度。处于事务纷繁的现代，读书迟缓，实际上很吃亏；略读既以训练读书为目标，自当要求他们速读，读得快，算是成绩好，不然就差。不用说，阅读必须以精细正确为前提；能精细正确了，是否敏捷迅速却是判定成绩应该注意的。

五、作文论（节选）[①]

一、引言

人类是社会的动物，从天性上，从生活的实际上，有必要把自己的观察、经验、理想、情绪等等宣示给人们知道，而且希望愈广遍愈好。有的并不是为着实际的需要，而是对于人间的生活、关系、情感，或者一己的遭历、情思、想象等等，发生一种兴趣，同时仿佛感受一种压迫，非把这些表现成为一个完好的定型不可。根据这两个心理，我们就要说话、歌唱，做出种种动作，创造种种艺术；而效果最普遍、使用最利便的，要推写作。不论是愚者或文学家，不论是什么原料什么形式的文字，总之，都是由这两个心理才动手写作，才写作成篇的。当写作的时候，自然起一种希望，就是所写的恰正宣示了所要宣示的，或者所写的确然形成了一个完好的定型。谁能够教我们实现这种希望？只有我们自己，我们自己去思索关于作文的法度、技术等等问题，有所解悟，自然每逢写作，无不如愿了。

但是，我们不能只思索作文的法度、技术等等问题，而不去管文字的原料——思想、情感等等问题，因为我们作文，无非想着这原料是合理，是完好的，才动手去作。而这原料是否合理与完好，倘若不经考定，或竟是属于负面的也未可知，那就尽管在法度、技术上用工夫，也不过虚耗心力，并不能满足写作的初愿。因此，我们论到作文，就必须联带地论到原料的问题。思想构成的径路，情感凝集的训练，都是要讨究的。讨究了这些，才能够得到确是属于正面的原料，不致枉费写作的劳力。

或许有人说："这样讲，把事情讲颠倒了。宣示思想情感本来是目的，而作文是手段，现在因作文而去讨究思想、情感，岂不是把它们看做作文的手段了么？"固然，宣示思想、情感是目的，是全生活里事情，但是，要有充实的生活，就要有合理与完好的思想、情感；而作文，就拿这些合理与完好的思想、情感来做原料。思想、情感的具体化完成了的时候，一篇文字实在也就已经完成了，余下的只

---

① 叶至善、叶至美、叶至诚编：《叶圣陶集》第9卷，江苏教育出版社，1990年，第204—217页。

是写下来与写得适当不适当的问题而已。我们知道有了优美的原料可以制成美好的器物，不曾见空恃技巧却造出好的器物来。所以必须探到根本，讨究思想、情感的事，我们这工作才得圆满。顺着自然的法则，应当是这么讨究的，不能说这是目的与手段互相颠倒。

所以在这本小书里，想兼论"怎样获得完美的原料"与"怎样把原料写作成文字"这两个步骤。

这个工作不过是一种讨究而已，并不能揭示一种唯一的固定的范式，好像算学的公式那样。它只是探察怎样的道路是应当遵循的，怎样的道路是能够实现我们的希望的；道路也许有几多条，只要可以达到我们的目的地，我们一例认为有遵循的价值。

至于讨究的方法，不外本之于我们平时的经验。自己的，他人的，一样可以用来作根据。自己或他人曾经这样地作文而得到很好的成绩，又曾经那样地作文而失败了，这里边一定有种种的所以然。如能寻出一个所以然，我们就探见一条道路了。所以我们应当寻得些根据（生活里的情况与名作家的篇章一样的需要），作我们讨究的材料。还应当排除一切固执的成见与因袭的教训，运用我们的智慧，很公平地从这些材料里做讨究的工夫，以探见我们的道路。这样，纵使所得微少，不过一点一滴，而因为得诸自己，将永远是我们的财宝，终身用之而不竭；何况我们果能努力，所得未必仅止一点一滴呢？

凡事遇到需求，然后想法去应付，这是通常的自然法则。准此，关于作文的讨究似应在有了写作需要之后，没有写作需要的人便不用讨究。但是我们决不肯这样迟钝，我们能够机警地应付。凡是生活里重要的事情，我们总喜欢一壁学习一壁应用，非特不嫌多事，而且务求精详。随时是学，也随时是用。各学科的成立以此；作文的所以成为一个题目，引起我们讨究的兴趣，并且鼓动我们练习的努力，也以此。何况"想要写作"真是个最易萌生的欲望，差不多同想吃想喝的欲望一样。今天尚未萌生的，说不定明天就会萌生；有些人早已萌生，蓬蓬勃勃地几乎不可遏止了；又有些人因为不可遏止，已经做了许多回写作这件事了。不论是事先的准备，或是当机的应付，或是过后的衡量，只要是希望满足写作的愿望的，都得去做一番作文的讨究的工夫，可以说这也是生活的一个基本条件。

再有一个应当预先解答的问题，就是"这里所讨究的到底指普通文而言还是指文学而言？"这是一个很容易发生的疑问，又是一个不用提出的疑问。普通文与文学，骤然看来似乎是两件东西；而究实细按，则觉它们的界限很不清楚，不易判然划分。若论它们的原料，都是思想、情感。若论技术，普通文要把原料表达出来，而文学也要把原料表达出来。曾经有许多人给文学下过很细密很周详的界说，但是这些条件未尝不是普通文所期望的。若就成功的程度来分说，"达意达得好，表情表得妙，便是文学。"则是批评者的眼光中才有这程度相差的两类东西。在作者固没有不想竭其所能，写作最满意的文字的；而成功的程度究竟怎样，则须待完篇以后的评衡，又从哪里去定出所作的是什么文而后讨究其作法？况且所谓好与妙又是很含糊的，到什么程度才算得好与妙呢？所以说普通文与文学的界限是很不清楚的。

又有一派的意见，以为普通文指实用的而言。这样说来，从反面着想，文学是非实用的了。可是实用这个词能不能做划分的标准呢？在一般的见解，写作一篇文字，发抒一种情绪，描绘一种景物，往往称之为文学。然而这类文字，在作者可以留迹象，取快慰，在读者可以兴观感，供参考，何尝不是实用？至于议论事情、发表意见的文字，往往被认为应付实际的需用的。然而自古迄今，已有不少这类的文字被认为文学了。实用这个词又怎能做划分的标准呢？

既然普通文与文学的界限不易划分，从作者方面想，更没有划分的必要。所以这本小书，不复在标题上加什么限制，以示讨究的是凡关于作文的事情。不论想讨究普通文或文学的写作，都可以从这里得到一点益处，因为我们始终承认它们的划分是模糊的，泉源只是一个。

二、诚实的自己的话

我们试问自己，最爱说的是哪一类的话？这可以立刻回答，我们爱说必要说的与欢喜说的话。语言的发生本是为着要在人群中表白自我，或者要鸣出内心的感兴。顺着这两个倾向的，自然会不容自遏地高兴地说。如果既不是表白，又无关感兴，那就不必鼓动唇舌了。

作文与说话本是同一目的，只是所用的工具不同而已。所以在说话的经验里可以得到作文的启示。倘若没有什么想要表白，没有什么发生感兴，就不感到必要与欢喜，就不用写什么文字。一定要有所写才写。若不是为着必要与欢喜，而勉强去写，这就是一种无聊又无益的事。

勉强写作的事确然是有的，这或者由于作者的不自觉，或者由于别有利用的心思，并不根据所以要写作的心理的要求。有的人多读了几篇别人的文字，受别人的影响，似乎觉得颇欲有所写了；但是写下来的与别人的文字没有两样。有的人存着利用的心思，一定要写作一些文字，才得达某种目的；可是自己没有什么可写，不得不去采取人家的资料。像这样无意的与有意的勉强写作，犯了一个相同的弊病，就是模仿。这样说，无意而模仿的人固然要出来申辩，说他所写的确然出于必要与欢喜；而有意模仿的人或许也要不承认自己的模仿。但是，有一个尺度在这里，用它一衡量，模仿与否将不辩而自明，这个尺度就是"这文字里的表白与感兴是否确实是作者自己的？"拿这个尺度衡量，就可见前者与后者都只是复制了人家现成的东西，作者自己并不曾拿出什么来。不曾拿出什么来，模仿的讥评当然不能免了。至此，无意而模仿的人就会爽然自失，感到这必要并非真的必要，欢喜其实无可欢喜，又何必定要写作呢？而有意模仿的人想到写作的本意，为葆爱这种工具起见，也将遏抑利用的心思。直到确实有了自己的表白与感兴才动手去写。

像那些著述的文字，是作者潜心研修，竭尽毕生精力，获得了一种见解，创成了一种艺术，然后写下来的，写的自然是自己的东西。但是人间的思想、情感往往不甚相悬；现在定要写出自己的东西，似乎他人既已说过的，就得避去不说，而要去找人家没有说过的来说。这样，在一般人岂不是可说的话很少了么？其实写出自己的东西并不是这个意思；按诸实际，也决不能像这个样子。我们说话、作文，无非使用那些通用的言词；至于原料，也免不了古人与今人曾经这样那样运用过了的，虽然不能说决没有创新，而也不会全部是创新。但是，我们要说这席话，写这篇文，自有我们的内面的根源，并不是完全被动地受了别人的影响，也不是想利用来达到某种不好的目的。这内面的根源就与著述家所获得的见解、所创成的艺术有同等的价值。它是独立的；即使表达出来恰巧与别人的雷同，或且有意地采用了别人的东西，都不应受到模仿的讥评；因为它自有独立性，正如两人面貌相似、性情相似，无碍彼此的独立，或如生物吸收了种种东西营养自己，却无碍自己的独立。所以我们只须自问有没有话要说，不用问这话是不是人家说过的。果真确有要说的话，用以作文，就是写出自己的东西了。

更进一步说，人间的思想、情感诚然不甚相悬，但也决不会全然一致。先天的遗传，后天的教育，师友的熏染，时代的影响，都是酿成大同中的小异的原因。原因这么繁复，又是参伍错综地来的，这就形成了各人小异的思想、情感。那么，所写的东西只要是自己的，实在很难得遇到与人家雷同的情形。试看许多文家一样地吟咏风月，描绘山水，会有不相雷同而各极其妙的文字，就是很显明的例子。原来他们不去依傍别的，只把自己的心去对着风月山水；他们又绝对不肯勉强，必须有所写才写：主观的情思与客观的景物揉和，组织的方式千变万殊，自然每有所作都成独创了。虽然他们所用的大部分也只是通用的言词，也只是古今人这样那样运用过了的，而这些文字的生命是由作者给与的，终竟是唯一的独创的东西。

讨究到这里，可以知道写出自己的东西是什么意义了。

既然要写出自己的东西，就会连带地要求所写的必须是美好的：假若有所表白，这当是有关人间事情的，则必须合于事理的真际，切乎生活的实况；假若有所感兴，这当是不倾吐不舒快的，则必须本于内心的郁积，发乎情性的自然。这种要求可以称为"求诚"。试想假如只知写出自己的东西而不知求诚，将会有什么事情发生？那时候，臆断的表白与浮浅的感兴，因为无由检验，也将杂出于笔下而不自觉知。如其终于不觉知，徒然多了这番写作，得不到一点效果，已是很可怜悯的。如其随后觉知了，更将引起深深的悔恨，以为背于事理的见解怎能够表白于人间，贻人以谬误，浮荡无着的偶感怎值得表现为定形，耗己之劳思呢？人不愿陷于可怜的境地，也不愿事后有什么悔恨，所以对于自己所写的文字，总希望确是美好的。

虚伪、浮夸、玩戏，都是与诚字正相反对的。在有些人的文字里，却犯着虚伪、浮夸、玩戏的弊病。这个原因同前面所说的一样，有无意的，也有有意的。譬如论事，为才力所限，自以为竭尽智能，还是得不到真际。就此写下来，便成为虚伪或浮夸了。又譬如抒情，为素养所拘，自以为很有价值，但其实近于恶趣。就此写下来，便成为玩戏了。这所谓无意的，都因有所蒙蔽，遂犯了这些弊病。至于所谓有意的，当然也如上文所说的那样怀着利用的心思，借以达某种的目的。或者故意颠倒是非，希望淆惑人家的听闻，便趋于虚伪；或者谀墓、献寿，必须彰善颂美，便涉于浮夸；或者作书牟利，迎合人们的弱点，便流于玩戏。无论无意或有意犯着这些弊病，都是学行上的缺失，生活上的污点。假如他们能想一想是谁作文，作文应当是怎样的，便将汗流被面，无地自容，不愿再担负这种缺失与污点了。

我们从正面与反面看，便可知作文上的求诚实含着以下的意思：从原料讲，要是真实的、深厚的，不说那些不可征验、浮游无着的话；从写作讲，要是诚恳的、严肃的，不取那些油滑、轻薄、卑鄙的态度。

我们作文，要写出诚实的、自己的话。

三、源头

"要写出诚实的、自己的话"，空口念着是没用的，应该去寻到它的源头，有了源头才会不息地倾注出真实的水来。从上两章里，我们已经得到暗示，知道这源头很密迩，很广大，不用外求，操持由己，就是我们的充实的生活。生活充实，才会表白出、发抒出真实的深厚的情思来。生活充实的涵义，应是阅历得广，明白得多，有发现的能力，有推断的方法，情性丰厚，兴趣饶富，内外合一，即知即行，等等。到这地步，会再说虚妄不诚的话么？我们欢喜读司马迁的文，认他是大文家，而他所以致此，全由于修业、游历以及伟大的志操。我们欢喜咏杜甫的诗，称他是大诗家，而他所以致此，全由于热烈的同情与高尚的人格。假若要找反面的例，要找一个生活空虚的真的文家，我们只好说无能了。

生活的充实是没有止境的，因为这并非如一个瓶罐，有一定的容量，而是可以无限地扩大，从不嫌其过大过充实的。若说要待充实到极度之后才得作文，则这个时期将永远不会来到。而写作的欲望却是时时会萌生的，难道悉数遏抑下去么？其实不然。我们既然有了这生活，就当求它充实（这是论理上的话，这里单举断案，不复论证）。在求充实的时候，也正就是生活着的时候，并不分一个先，一个后，一个是预备，一个是实施。从这一点可以推知只要是向着求充实的路的，同时也就不妨作文。作文原是生活的一部分呵。我们的生活充实到某程度，自然要说某种的话，也自然能说某种的话。譬如孩子，他熟识了人的眨眼，这回又看见星的妙美的闪耀，便高兴地喊道："星在向我眨眼了。"他运用他的观察力、想象力，使生活向着充实的路，这时候自然要倾吐这么一句话，而倾吐出来的又恰好表达了他的想象与欢喜。大文家写出他每一篇名作，也无非是这样的情形。

所以我们只须自问，我们的生活是不是在向着求充实的路上？如其是的，那就可以绝无顾虑，待写作的欲望兴起时，便大胆地、自信地写作。因为欲望的兴起这么自然，原料的来源这么真切，更不用有什么顾虑了。我们最当自戒的就是生活沦没在虚空之中，内心与外界很少发生关系，或者染着不正当的习惯，却要强不知以为知，不能说、不该说而偏要说。这譬如一个干涸的源头，哪里会倾注出真实的水来？假若不知避开，唯有陷入模仿、虚伪、浮夸、玩戏的弊病里罢了。

要使生活向着求充实的路，有两个致力的目标，就是训练思想与培养情感。从实际讲，这二者也是互相联涉，分割不开的。现在为论列的便利，姑且分开来。看它们的性质，本应是一本叫作《做人论》里的章节。但是，因为作文是生活的一部分，所以它们也正是作文的源头，不妨在这里简略地讨究一下。

请先论训练思想。杜威一派的见解以为"思想的起点是实际上的困难，因为要解决这种困难，所以要思想；思想的结果，疑难解决了，实际上的活动照常进行；有了这一番思想作用，经验更丰富一些，以后应付疑难境地的本领就更增长一些。

思想起于应用，终于应用；思想是运用从前的经验来帮助现在的生活，更预备将来的生活。"这样的思想当然会使生活的充实性无限地扩大开来。它的进行顺序是这样："（一）疑难的境地；（二）指定疑难之点究竟在什么地方；（三）假定种种解决疑难的方法；（四）把每种假定所含的结果一一想出来，看哪一个假定能够解决这个困难；（五）证实这种解决使人信用，或证明这种解决的谬误，使人不信用。"在这个顺序里，这第三步的"假设"是最重要的，没有它就得不到什么新东西。而第四、第五步则是给它加上评判和证验，使它真能成为生活里的新东西。所以训练思想的涵义，"是要使人有真切的经验来做假设的来源；使人有批评、判断种种假设的能力；使人能造出方法来证明假设的是非真假。"

至此，就得归根到"多所经验"上边去。所谓经验，不只是零零碎碎地承受种种见闻接触的外物，而是认清楚它们，看出它们之间的关系，使成为我们所有的东西。不论愚者和智者，一样在生活着，所以各有各的自得的经验。各人的经验有深浅广狭的不同。所谓愚者，只有很浅很狭的一部分，仅足维持他们的勉强的生活；除此以外就没有什么了。这个原因当然在少所接触；而接触的多少不在乎外物的来不来，乃在乎主观的有意与无意；无意应接外物，接触也就少了。所以我们要经验丰富，应该有意地应接外物，常常持一种观察的态度。这样，将见环绕于四围的外物非常多，都足以供我们认识、思索，增加我们的财富。我们运用着观察力，明白它们外面的状况以及内面的情形，我们的经验就无限地扩大开来。譬如对于一个人，如其不加观察，摩肩相值，瞬即东西，彼此就不相关涉了。如其一加观察，至少这个人的面貌、姿态在意念中留下一个印象。若进一步与他结识，更可以认识他的性情，品格。这些决不是无益的事，而适足以使我们获得关于人的种种经验，于我们持躬论人都有用处。所以随时随地留意观察，是扩充经验的不二法门。由多所观察，方能达到多所经验。经验愈丰富，则思想进行时假设的来源愈广，批评、判断种种假设的能力愈强，造出方法以证明假设的是非真假也愈有把握。

假如我们作文是从这样的源头而来的，便能表达事物的真际，宣示切实的意思，而且所表达、所宣示的也就是所信从、所实行的，所以内外同致，知行合一。写出诚实的话不是做到了么？

其次，论培养情感。遇悲喜而生情，触佳景而兴感，本来是人人所同的。这差不多是莫能自解的，当情感兴起的时候，浑然地只有这个情这个感，没有工夫再去剖析或说明。待这时候已过，才能回转去想。于是觉得先前的时候悲哀极了或者喜悦极了，或者欣赏了美的东西了。情感与经验有密切的关系。它能引起种种机会，使我们留意观察，设法试证，以获得经验；它又在前面诱导着，使我们勇往直进，全心倾注，去享用经验。它给我们极大的恩惠，使我们这世界各部互相关联而且固结不解地组织起来；使我们深入生活的核心，不再去计较那些为什么而生活的问题。它是粘力，也是热力。我们所以要希求充实的生活，而充实的生活的所以可贵，浅明地说，也就只为我们有情感。

情感的强弱周偏各人不同。有些人对于某一小部分的事物则倾致他们的情感，对其它事物则不然。更有些人对于什么都淡漠，不从这方面倾致，也不从那方面倾致，只是消极地对待，觉得什么东西总辨不出滋味，一切都是无边的空虚，世界是各不相关联的一堆死物，生活是无可奈何的消遣。所以致此的原因，在于与生活的核心向来不曾接近过，永久是离开得远远；而所以离开，又在于不多观察，少具经验，缺乏切实的思想能力。（因此，在前面说思想情感是"互相联涉'分割不开的"，原来是这么如环无端，迭为因果的呀！）于此可见我们如不要陷入这一路，就得从经验、思想上着手。有了真切的经验、思想，必将引起真切的情感；成功则喜悦，失败则痛惜，不特限于一己，对于他人也会兴起深厚的同情。而这喜悦之情的享受与痛惜之后的奋发，都足以使生活愈益充实。人是生来就怀着情感的核的，果能好好培养，自会抽芽舒叶，开出茂美的花，结得丰实的果。生活永远涵濡于情感之中，就觉这生活永远是充实的。

现在回转去论到作文。假如我们的情感是在那里培养着的，则凡有所写，都属真情实感；不是要表现于人前，便是吐其所不得不吐。写出诚实的话不是做到了么？

我们要记着，作文这件事离不开生活，生活充实到什么程度，才会作成什么文字。所以论到根本，除了不间断地向着求充实的路走去，更没有可靠的预备方法。走在这条路上，再加写作的法度、技术等等，就能完成作文这件事了。

必须寻到源头，方有清甘的水喝。

六、写作是极平常的事 ①

这一回谈写作。写作就是说话，为了生活上的种种需要，把自己要说的话说出来；不过不是口头说话，而是笔头说话。各人有他要说的话，我写作是我说我的话，你写作是你说你的话。并没有话而勉强要说话，或者把别人的话拿来，当作自

---

① 叶至善、叶至美、叶至诚编：《叶圣陶集》第13卷，江苏教育出版社，1992年，第91－102页。

己的话，都是和写作的本意相违反的。写成的文字平凡一点，浅近一点，都不妨事，胸中只有这么些平凡的经验和浅近的情思，如果硬要求其奇特深远，便是勉强了。最要问清楚的是：这经验和情思是不是自己胸中的？把它写出来是不是适应生活上的需要？如果是的，那就做到了一个"诚"字了；写作和说话一样，"立诚"是最要紧的。

咱们小时候不会说话，学习又学习，渐渐的会说话了，其经过自己往往记不清楚。但是只要看小孩们学习说话的经过，就知道这是一串很自然可是很辛苦的工作。小孩要想吃东西的时候，就学着大人说"饭"或"吃"，要得到大人的爱抚的时候，就学着大人说"抱"或"欢喜"：这岂不是很自然的？但是，若把语音发错了，或者该说"吃"的却说了"抱"了，就不能满足他的欲望。他为要满足他的欲望，必须随时努力矫正，使说出来的刚好表白他的意念：这岂不是很辛苦的？从简单的一词一语起，直到能够说连续的一串话，能够讲一个故事，情形都如此。再进一步，他就要用笔说话了。想把教师的话记下来，就有写笔记的需要；想把自己的情意告诉许多同学，就有写一篇文字的需要；离开了家庭或朋友，就有写信的需要：因有需要，才拿起笔来说话，这正同他孩子时代说"吃"和"抱'一样的自然。但是，笔记记得不成样子，查看时候就弄不明白；情意说得不畅达，同学看了就莫明其妙，信写得糊里糊涂，接信的对方就摸不着头脑：在初动笔的时候，写不好几乎是必然的。从写不好到写得像个样子，这其间也要经过一段辛苦的学习过程。学习无非依傍人家，但消化的工夫还在自己。人家的笔记怎样记的？人家的情意怎样达的？人家的信是怎样写的？把人家的"怎样"看出来是一层，把自己的不"怎样"看出来是一层，把人家的"怎样"矫正自己的不"怎样"，使它成为自己的习惯，又是一层。到习惯养成了的时候，他才算学习及格，能够用笔说话了；用来应付生活上的种种需要，可得许多便利，和能够用嘴说话一个样。

我说以上的话，意在表明写作是极平常的可是极需要认真的一件事情。这个观念很关重要，非在学习写作的时候认清不可。从前科举时代，学生在书塾里学习写作，那是有一个特殊的目标的，就是：写成投合考官眼光的文章，希望在仕宦的阶梯上一步步爬上去。现在虽然仍旧有考试，但考试的性质和科举时代不同了；你若认为学习写作的目标只在应付几回升学考试、毕业考试或其他考试，你就根本没有弄明白写作对于你有什么意义。从前书塾里也有一些高明的先生，不仅要学生去应考试，他们对学生期望得更高，要学生成为著作家或文章家，写作的教学就以此为目标。这样的目标显然也是特殊的；现在的国文教师不自觉的承袭着这个传统的，似乎还有，如在"批语"中发挥"立言"或"著作"的大道理的，以及迫着学生揣摩"神气""阴阳"等抽象理法的，就是了。试想自古到今，成功的著作家或文章家有多少？即不说成功，想做著作家或文章家的又有多少？如果写作的目标只在做著作家或文章家，那末，让想做的人去学习好了，何必人人都学习？现在人人要学习写作，就因为把从前那种特殊目标丢开了，看出了它的平常，虽说平常，却又是人生所必需的缘故。说得具体一点，现在学习写作，并不为应考试，也不为要做著作家或文章家：只因为要记笔记，要把情意告诉别人，要写信给家庭或朋友，诸如此类。这些事都是极平常的，但做不来便是人生的缺陷。咱们不愿意有这种缺陷，所以非学习写作不可。

从前科举时代，作经义题目，是"代圣贤立言"，作策论题目，是代帝王划策。一个人对于经籍，如果确有所得，而所得又正与圣贤的见解相合，诚实地发挥出来，就迹象说，便是"代圣贤立言"：这并没有什么可议之处。一个人对于政治，如果确有真知灼见，或可以救一时之弊，或可以开万世之利，详尽的表示出来，就迹象说，便是代帝王划策：这也是很有意思的事儿。然而读经籍而能有所得，研究政治而能有真知灼见，只有极少数的人才办得到。科举制度却把文章的作用规定了，一般士子既要去应考试，学习写作就得顺着那方向走；你即使对于经籍毫无所得，也须代圣贤立言，你即使对于政治一窍不通，也须代帝王划策；只有极少数人办得到的事情，硬要多数人也勉强去做。试想其结果怎样？必然是言不由衷，语不切实，把人家的现成话抄袭一番，搬弄一番而已。这样的工夫做得到家，对于应考试是有益的，可以蒙考官录取；然而对于整个生活却是有害的，因为无论说话作文，最要不得的是言不由衷，语不切实，而那些人偏偏落在这个陷阱里。做不到家的更不必说了，一辈子学习写作，即不能取得功名，又没有在生活上得到什么便利，真是被笔砚误了一辈子。

现在并不是科举时代了，我为什么要说那时代写作教学的弊病呢？因为现在的教师、家长乃至青年自己，对于写作这回事，还有抱着科举时代的精神的；这种精神必须根本革除，否则写作便是生活上的赘瘤，说得过火一点，竟可以不必学习，学习比不学习更坏。抱着科举时代的精神，从什么地方可以看出来呢？教师出一些超过学生能力的题目给学生作，迫着学生写一些自己也不甚了了的话在本子上；这和从前硬要代圣贤立言代帝王划策没有两样，是科举时代的精神。认学习写作专为应付考试，升学考试毕业考试要出什么样的题目，平时便作什么样的题目；教师对学生说"作文要用功，考试才可以及格"；家长对子弟说"你的文字这么坏，考试怎么能及格"：这是科举时代的精神。把写作看作与生活无关的事儿，不写自己的经验和情思，临到动笔，便勉强找一些不相干的话来说，或是以青年人的身份学说老年人的话，或是以现代人的身份学说古代人的话；这是科举时代的精神。请读者诸君想想，这些现象是不是有的？如果有的，咱们非改变观念，消灭这些现象不可。观念改变了，这些现象消灭了，咱们才可以认真的学习写作。

认真的学习写作也不是什么艰难的事情。简单的说，自己有什么就写什么，就是认真。一件事物，你知道得清楚的，一个道理，你明自得透彻的，一个意思，你思索得周到的，一种情感，你感受得真切的，这些都是你自己的东西；如果为了需要须动手写作，你就以这些为范围。反过来说，自己没有什么而勉强要写什么，就是不认真。所以，没有弄清楚孔子的学术思想而论孔子之道，没有某种经验和想象而作某种小说，自己一毛钱也不捐而作劝人献金的传单，平时从不想到国家民族而作爱国家爱民族的诗歌，都是不认真。其次，写什么定要竭尽自己的能力把它写出来就是认真。你心里知道得清楚，明白得透彻，是一回事；把它写出来，大半是为了给人家看，人家看了你的文字，能不能知道得清楚，明白得透彻，又是一回事；两回事必须合而为一，你的写作才不是白费心力。理想的目标当然是写出来的刚好和你心里所有的一模一样，不多不少。但是把意念化为文字，要做到这般地步，事实上几乎不大可能；唯有竭尽你当时所有的能力，使写出来的差不多贴合你心里所有的，使人家看了你写出来的差不多看见了你的心。我说"所有的能力"，为什么在前边加一个"当时"？因为能力是逐渐长进的，在甲阶段不会有乙阶段的能力，要求躐等，实际上固然办不到，但本阶段的能力不可不尽，各阶段都有它的"当时"，每一阶段的"当时"都竭尽能力，你的写作就一辈子认真了。反过来说，写什么而马马虎虎，草率了事，就是不认真。所以，用一个词儿，不审察它的意义和用例，造一个句子，不体会它的句式和情调，以及提笔就写，不先把通体想一想，写完就算，不再把全文念几遍，以及不肯就自己的观点问一声"这写出来的是不是差不多贴合我心里所有的"，又不肯就读者的观点问一声"读者读了这文字是不是差不多看见了我的心"，都是不认真。认真的项目不过如上面所说的两个，普通人能如此，写作对于他是生活上非常有益的技能，终身受用不尽；就是著作家或文章家，也出不了这个范围，不如此而能成为著作家或文章家，那是不能想象的事情。

以上都是理论，现在要谈到方法了。学习写作的方法，大家知道，该从阅读和习作两项入手。就学习写作的观点说，阅读不仅在明白书中说些什么，更须明白它对于那些"什么"是怎么说的。譬如读一篇记述东西的文字，假定是韩愈的《画记》，要看出它是把画面的许多人和物分类记述的，更要看出像它这样记述，人和物的类别和姿态是说明白了，但人和物在画面的位置并没有顾到；更要明白分类记述和记明位置是不能兼顾的，这便是文字效力的限制，一篇文字不比一张照片。又如读一篇抒写情绪的文字，假定是朱自清的《背影》，要看出它叙述车站上的离别全在引到父亲的背影，父亲的背影是感动作者最深的一个印象，所以凡与此无关的都不叙述；更要看出篇中所记父亲的话都与父亲的爱子之心有关，也就是与背影有关，事实上离别时候父亲决不止说这些话，而文中仅记这些，这便是选择的工夫；更要看出这一篇抒写爱慕父亲的情绪全从叙事着手，若不叙事，而仅说父亲怎么怎么可以爱慕，虽然说上一大堆，其效果决不及这一篇，因为太空泛太不着边际了，抒情须寄托在叙事中间，这是个重要的原则。阅读时候看出了这些，对于写作是有用的。不是说凡作记述东西的文字都可以用《画记》的方法，凡作抒写情绪的文字都可以用《背影》的方法；但如果你所要写的正与《画记》或《背影》情形相类，你就可以采用它的方法；或者有一部分相类，你就可以酌取它的方法；或者完全不相类，你就可以断言决不该仿效它的方法。

《画记》和《背影》都是合适的成品的文字；阅读时候假如用心的话，即使遇到不合式不成品的文字，也可以在写作方面得到益处。那益处在看出它的毛病；自己看得出人家的毛病，当然可以随时检察自己，不犯同样的毛病。譬如，我近来收到一本杂志。中间有一篇小说，开头一节只有一句话："是零星点点的晨曦"。"曦"是"日色""日光""晨曦"是朝晨的阳光，朝晨的阳光怎么能用"零星点点的"来形容它呢？我想了一想，明白了，作者把"晨曦"误认作"朝晨"了，他的意思是那时间是清早，天上的星还没有完全隐没，所以说"是零星点点的晨曦"。他的毛病是用错词儿。我得了这个经验，写作时候便可以随时检察自己，看文字中有没有用错词儿，把甲义的词儿误认作乙义的。那篇小说的第二节是以下的话："在某战区某司令部的会议室中，集合着一群雄赳赳气昂昂的男女青年，他们都是不怕牺牲，忠勇爱国的英雄。"看了这一节，我就想：一篇表白欢情的文字，也许找不到一个"欢喜"或"快乐"，一篇表白悲感的文字，不一定把"悲伤""哀痛"等词儿写上一大堆；只要用了叙述和描写，把引起欢情或悲感的经过曲曲达出，在作者便是抒写了他的情绪；读者读了，便起了共鸣，也感到可喜或可悲。同样的情形，一群男女青年是"雄赳赳气昂昂的"，是"不怕牺牲，忠勇爱国的英雄"，只要用叙述和描写，把他们的思想、言语、姿态、行动曲曲达出，让人家读了，自己感到他们是"雄赳赳气昂昂的"，是"不怕牺牲，忠勇爱国的英雄"，就是了。何必预先来一个说明呢？倘若后文的叙述和描写没有达出这些，虽经预先说明，人家还是感觉不到。倘若后文的叙述和描写果能达出这些，这预先说明也是多事，不但不增加什么效果，反而是全篇的一个小小斑点。作者的毛病是误认说明可以代替表现。我得了这个经验，写作时候便可以随时检察自己，看文字中有没有该用表现的地方而用了说明的，有没有写了一大堆却不能使人家感觉到什么的。阅读若能这样随时留心，不但不合式不成品的文字对于咱们写作方面有益处，就是一张广告（如某种肥皂的广告上写道："完全国产，冠于洋货"），一个牌示（如某浮桥旁边县政府的牌示道："通过时不得互相拥挤以免发生危险"），也是咱们研摩的好资料。

至于习作，最好在实用力面下工夫。说清楚一点，就是为适应生活上的需要而写作，同时便认真的学习写作。如有信要写，有笔记要记，有可叙的事情要叙出来，有可说的情意要达出来，那时候千万不要放过，必须准备动笔。动笔以前，又必须仔细料量，这信该怎么写，这笔记该怎么记，这事情该怎么叙，这情意该怎么达，料量停当，然后下笔。完篇以后，又必须自己考核，这信是不是正是你所要写的，这笔记是不是正是你所要记的，这文字是不是正叙出了你所要叙的事情，这文字是不是正达出了你所要达的情意：考核下来，若是正是的，就实用说，你便写成了适应需要的文字；就学习说，你便增多了一回认真的历练。咱们当需要说话的时候，就能开口说话，因为咱们从小养成了这个习惯。若是从小受到禁遏，习惯没有养成，说话就没有这么便当了，甚而至于要不会说话。咱们学习写作，也要像说话一样养成习惯，凡遇到需要写作的时候，就提笔写作。错过需要写作的机会，便是自己对自己的禁遏。一回错过，两回错过，禁遏终于成功；于是你觉得一枝笔有千斤般重，搜尽肚肠好像没有一点东西可以写的，你不会写作了。提笔真是一件非常艰难的事情吗？你胸中真个没有一点东西可以写的吗？并不。你所以不会写作，只因为你没有养成写作的习惯。养成习惯的方法并不难，不过是要写就写，不要错过机会而已。你如果抱定宗旨，要写就写，那你的写作机会一定不少，几乎每天可以遇到。读一本书，得到了一点意思，经历一件事情，悟出了一个道理，与朋友谈话，自己或朋友说了有意义的话，参加一个集会，那景况给与自己一种深刻的印象，参观一处地方，那地方的种种对自己都是新鲜的有兴味的，这些时候，不都是你的写作机会吗？若把这些并在一起，通通写下来，便是日记。有些人常常劝人写日记，其一部分的理由，就在写日记便不致错过写作的机会；并不是教人写那什么时候起身什么时候睡觉的刻板帐。若把这些分开来，或单写读书得到的意思，或单写从事情中悟出的道理，便是或长或短的单篇文字。那时候你提起笔来，一定觉得你所要写的就在意念之中，而不在遥远不可知的地方；所以你不必沉入虚浮的幻想，也不致陷入惶惑的迷阵，只须脚踏实地，一步步走去就是。这样成了习惯，别的成就且不说，至少你的文字不会有空洞、浮夸、糊涂、诞妄等等毛病了。

现在再说由教师命题，咱们按题习作。咱们如果能不错过写作的机会，就得每天动笔写作；这样，练习已经很够了，教师命题可以说是多余的。教师所以要命题，就恐怕咱们错过机会，不肯要写就写，或是一星期不动一回笔，或是一个月不动一回笔；出了题，便逼得咱们非动笔不可。咱们对于命题习作，应该作这样看法。贤明的国文教师当然作这样看法。所以他们所命的题，往往是指定一个范围，那范围包含在咱们的经验和意念的大范围之内，教咱们就那范围写些出来。这样，虽然是教师命的题，实际上与咱们自己要写就写并无两样。举例来说，咱们各人有个家庭，对于家庭各人有种种的知识、情绪和感想：教师出一个《我的家庭》的题教咱们作，岂不是和咱们自己要就"我的家庭"写篇文字一个样子？又如咱们去参加"月会"，各人具有一种奋发的严肃的心情，听了演讲人的话，各人有所触发，有所警惕，或有所评判；教师出一人《月会》的题教咱们作，岂不是和咱们自己要就"月会"写篇文字一个样子？遇到这样的题，咱们自然如自己本来要写似的，径把胸中所有的写出来。不幸的是咱们有时遇见不甚贤明的教师，他们所命的题越出了咱们的经验和意念的范围，使咱们无从下手。如出了《师严而后道尊说》的题。咱们平时既没有想到"师"该怎样"严"的问题，又没有思索过什么叫做"道"，实在想胡说也无从说起。胡说是不应该的，何况胡说也办不到；那只有请求教师换过一个题了（因此交白卷闹风潮是不必的，教师虽不甚贤明，总该有一点儿贤明之处，可以帮助咱们的）。万一第二回出的题与《师严而后道尊说》不相上下，乃至第三回第四回还是如此，那咱们须特别警觉了：教师对于命题习作的看法和咱们全不一样，咱们要在写作方面求长进，更非随时要写就写，不错过机会不可了。

写作虽说就是说话，究竟与寻常口头说话有所不同。咱们寻常口头说话，想到一事说一句，看到一事又说一句，和人家谈话，问询这个是一句，回答那个又是一句。不要说一天工夫，就是把一点钟内的说话集拢来，便是噜噜苏苏不相连续的一大堆。写作决不是写下这么噜噜苏苏不相连续的一大堆。咱们要写作，必然有个主旨；前面所说读书得到的意思，从事情中悟出的道理，这些都是主旨。写作的时候，有关主旨的话才说，而且要说得正确，说得妥贴，说得没有遗漏；无关主旨的话却一句也不容多说，多说一句就是累赘，就是废话，就是全篇文字的一个疵点。这情形和当众讲话或演说倒有些相像；咱们站起来当众讲话或演说，也不能像平时一样杂七杂八的说，必须抓住一个主旨，让一切的话都集中在那主旨上头才行。有些人写作，写了一大堆，自己不知道说了些什么；拿给别人看，别人也不知道他说了些什么。这就是忘记了写作必然有个主旨的毛病。主旨是很容易认定的，只要问自己为什么要写作这篇文字，那答案便是主旨。认定了主旨，还得自始至终不放松它；写一段，要说得出这一段与主旨有什么关系；写一句，要说得出这一句对主旨有什么作用。要做到这地步，最好先开列一个纲要，第一段是什么，第二段是什么，然后动手写第一段的第一句。这个办法，现在有许多国文教师教学生照做了。其实无论哪一个写作，都得如此；即使不把纲要写在纸面上，也必须预先想定纲要，写在自己的心上。有些人提笔就写，写来很像个样子，好像是不假思索的天才；实则也不是什么天才，他们只因太纯熟了，预先想定纲要的阶段仅需一会儿工夫，而且准不会有错儿，从外表看，便好像是不假思索了。

一段文字由许多句子合成，句有句式；一句句子由许多词儿合成，词有词义。句式要用得妥帖，词儿要用得得当，全在平时说话和阅读仔细留心。留心的结果，熟悉了某种句式某个词儿用在什么场合才合式，写作的时候就拿来应用，那准不会有错儿。消极的办法，凡是不熟悉的句式和词儿，绝对不要乱用。一些所谓不通的文字，就是从不懂得这个消极办法而来的。不熟悉，用错了，那就不通了。如果在写下去的时候，先问问自己：这个句式这个词儿该是怎么用法？用在这里合式不合式？待解答清楚了再写，不通的地方即使还有，也不会太多了。一篇文字不能必须求其有特别长处，但必须求其没有不通之处；因为特别长处往往由于咱们的经验和意念有长处，这是平时的积聚，不能临时强求；而不通之处却是写作当时可以避免的，可以避免而不避免，就应用上说，便是不得其用，就态度上说，便是太不认真。

关于写作的话还有很多，这一次说得太长了，余下的留到以后再谈。

七、怎样教语文课

——在呼和浩特跟语文教师的讲话①

今天我只对语文教学问题谈一些个人的想法和看法，供同志们参考。如果有不对的地方，请大家提出来，以便彼此补充，互相纠正，得出比较正确的意见。

在语文教学中，近年来提出一个"文与道"的问题，大家讨论得很起劲，《文汇报》和《光明日报》上发表了很多文章。"文与道"的问题，原来不是语文教学方面的问题，而是文学创作方面的问题，即为什么要写文章和写些什么的问题。古代韩愈曾主张"文以载道"，也就是说作文章无非是要阐明"道"。古代所谓的"道"，具体内容是什么，我们且不去管它。用现代的话说，"道"就是政治思想。那么"文以载道"，就是说文章要表达政治思想，要为政治服务。另外有一派人不作这样想，他们从孔子的话"盍各言尔志"中取两个字，主张"文以言志"。他们认为写文章是表达自己的思想情感，不一定要讲什么大道理，有什么思想情感，就表达什么思想情感。一派"载道"，一派"言志"。但是实际上，主张"言志"的人所写的文章，谈的也是他们自己的"道"。可以这么说，没有无"道"的文章。换句话说，写文章总是反映作者的世界观。说得浅显一点，世界观就是人们对事物和周围环境的看法，大至宇宙世界，小至一花一草。有什么样的世界观就会写出什么样的文章，决不能脱离自己的世界观而写出文章来。在一篇文章中，或者明显地，直接地，或者曲折地，隐晦地，归根结底都是反映作者的看法。写山水的诗，也是反映作者的看法。写文章不比简单的拍照。即使以拍照来说，为什么要取这样一个场面，不取另外一个场面，为什么要从这个角度拍，不从另外一个角度拍，也都反映拍照的人的看法。因此，可以说文章没有不反映作者的看法的。

我们在学校中教语文，应如何对待"文与道"的问题呢？报纸上登的文章很多了。有些文章似乎把作者和教学工作者混起来了，好像是在谈创作问题。我认为对语文教学来说，只要把文章讲透了，也就是"文"与"道"兼顾了。那么怎样才算把文章讲透了呢？所谓讲透，就是让学生充分领会和消化文章的内容，变成他们自身的东西，化为他们生活中的一部分。比如教了某篇讲公社的文章。文章把公社描

---

① 叶至善、叶至美、叶至诚编：《叶圣陶集》第13卷，江苏教育出版社，1992年，第194－205页。

写的很好。老师把这篇文章讲了以后，仅使学生对公社的性质、组织有更明确的认识还不够，还应通过这篇文章使学生思想情感上有所变化和提高，从内心受到感染，更加热爱公社。同时还应把这篇文章的思维方法、语言的运用方法讲透。使学生学习了这篇文章以后，在思维方法和语言运用上也有变化和提高，能在生活中运用这种思维方法思考问题，运用这种语言说话写文章。在讲解的时候，一定要靠讲明语言的运用和作者的思路——思维的发展来讲内容。要知道作者为什么要这么说而不那么说，为什么用这一个词而不用那一个词，为什么用这种口气而不用那种口气，所有这些，都跟文章表达的内容密切相关的。不能把两者分开来讲，这一堂讲思想内容，另一堂专门讲语言；只有把两者结合起来，这堂课才算成功。总之，讲一课书，不仅是使学生多知道一些东西而已，重要的在使学生真实受用，不只是一天两天受用，而是一辈子受用。实际上，不仅是教语文如此，教其他各科都如此，要使学生一辈子受用。

讲透课文，这件事的本身就是一项重要的政治工作。在学校里，历史、地理、物理、化学等课是分科教学的，而在语文课本中，也选入一些关于社会科学和自然科学的文章。这些文章与各科的课本不同，往往富有文学意味。学校中单设有政治课，而语文教材中也选入一些政论文。因此，语文课除了该科本身的教学任务外，还要使学生获得各科的知识和教养，又不是代替各科。再说，人从会说话起就开始动脑筋，想心思，能养成良好习惯，终身受用不尽。如果我们通过语文课，训练学生从小就好好动脑筋，提高他们的思维能力和说话能力，这对他们的学习和将来的工作都有极大的好处。我们常说某人的语文水平跟不上知识水平，就是指思维能力和说话能力跟不上。因此，中央和各级教育部门都很注意语文训练，并已收到了一定的效果，但是还不够。有些人写不好工作中需用的文稿，有些人大学毕业了，当了助教，不能独立阅读必需参考的古籍，还得请人教。如果我们能在普通教育阶段，就把学生的语文水平提高到应有的水平，那不就是完成了一项很大的政治工作吗？至于讲一篇课文是否要外加政治思想内容，我想不需要了，把课文本身讲透就尽够了。刚解放的几年，很盛行离开课文讲一些大致与课文相同的政治道理。这个风气直到现在还没有完全改变。上半年我在四川参观一所学校，教师讲一篇诗"一家人"，这一家的成员都是公社的先进模范人物。教师的讲法并不是通过讲透课文使学生受到感染，有动于衷，发出"唔！""啊！"的感叹，真正爱慕这一家人，从而更热爱公社。教师的讲法是离开了课文大讲其公社，而把课文作为公社如何美好的例证。这位老师实际上是忘记了自己是在教语文课了。

有些教师往往说，"某篇文章看不出它有什么政治思想意义"，实际上是把政治思想意义看得太狭窄了。我是参加编课本的工作的，在编辑工作中也有类似的情形。总认为只有和当前形势和中心任务有关的文章才富有政治思想意义。要多一些政治，用心当然是好的。但是实际上，这样做不是政治多了而是政治少了，直到最近听了几次报告，才明白这个道理。再说，这种必须结合当前形势和中心任务的要求，报纸可以作到，杂志也可以作到，教科书是很难做到的，因为从编辑到出版总得花一年的时间。政治思想的范围是很广的。我们需要记住，我们所培养的是建设社会主义的接班人。他们要担当各方面的工作，所需要的知识是很广的。只要这样想，就可以跳出狭窄的小圈子，选材的范围自然会扩大了，凡是有助于培养合格的接班人的有教育意义的文章都可以选。而且除了课本之外，还有补充教材和乡土教材的教学时间，各地可以根据具体情况，选一些有关当前形势和中心任务的教材来讲授。看来这个想法，将会成为大家共同的想法。

语文课和其他课程有所不同，比如数学，不能没有加减乘除，比如历史，不能短少汉朝唐朝，而语文课则不然。中学六年，假定要教三百篇文章，是否非教课本上所选的三百篇不可呢？不一定。不教课本上这三百篇，而另选三百篇也可以，只要文章是好的，同样可以提高学生的政治思想和语文水平。这是说语文课的教材不像数学、历史等课的教材那样固定。当然，选入语文课本的文章，通过教学实践的检验，教学效果好的会越来越多，可以固定下来的篇目也会越来越多。

上边的话是从讲透说起的。现在再说说这个"讲"字。过去的所谓"讲"，就是教师讲给学生听。私塾中讲"四书五经"。"四书"大概先讲《论语》。"五经"大概先讲《左传》。讲的办法是逐句逐句的讲。到清末兴办新学堂，新学堂里分设各门课程，其中有一门就是国文。国文的讲法继承了讲"四书五经"的传统，也是逐句逐句的讲。这种讲法是不好的，只有少数优秀的教师不采用这种讲法。讲文言文，用逐句逐句讲的办法似乎还过得去，到了五四运动以后，小学课本全换成了语体文，中学里是语体文文言文都教，再用逐句逐句讲的办法，问题就出来了。比如"一天早上"该怎么讲呢？所以当时语文教师说语体文没法教。有的教师干脆把课本里的语体文放过不讲，只讲文言文，因为逐句逐句地讲还可以消磨四十五分钟。现在一部分学校中还在用逐句逐句讲的办法。我认为教文言文也不应该逐句逐句讲，至于逐句逐句讲语体文，那简直是浪费学生的时间和精力。所谓讲，应当理解为给学生以指点和引导，使学生逐步达到能自己阅读。假如一篇文章，学生能充分理解，那么教师就用不着讲了。解放后有一个时期，有些人反对学生预习，认为学生预习了，教师的主导作用就不能发挥了。现在是大部分人倾向于主张预习，我也主张预习。学生预习而领会了的就不必再讲。去年教育部派人到各地了解语文教学情况，也找了一些学生座谈。有一个学生说："老师讲的太多了，对我们没有好处。我们预习《粮食的故事》一课，读过几遍非常感动，几乎掉下泪来。后来老师在课堂上讲解，左分析，右分析，把一篇文章拆得零零碎碎，讲了些空泛道理，我们听了，反而把感动冲淡了。"这样看来，学生能够理解和领会的东西，教师完全可以不讲。学生了解不透领会不深的地方，才需要教师给以指点和引导，但是也不宜讲得很多很琐碎。教师要善于引导学生自己多动脑筋。适当地多动脑筋，脑筋是不会受伤的。学生自己动脑筋，得到的东西格外深刻，光听老师讲，自己不思考，得到的东西就不太深刻。经过老师指导，学生还是不能自己了解自己领会，那就只好由老师讲了，还得注意讲得多而啰唆不如讲得少而精。总之，讲的目的，在于达到不需要讲。如果一个老师能作到上课不需要讲，只做一些指点和引导，学生就能深刻理解，透彻领会，那就是最大的成功。这样作能使学生读了若干文章以后，能触类旁通，自己去领会别的文章。学生必须会自己读书，不能老是带着一位老师给他讲，所以我们要培养学生独立读书的能力。

要做到讲好，教师只熟悉一套课本是很不够的。你要讲透一篇文章，首先自己要喜爱这篇文章，知道这篇文章好在什么地方，对这篇文章有深刻的感受。作者写一篇文章，来源是多方面的，如思想修养、生活经验、组织能力、写作技巧等等。在这种种方面，教师如果有和作者相差不太远的水平，就能很好地理解这篇文章，把文章讲透，根据学生的实际指导学生阅读。死守一套课本就做不到这样。因此，要求教师多多读书，不断提高自己，力求达到与作者相差不远的水平。有的教师说："我只有一杯水，要教给学生一杯水，那是很难教好的。要教给学生一杯水，我至少要有一桶水，这样才能随机肆应，左右逢源。"这个意思很好。当然并不意味着教师要留一手，而是说只有教师自己懂得多，懂得广，懂得深，才能真正教好课文。

各地都有老师提出：政论文应该如何教？我认为政论文也和其他课文一样地教。现在觉得政论文不容易教，恐怕是有些老师对政治理论、方针政策和当前形势的学习不够，政治和历史知识还嫌欠缺的缘故。还有些人说教政论文怕讲错了犯错误，实际上你并不是写政论文而是讲人家的政论文，要是你能像其他文章一样地理解透彻，怎么会讲错呢？所以说，认为政论文不容易教，主要是个学习问题。学习要看怎样学，如果没有很好地动脑筋，真正下功夫去学，即使经常捧着书本还是得不到什么东西。有些人不看《人民日报》的社论，有些人看了，可是不求甚解，有些人不关心党的政策，不关心国内外的形势，这就很难怪对政论文觉得无从下手了。要能够很好地理解和分析政论文，非得加强学习下苦功不可。

政论文往往有一百个字以上的长句子，这就需要运用语法知识把它剖析清楚，看哪是主语，哪是主要动词，哪些是句子的主要成分，哪一个词语是修饰哪一部分的，限制哪一部分的。然后再看第二句和第一句是什么关系，第三句和第二句又是什么关系，第二段和第一段是什么关系，第三段和第二段又是什么关系，以至通篇是如何结构的。重要的地方可以用红笔蓝笔分别划出来。只要经常这样练习，有几个月的功夫就熟练了。碰到一篇文章，一看就会知道这篇文章为什么提出这个问题，论点论据有哪些，思路是怎样展开的，怎样推理和得出结论的。这个办法并不难做，大家不妨试试看。

现在大家都很注意语文课中的基本训练，基本训练确然要加强。在基本训练中，最重要的还是思维的训练，不要只顾到语言文字方面，忽略了思维的训练。各门功课都和思维的训练有关，特别是语文课是着重训练思维的。语言是和思维分不开的。语言是思维的固定形式。只有想清楚了才能说清楚。我们常说某人说话写文章没有条理。没有条理，就因为他没有养成很好的思维习惯，乱七八糟地想了，也就乱七八糟地说了写了。所以教语文的一项很重要的任务就是训练学生的思维，训练思维的材料就是课文。一篇篇的课文都是作者动了脑筋写出来的。在学习一篇文章时，就要学习作者是怎样动他的脑筋的，看作者是怎样想和怎样写的。教师一方面给学生指点和引导，一方面督促学生练习，这就是训练。语言的训练，要让学生在语言实践中去领会，去比较，这从小学阶段起就应注意。小孩从小就学会说话，说一些简单的话是不会违反语法的，但是说一些复杂的话，就不免要犯语法上的错误。我们给学生一些语法训练，目的就在使他们由不自觉达到自觉，即使说复杂的话也能百分之百的准确，不犯语法错误。如果使学生自觉地知道为什么这句问话后边该用"吗"，那句问话后边该用"呢"，那么他们在任何时候用"吗"用"呢"都不会用错了。在中学里还要教一些修辞的知识，篇章结构的知识，这些方面的知识化为思维和语言的习惯了，运用的时候就会自觉地不犯错误。对于我们当老师的来说，应当系统地学习语法修辞等知识，达到非常熟练。但是在教学生时，不宜像你自己学习的时候一个样，只要教一些最简要的，主要在使学生能实际运用。我们过去编的一部汉语课本就没有注意这一点。学生不是专门研究语法修辞的，所以教师不需要把自己所知道的全都教给学生，只要让学生知道和掌握所需要的最基本的东西就够了。前边说过，在语文课的基本训练中，语言文字的训练和思维的训练关系很密切，所以我希望老师们把心理学中语言和思维的关系问题好好地看看。这也不是为了教给学生，而是为了指导学生和改进我们的语文教学工作。

在基本训练方面，有人说有些老师要求的不严格。所谓要求严格，并不是说要留很多作业，让学生连吃饭睡觉和玩的时间都没有，而是说学生应该掌握的东西如果还没有掌握，教师就决不放手，直到学生切实把这些知识变成生活里的东西才罢休，不能认为教过一次就算了。比如写字问题，现在有些学生写字很不认真，潦潦草草，一篇文章里有几十个错别字。这不仅是基本训练不够的问题，也是学习态度不够端正的问题。如果一个学校的风气好，各科老师都注意这个问题，学生的学习态度端正，写起字来就不会那么潦草，不会那么错误。兰州职工子弟小学有一位李景兰老师。她教的学生个个写字都好，错字也很少。原因是这位老师把学生的学习态度培养好了。假若一个班的学生学习态度好，不仅写字写得好，读书也一定认真仔细。反之，写字马虎潦草的学生，他们读起书来难道会认真仔细吗？对于一个个字，你要是不动脑筋去分辨，写字时不能心到手到，那总是容易写错的。仔细辨认，养成手到心到的习惯，那就不会错了。对于错别字问题，大家很伤脑筋。这个问题要从根本上解决，就是端正学习态度，造成事事认真的风气。我们对写字的要求很简单，只要求笔画清楚，不错，无论横写竖写，行款整齐，这就够了，并不要求学生成为书法家。写字的基础在小学就应该打好。

作文教学应当和阅读教学联系起来。把课文讲好，使学生学习每篇文章的思路是怎样发展的，语言怎样运用的，这就是很好的作文指导。不要把指导阅读和指导作文看成两回事。平时让学生作文，出题非常重要。要让学生写他们知道的或者经历过的事物。如组织学生到什么地方去参观，就让学生写参观所看到的东西。总之，要让学生写脑子里有的东西。现在学校里，老师和学生经常接触，不像旧社会的学校那样，师生只在课堂上见见面，现在的老师是完全有条件知道学生脑子里有什么没有什么的。

作文教学要收效，我认为首先要做到以下两点：第一，让学生深刻理解作文的重要。在现代的社会里，光靠口说是不够的，处处需要动笔写。动笔写文章应该是人人必须具备的一种技能；第二，让学生喜欢作文，对作文深感兴趣。现在有些学生怕作文，我家几个孙子里就有怕作文的。学生怕作文，不能完全怪学生，恐怕老师也有责任。比如出的作文题，学生没有什么可说的，或者学生作文中有些优点，没有适当地给他鼓励，这些都会使学生扫兴，渐渐讨厌作文。如果学生觉得作文并不重要，又没有兴趣，作文还能作好吗？所以教师应千方百计地引导学生，使他们懂得作文的重要，使他们喜欢作文。至于如何做到这两点，请老师们多想办法。

要教好作文，老师自己也要常常动笔，深切体会作文的甘苦。这样才能作切实的指导，光给学生讲一些作文的方法是不够的。

再说作文的批改问题。在作文教学中，事先指导得好，批改就容易，事先指导得不好，那高高的一叠作文本，批改起来真有点儿可怕。批改的时候，通行在学生的作文后边加批语，这是旧社会传下来的，不管是否需要，往往空空洞洞地批八个大字，如"清畅流利"之类，这实在没有多大意义，不如实事求是，在横头加一些小批语，指出学生作文中的优点或毛病。对全篇确有可说的，就加批语，如学生进步很快，总的优点在哪儿等。如没有什么可说的，就可以不批。

教师改作文，对于那些改动的地方，必须说得出所以改动的理由来。为什么这几个字多了？为什么这句话不通顺？为什么这个词用的不对？为什么要添几个字或者去掉几个字？老师要想清楚了再改动。所谓改动，实际是改学生的思维，是帮助学生把那些想得不完整的地方改正过来。教师不要替学生写文章，不要把学生的文章勾掉抹掉，再大段大段地替他说些话。假如学生作文中出现了一些反动的话，这就不是怎么给他改的问题了。必须引起所有学校教师的注意，共同来找一下原因，研究这个学生为什么会说出这样的话来。这应当是全校教育工作中的问题，不只是语文教学中的问题。在批改方面还有很重要的一点，就是必须想种种办法使学生注意和了解他的作文为什么要这么改。这一点要是做不到，学生对改过的地方毫不理会，那么你辛辛苦苦的批改功夫就白下了。每个学生如果能每个学期轮到一回，当面看老师批改，或者与老师共同商量着改，那是很有好处的。或者老师和几个学生在一起改，让一个学生读，大家来听。看哪里多了字，哪里少了字，哪个词用的不确切，哪里不通顺，毛病在什么地方。找出这些毛病以后，如果学生经过思索自己能改正，教师就不用改了。如果学生感到困惑，不知道该怎么改才合适，教师再给他启发指导，或帮助他改。这个办法对学生的帮助很大，不仅在学校里，对自己的子弟也可以试一试。如果能多来几回，学生的作文一定会进步很快。

还有一个问题，如果学生喜欢写文艺作品，教师是没有理由反对的，应该帮助他。但是必须明确，语文课并不是要学生搞创作，并不是培养作家的。那是另外一回事。

我说了很多，不甚有条理，占用大家很多时间，对大家帮助不大，非常抱歉！

八、大力研究语文教学　尽快改进语文教学①

讨论语言学科的研究规划，我想，规划里总得有一项，研究中小学的语文教学，给语文教学提供切实有效的帮助。

我跟中小学语文教师有所接触。他们在砸碎了"四人帮""两个估计"的精神枷锁之后，思想得到解放，急切盼望投入教育革命的行列，把自己担任的语文教学工作搞好。但是，对于怎样提高语文教学的效率，他们感到缺少办法。问我有什么办法，我很惭愧，我没有。

近来几个月里，各地方出版了一些有关语文教学的刊物，多是师范院校办的。刊物的编辑同志给我来信，问我做好语文教学工作有什么窍门，我很惭愧，我答不出。

我为什么不能满足语文教师和编辑同志的期望，就得说到我当教师的经历和感想。

我开始当教师在民国元年（一九一二年），担任的是初等小学二年级的级任教员，教国文和算术。当时的小学国文课本是文言，教国文，就是教认字，用本地方言讲课本上的文言。这个办法跟私塾一个样。

我小时读私塾，先读《三字经》《千字文》，然后是《四书》《诗经》《易经》。都要读熟，都要在老师跟前背诵，背得出了，老师才教下去。每天还要理书，就是把先前背熟了的书轮替温理一部分，背给老师听。这样读书是怎么一回事呢？一是广泛地认字，二是学说古代的书面语言，那是跟任何地方的方言都不相同的一种语言。然后读《左传》，这才开始听老师讲。《左传》开头是"郑伯克段于鄢"，什么叫"克"，什么叫"于"，老师给讲成苏州方言，我明白了。

我开始当教师，干的就是跟私塾老师同样的事。不过也有所不同，一是并不先教学生广泛地认字，二是一开头就讲，就用本地方言讲课本上的文言。

我想，这样教法大概很古了吧。汉朝的大师传经授书，讲究声音训诂，后代人看来似乎很了不起，可是按实际一想，跟私塾老师教我，我教小学生相差并不多，无非是讲书。

从清朝末年废止科举，开办新式学校，直到民国初年我当小学教员的时候，小

---

① 叶至善、叶至美、叶至诚编：《叶圣陶集》第13卷，江苏教育出版社，1992年，第226–238页。

学中学教国文跟古代一脉相承，还是讲书。因为小学国文课本是文言（前面已经说过），也选些短篇古文，中学国文教材几乎全是名家古文。其他各科的课本也用文言编写。是文言，就得讲。因而各科教员都讲书，数学教师讲数学书，理化教师讲理化书，史地教师讲史地书。因而各种功课几乎都是国文课。

白话文（又叫语体文，就是用现代语写录的书面语言）从什么时候起用作小学教材，我记不确切了，大概在五四运动前后。白话文开始在中学课本里占地位，我记得是一九二三年的事，那一年公布新学制中小学各科的课程标准（相当于现在的教学大纲）。当时小学的"国语"、中学的"国文"相当于现在的语文课。中学国文课程标准是这样规定的：初中阶段，白话文和文言文掺合着教，各年级比率不同，低年级白多文少，高年级文多白少；高中阶段完全教文言。三个年级选教材的方法不同，一年级按记叙文、说明文等文体来选，二年级按《诗经》《楚辞》等文学史的顺序来选，三年级按《老子》《荀子》等思想史上的流派来选。这可见那时候的教些白话文只是顺应潮流，主要目的是归结到古文，而且诗词歌赋、诸子百家都要叫中学生尝一尝，大大超过了科举时代的童生的阅读范围。

那时候我主要做编辑工作了，先后兼教几所中学的高年级，教材是文言文，当然照老办法讲。白话文没教过，可是我想，如果教，大概还是照老办法讲。白话文里很有些文言成分，可以讲。白话文大体是现在所谓普通话，普通话跟本地方言不同的部分也可以讲。但是可讲之处总不及文言文那么多。因此有些教师常常说，文言文"有讲头"，白话文"没讲头"。

从一九二三年到如今，五十五年了，编选教材的办法屡次变更，可是有一点没有变，就是中学里白话文和文言文掺合着教。教法也有所变更，从逐句讲解发展到讲主题思想，讲时代背景，讲段落大意，讲词法句法篇法，等等，大概有三十来年了。可是也可以说有一点没有变，就是离不了教师的"讲"。而且要求讲"深"，讲"透"，那才好。教师果真是只管"讲"的吗？学生果真是只管"听"的吗？一"讲"一"听"之间，语文教学就能收到效果吗？我怀疑好久了，得不到明确的答案。还有，对于白话文和文言文掺合着教，我也怀疑已久。学文言文究竟是什么目的？掺合着学会不会彼此相妨而不是彼此相成？问题还有好些，我当然也得不到答案。我说到这里，同志们就可以知道我开头说的不能满足语文教师和编辑同志的期望的所以然了。我的经历只是讲书，有什么可以贡献的呢？

前些日子《人民日报》登载吕叔湘同志的《语文教学中两个迫切问题》，引起广大读者的注意，尤其是教育工作者和担任语文课的教师。文章里说："十年的时间，二千七百多课时，用来学本国语文，却是大多数不过关，岂非咄咄怪事？"文章里说："少数语文水平较好的学生，你要问他的经验，异口同声说是得益于课外看书。"文章里问："是不是应该研究研究如何提高语文教学的效率，用较少的时间取得较好的成绩？"就这几句话，尽够发人深省的了。

我想，从前读书人十年窗下，从师读书，不管他们后来入不入仕途，单说从老师那里真得到益处，在读书作文方面真打下基础，不至于成为似通非通的孔乙己的，不知道占多少比率。向来没有作过统计，当然没法知道占多少比率。但是我武断地想，恐怕不会很多吧。从前那些读书读通了的人，那些成为学问家著作家的人，可能是像叔湘同志所说的"得益于课外看书"（就是说，脱出塾师教读的范围），或者是碰巧遇到个高明的塾师，受到他高明的引导，因而打下了坚实的基础的吧！

假如我的猜想有点儿对头，那么咱们如今的语文教学再不能继承或者变相继承从前塾师教读的老传统了。从前读书人读不通，塾师可以不负责任，如今普通教育阶段的语文教学却非收到应有的成绩不可。语文是工具，自然科学方面的天文、地理、生物、数、理、化，社会科学方面的文、史、哲、经，学习、表达和交流都要使用这个工具。要做到个个学生善于使用这个工具（说多数学生善于使用这个工具还不够），语文教学才算对极大地提高整个中华民族的科学文化水平尽了分内的责任，才算对实现四个现代化尽了分内的责任。以往少慢差费的办法不能不放弃，怎么样转变到多快好省必须赶紧研究，总要在不太长的时期内得到切实有效的改进。

实践出真知，语文教学的实践者是教师，因此研究语文教学如何改进，语文教师责无旁贷。个人研究总不及集体研究，学校里已经恢复了教研组，集体研究就很方便。几个学校的教研组互相联系，交流研究和实践的结果，那是集思广益的好途径。

语言学科的工作者有的兼任语文教师，就是不任教师的，研究的东西往往跟语文教学有关联。因此，语言学科的工作者是语文教师最亲密的伙伴，义不容辞，要为改进语文教学尽力，提供切实有效的帮助。

我在这里恳切地呼吁，愿语文教师和语言学科的工作者通力协作研究语文教学，做到尽快地改进语文教学！

至于我，以往的经历只是讲书，跟从前的塾师一个样，够可笑的。后来不当教师了，讲主题思想讲时代背景之类我都没干过，只在不多几所中学小学里参观过语文的课堂教学，只看过些中学生小学生的作文本子。参观了，看了，不免有些感想。是感想，不能不主观，又难免片面，但是也不妨说出来请同志们指教。

我还要说教师只管"讲"这回事。我想，这里头或许有个前提在，就是认为一讲一听之间事情就完成了，像交付一件东西那么便当，我交给你了，你收到了，东西就在你手里了。语文教学乃至其他功课的教学，果真是这么一回事吗？

我想，课堂教学既然是一讲一听的关系，教师当然是主角了，学生只处在观众的地位，即使偶尔举举手答个问题，也不过是配角罢了。这在学生很轻松，听不听可以随便。但是，想到那后果，可能是很不好的。学生会不会习惯了教师都给讲，变得永远离不开教师了呢？永远不离开教师是办不到的，毕业了，干什么工作去了，决不能带一位教师在身边，看书看报的时候请教师给讲讲，动笔写什么的时候请教师给改改。那时候感到不能独自满足当前的实际需要，岂不是极大的苦恼？

我又想，口耳授受本来是人与人交际的通常渠道之一，教师教学生也是人与人交际，"讲"当然是必要的。问题可能在如何看待"讲"和怎么"讲"。说到如何看待"讲"，我有个朦胧的想头。教师教任何功课（不限于语文），"讲"都是为了达到用不着"讲"，换个说法，"教"都是为了达到用不着"教"。怎么叫用不着"讲"用不着"教"？学生入了门了，上了路了，他们能在繁复的事事物物之间自己探索，独立实践，解决问题了，岂不是就用不着给"讲"给"教"了？这是多么好的境界啊！教师不该朝这样的好境界努力吗？再说怎么"讲"。我也曾经朦胧地想过，知识是教不尽的，工具拿在手里，必须不断地用心地使用才能练成熟练技能的，语文教材无非是例子，凭这个例子要使学生能够举一而反三，练成阅读和作文的熟练技能；因此，教师就要朝着促使学生"反三"这个标的精要地"讲"，务必启发学生的能动性，引导他们尽可能自己去探索。倾箱倒箧容易，画龙点睛艰难，确是事实，可是为了学生的长远利益，似乎不应该怕难而去走容易的途径。这就需要研究。此外如布置作业，出些练习题，指定些课外阅读书，着眼在巩固学生的记忆固然有其必要，可是尤其重要的是要考虑到如何启发学生，把所学的应用到实际生活的各方面去。这就需要研究。说也说不尽，总而言之，我以为学生既然要一辈子独自看书作文，语文教学就得着眼在这一点上，为他们打下坚实的基础。如何打下这样的基础是研究的总题目。

关于中学里教不教文言文，我们少数几个朋友曾经商谈过，得到几个想法，现在简单说说。

　　一个想法是中学里不教文言文。什么理由呢？回答是：绝大多数中学毕业生只要把现代语文学通学好就可以了，往后他们在工作中在进修中都用不着文言文。至于少数进大学学古代史、古典文学之类的，当然要跟古代语文打交道，只要他们真的把现代语文学通学好了，只要他们有足够的常识，进了大学花一年的时间集中学习古代语文，应该就能管用。如果问：现代语文里有一些古代语文的成分，怎么办？回答是：这就在学习现代语文的时候学，不必为了那么点东西花费许多工夫去学古代语文。凡是古代书籍对现代人普遍有用的，应当组织力量把它正确地改写成现代语文，让读者直捷爽快地接触它的实质，而不是凭不容易认清楚的古代语文的外貌而去揣摩它的实质。西方有中等文化程度的人都多少知道些古典的东西，荷马的神话故事，亚里斯多德的哲学，莎士比亚的《哈姆雷特》，等等，他们都不是读这些作者的原著才知道的，他们是从改写成现代语文的书本里知道的。而咱们要学生都来学古代语文，这里头仿佛含有这么个意思：你们要接受古来的遗产吗？好，你们学习古代语文吧，学通了古代语文，然后自己想办法去了解那些古东西吧。假如果真是这么个用意，距离"现代化"岂止十万八千里？

　　我们几个朋友再一个想法是中学的语文课本全是现代文，另外编一种文言读本，供一部分学生选修。假如学制变更，文理分科，那么这个文言读本在文科是必修。

　　再一个想法是语文课本里还是编入一部分文言文，但是不像现在这样"雨夹雪"似的，要相对地集中（这又可以有几种集中的办法）。

　　至于教文言文，我们几个朋友都相信，像我曾经干过的那样逐句逐句翻译成现代语或当地方言就算了事的办法必须坚决放弃。教文言文和教现代文当然有共通之点，也必然有教文言文的特殊之点，我想，什么是特殊之点又是需要研究的一个题目。

　　关于作文教学，我想，大概先得想想学生为什么要学作文。要回答似乎并不难，当然是：人在生活中在工作中随时需要作文，所以要学作文，在从前并不是人人需要，在今天却人人需要。写封信，打个报告，写个总结，起个发言稿，写一份说明书，写一篇研究论文，诸如此类，不是各行各业的人经常要做的事吗？因此要求学生要学好作文，在中学阶段打下坚实的基础。至于作诗作小说，并不是人人所需要，学生有兴致去试作，当然绝对不宜禁止，但是这并非作文教学的目标。

　　从前读书人学作文，最主要的目标在考试，总要作得能使考官中意，从而取得功名。现在也有考试，期中考试，期末考试，还有升学考试。但是，我以为现在学生不宜存有为考试而学作文的想头。只要平时学得扎实，作得认真，临到考试总不会差到哪里。推广开来说，人生一辈子总在面临考试，单就作文而言，刚才说的写封信打个报告之类其实也是考试，不过通常叫作"考验"不叫作"考试"罢了。学生学作文就是要练成一种熟练技能，一辈子能禁得起这种最广泛的意义的"考试"即"考验"，而不是为了一时的学期考试和升学考试。假如我的想头有点儿对头，那么该如何给学生做思想工作，使他们有个正确的认识，也是需要研究的。

说到做思想工作，还得加说一段。粉碎"四人帮"以前的几年里，中小学也是重灾区，若干学校的课堂秩序乱了，课都上不成了，哪还顾得上什么作文？即使是勉强还能上课、还能叫学生作文的学校，有一种现象并不是个别的，就是学生作文尽找当时受"四人帮"控制的《人民日报》来乱抄，不仅中学生，小学的高年生就如此。这个极端恶劣的影响决不可忽视。不要以为"四人帮"被粉碎了，影响就消失了。在作文教学中，首先要求学生说老实话，绝不容许口是心非，弄虚作假。譬如学生作文说他自己学雷锋，曾经搀扶一位老太太过马路，就首先要问有没有这回事，其次才看写得好不好。要是根本没有这回事，那就可见这个学生所受"四人帮"的影响还在他身上作怪，那就必须恳切地严肃地对他做思想工作，直到彻底消毒才罢休。"教学工作"也就是"教育工作"，认真负责的教师不该如此吗？说假话之外，还有说套话，说废话，说自己也莫名其妙的话，等等，都是"四人帮"的歪文风，谁沾上了，谁就不能作成适用的文，在生活中在工作中禁得起随时遇到的考验。因此，当前作文教学有一项迫切的任务，就是杜绝"四人帮"的歪文风的一切影响。请教同志们，我这么说对不对？

现在说一说命题作文。咱们平时作文，总是为了实际需要，刚才已经说过。而教师出个题目让学生作文的时候，学生并没有作文的实际需要，只因为要他们练习作文，才出个题目让他们作。就实际说，这有点儿本末倒置，可是练习又确乎必不可少。因此，命题作文只是个不得已的办法，不是合乎理想的办法。

我曾经想，我当教师的时候师生只在课堂里见面，出了课堂就难得碰头了；现在可不然，在课外师生也常在一块儿，因此，学生平时干些什么，玩些什么，想些什么，教师都多少有个数。有个数，出题目就有了考虑的范围；就叫学生把干的、玩的、想的写出来，他们决不会感到没有什么可写。再加上恰当地鼓动，引起他们非写出来不可的强烈欲望。那么，他们虽然按教师的题目作文，同时也是为了实际需要而作文了。命题作文既然是不得已的办法，总要经常顾到学生有什么可写，总要想方设法鼓动他们的积极性，使他们觉得非写出来不可。我料想，必然有好些教师已经这么做，而且有了具体而有效的方法了；那是很值得提供给大家研究观摩的。

我又曾经想，能不能从小学高年级起，就使学生养成写日记的习惯呢？或者不写日记，能不能养成写笔记的习惯呢？凡是干的、玩的、想的，觉得有意思就记。一句两句也可以，几百个字也可以，不勉强拉长，也不硬要缩短。总之实事求是，说老实话，对自己负责。这样的习惯如何养成，我说不出方法和程序来。我只觉得这样的习惯假如能够养成，命题作文的办法似乎就可以废止，教师只要随时抽看学生的日记本或笔记本，给他们一些必要的指点就可以了。不知道我这样想是不是太偏了。

最后说一说改作文。我当过教师，改过学生的作文本不计其数，得到个深切的体会：徒劳无功。我先后结识的国文教师语文教师不在少数，这些教师都改过不计其数的作文本，他们得到的体会跟我相同，都认为改作文是一种徒劳无功的工作；有的坦率地说，有的隐约地说，直到最近，还听见十几位教师对我坦率地说。徒劳无功，但是大家还在干，还要继续干下去，不是很值得想一想吗？

改作文不知道始于何朝何代，想来很古了吧。从来读书人笔下有通有不通，因教师给改而通了的究竟占百分之几，当然没有统计过。我想，自古以来肯定作文必得由教师改，大概有个作为前提的设想在，那就是教师费心费力地改，学生必然能完全理解，而且全部能转化为作文的实际能力。这样的设想，如今在四五十人的班级里实在是难以实现的。首先得算算，四五十本作文本全都给"精批细改"要花多少时间和精力，教师办得到吗？即使办得到，把作文本发还学生就完事了吗？假如学生不完全理解你的用意，岂不就是白费？那就还得给四五十个学生说明为什么这么改，这又要花多少时间和精力？教师办得到吗？即使办得到，可是学生听了教师这一回的说明，知道了该这样写不该那样写，未必就能转化为作文的实践能力，因而下一回作文又那样写了；那岂不是照旧要给他"精批细改"，再来个循环？再说，任何能力的锻炼总是越频繁越好，而教师的时间和精力有限；因而中小学的作文每学期不过五六次，有些学校有大作文和小作文，加起来也不过十次光景。就学生作文能力的锻炼说，实在太少了；就教师改作文的辛劳说，实在太重了。尽管费心费力，总收不到实效，于是来了"徒劳无功"的共同感慨。

我想，学生作文教师改，跟教师命题学生作一样，学生都处于被动地位。能不能把古来的传统变一变，让学生处于主动地位呢？假如着重在培养学生自己改的能力，教师只给些引导和指点，该怎么改让学生自己去考虑去决定，学生不就处于主动地位了吗？养成了自己改的能力，这是终身受用的。在生活和工作中，谁都经常有作文的需要。作文难得"一次成功"，往往要改几次才算数。作了文又能自己改，不用请别人改，这就经常处于主动地位，岂不是好？

"改"，究竟是怎么一回事呢？改的是写在纸上的稿子，实际上是审核并修订所想的东西，使它尽可能切合当前的需要。正确不正确当然是首先要审核的。此外如有什么不必说的，有什么没有说明白的，有没有换个说法更恰当的，有没有叫人家看了会发生误会的，等等，也是需要审核之点。审核过后在需要修订的处所作修订，通常的说法就叫"改"。"改"与"作"关系密切，"改"的优先权应该属于作文的本人，所以我想，作文教学要着重在培养学生自己改的能力。教师该如何引导和指点学生，使他们养成这种能力，是很值得共同研究的项目。

动笔之前想定个简要的提纲，写在纸上也好，记在头脑里也好，这是一种好习惯。写完了，从头至尾看一遍，马上自己审核，自己修订，这也是一种好习惯。写完了，站在读者的地位把自己的文念一遍，看它是不是念起来上口，听起来顺耳，这样做是从群众观点审核自己的文，也是一种好习惯。这些好习惯养成了，一辈子受用不尽。要不要让学生养成这些好习惯？我看要。那么，如何养成这些好习惯，似乎也是个研究的项目。凡属于养成习惯的事项，光反复讲未必管用。一句老话，要能游泳必须下水。因此，教师的任务就是用切实有效的方法引导学生下水，练习游泳的本领。

我说我的感想到此为止。感谢同志们听我的发言。

第五章　叶圣陶传述

叶圣陶（1894—1988），原名叶绍钧，江苏苏州人，教育家、文学家、新闻出版家、社会活动家。叶圣陶是中国现代语文教育史上的一座不朽的丰碑，一面永恒的旗帜。按照叶圣陶的生平履历，可将其语文教育生涯分为四个阶段：早年求学时期（1894—1911）、教学实践时期（1912—1930）、编辑著述时期（1931—1948）、组织领导时期（1949—1988）。

第一节　早年求学时期

叶圣陶1894年10月28日出生于苏州城内悬桥巷一个平民家庭，取名叶绍钧，后取号秉臣，中学时由老师取号圣陶，后来以叶圣陶为名。叶圣陶的父亲叶钟济（1848—1919）是一个地主家庭的账房，母亲朱氏（1865—1961）是叶钟济的第二个续弦，管理家务。由于父亲的严格要求，叶圣陶3岁左右就开始在家里学习识字、写描红，入私塾前，已识字三千左右，并且书写清秀。1900年春，叶圣陶到悬桥巷陆姓富家自设的家塾附读，先生姓黄，读书处名为报春草堂。1901年起，叶圣陶在张承胪先生设立的私塾读书，与顾颉刚同学，在此读书五年。叶圣陶在私塾学习期间，阅读书目由传统的蒙学读物《三字经》《千字文》等起步，然后过渡到"四书"和《诗经》《易经》《左传》等读物。旧式的私塾教育并没有禁锢叶圣陶的思想，除了跟随父亲接触社会现实以外，叶圣陶通过阅读传播新思想的图书，关注着更为广阔的世界。1905年秋，11岁幼龄的叶圣陶报名参加了清政府最后一次组织的科举考试。1906年春，长元吴公立高等小学成立，通称夏侯桥小学，学制三年，叶圣陶与好友顾颉刚、章元善一同报考，均被录取。夏侯桥小学教师中有留学日本归来的章伯寅等人，章伯寅等人曾宣传康有为、梁启超的变法主张，留学日本期间又受到了"明治维新"思想的影响，其精神气质自然也会融入教育实践中。1907年春，苏州公立第一中学堂创办，通称草桥中学，学制五年，叶圣陶因学业成绩优异，跳级升入草桥中学，与王伯祥、吴宾若、汪应十等同学，顾颉刚翌年升入。草桥中学的前三任监督均为维新派，后任监督袁希洛是革命家，教师大多为复旦大学毕业生，叶圣陶在此期间，受胡石予、孙伯南等老师影响最大。中学期间，叶圣陶兼收并蓄，综合学习了中国古典文化和西方现代文化，大量阅读了古典著作、时文，以及由西方引进的著作，对一些作品做了全文抄录，并做了大量读书笔记，在读书中丰富了自己的知识储备，充实了自己的语言积累，并培养了文学创作、篆刻、书法、绘画等多种爱好。从幼年在家学习到1912年初在草桥中学毕业，是叶圣陶早年求学的时期。下面拟从家庭教育、旧式私塾教育、新式学校教育三个方面具体介绍。

一、家庭教育

叶圣陶祖籍安徽。明末清初，叶氏家庭饱尝战乱之苦，辗转迁居苏州，在盘门开猪行和丝绸店。叶家经营有方，生意红火，后来在盘门买下半条街，遂有"叶半街"之美誉。1860年，太平军攻克苏州，叶家惨遭战火焚掠，从此衰落。叶圣陶有两个妹妹，大妹妹幼年早逝。叶圣陶的父母虽是平民，家境一般，但视野开阔，思想开明，重视子女教育，引导叶圣陶从小树立远大理想并踏实学习，在教育方法上严慈相济，为叶圣陶提供了良好的家庭教育。

叶圣陶6岁时开始在私塾学习，12岁时，苏州初设新式学校，叶圣陶就进入新式小学学习，并于次年跳级升入新设的中学，这都得益于父亲的支持。为了便于他上小学，叶钟济还把家搬到了距离学校较近的濂溪坊。这既反映了叶圣陶的父亲重视接受学校教育的最佳时机，也体现了他积极接受新思想新文化的精神勇气。

叶圣陶入学以后，在读书方面仍深受父亲影响。父亲作为平民知识分子，保存了一些图书，为叶圣陶提供了阅读的空间。叶圣陶回忆说："我对于文艺发生兴趣，现在回想起来，应该追溯到十二三岁的时候，在家里发现了一部《唐诗三百首》和一部《白香词谱》。拿在手里，就自己翻看；对于《三百首》中的乐府和绝句，《词谱》中的小令和中调，特别觉得新鲜有味。因为不是先生逼着读的，也就不做强记死背的工夫；只在翻开的时候，讽诵一番，再翻的时候，又讽诵一番而已。"[①]在生活并不丰裕的情况下，叶圣陶的父亲还经常为他购买传播新思想的流行杂志。据叶圣陶日记记载，1911年临近春节时，父亲还曾为他购买了两册当时的流行刊物《世

---

① 商金林：《叶圣陶年谱长编》第1卷，人民教育出版社，2004年，第21页。

界》。^① 父亲的藏书和赠书，丰富了叶圣陶的精神世界，充实了叶圣陶的读书领域。

童年的叶圣陶闲暇时还常跟父亲去茶馆听说书、看昆曲。叶圣陶后来回忆说："我从七八岁的时候起，私塾里放了学，常常跟父亲去'听书'。到十三岁进了学校才间断，这几年听的'书'真不少。'小书'像《珍珠塔》《描金凤》《三笑》《文武香球》，'大书'像《三国志》《金台传》《水浒》《英烈》，都不止听了一遍，最多的到三四遍。"^② 这种民间的通俗文化教育迥异于学校里的正统教育，对于丰富叶圣陶的见识起到了不可替代的作用。

叶圣陶在随父亲广泛接触社会的过程中，还接受了父亲刻意安排的语言训练。父亲为了引导叶圣陶认识社会，常常带他到亲戚家拜年、祝寿、吃喜酒，广泛接触生活百态。父亲清明节带叶圣陶出城扫墓，秋天带叶圣陶到乡下看收租子，路上看见一块匾额、一个牌楼、一座桥梁，总要把历史讲给叶圣陶听，回家后要叶圣陶按照见闻次序写成一个单子。

叶圣陶的母亲对他的成长影响也很大。母亲识字不多，但知道的谜语、诗词、山歌特别多，叶圣陶4岁左右，就开始随母亲学习歌谣，叶圣陶由此爱上歌谣。后来叶圣陶在《文艺作品的鉴赏》中提到的儿歌《踏水车》和民歌《月儿弯弯照九州》就是随母亲学习的，在《卖白果》散文中叶圣陶就写到了父母亲教他摹仿卖白果的声调和歌词。

二、旧式私塾教育

叶圣陶先后在两所私塾读书，其一是1900年在悬桥巷陆姓富家自设的家塾跟一位黄姓先生附读一年，读书处名为报春草堂；其二是1901年到1905年在张承胪（字元翀）先生设立的私塾读书五年，与顾颉刚同学。两所私塾的读书经历，特别是在张承胪先生的私塾读书的经历，是叶圣陶学习传统文化、奠定语言功底的重要阶段。

叶圣陶在私塾学习期间，阅读书目由传统的蒙学读物《三字经》《千字文》等起步，然后过渡到"四书"和《诗经》《易经》《左传》。当时的私塾教师还没有接触西方的现代教学理念，教学方法上仍沿袭中国古代的传统，以朗读、背诵、体悟为主。关于在私塾里读书的情形，叶圣陶1914年在日记中回忆："幼时在塾中读书，便不甚聪敏。《诗》《易》两种，最受其苦。大人于夜中督之，曾以弗熟而

---

① 商金林：《叶圣陶年谱长编》第1卷，人民教育出版社，2004年，第43页。
② 商金林：《叶圣陶年谱长编》第1卷，人民教育出版社，2004年，第12页。

不得进膳。"① 当时教师要求非常严格，顾颉刚在《记三十年前与圣陶交谊》中回忆道："师特严，读辍声者，戒尺击其案背，背诵中绝者，戒尺击其头，侍童于如凶犯……"② 叶圣陶 1934 年在《〈十三经索引〉自序》中回忆："幼年习五经，背诵私塾之侧，均能上口，手掌未尝戒尺。"在 1978 年的《大力研究语文教学　尽快改进语文教学》讲话中说："我小时候读私塾，先读《三字经》《千字文》，然后是《四书》《诗经》《易经》。都要熟读，都要在老师跟前背诵，背得出了，老师才教下去。每天还要理书，就是把先前背熟了的书轮替温理一部分，背给老师听。……然后读《左传》，这才开始听老师讲。"③ 蒙学读物到四书五经是旧式私塾阅读教学的主要教材，而诵读体悟则是基本的教学方法，在叶圣陶的私塾读书经历中，也不例外。

私塾教育在重视阅读经典的同时，也注重写作的训练。关于写作学习的情形，叶圣陶 1941 年回忆道："我八九岁的时候，在书房里'开笔'，教师出的题目是《登高自卑说》。他提示道：'这应当说到为学方面去。'我依他吩咐，写了八十多字，末了说：'登高尚尔，而况于学乎。'就在'尔'字'乎'字旁边，吃了他的两个双圈。"④ 从作文命题上看，私塾教师出的是策论题，遵循了清政府废八股改策论的思想，可谓紧跟时代，而在指导作文的方式上仍沿用老路，反映了教学改革步履维艰。

1905 年秋，受父亲之命，11 岁的叶圣陶以体验的心态，参加县试，考童生未中，后来的短篇小说《马铃瓜》就是以这次考试为素材创作的。随后，清政府宣布次年起废除科举考试，叶圣陶参加的这场科举考试，也就成了中国延续了 1300 年的科举考试的闭幕式。

六年的私塾学习经历对叶圣陶产生了深远的影响。一方面，叶圣陶借此打下了扎实的古典文化功底，积累了丰富的语言材料，锻炼了初步的语言能力，为后来的进一步发展打下了基础；另一方面，叶圣陶也深切认识到了旧式教育的弊端，特别是在教育内容上与现实生活的脱节，在教育方法上对学生本位的忽视，为后来致力于教育革新提供了参照。私塾教育并没有能禁锢叶圣陶的思想，他在私塾之外，跟随父亲广泛接触社会现实，并阅读了一些新式刊物，如 1904 年创办于上海的《东

① 商金林：《叶圣陶年谱长编》第 1 卷，人民教育出版社，2004 年，第 10 页。
② 商金林：《叶圣陶年谱长编》第 1 卷，人民教育出版社，2004 年，第 12 页。
③ 中国教育科学研究院编：《叶圣陶语文教育论集》，教育科学出版社，2015 年，第 109 页。
④ 商金林：《叶圣陶年谱长编》第 1 卷，人民教育出版社，2004 年，第 13 页。

方杂志》等，受到了时代潮流的激荡。[①]

三、新式学校教育

1906 年，长元吴公立高等小学成立，校址初设在夏侯桥附近，通称夏侯桥小学，学制三年，叶圣陶报考被录取。1907 年，苏州公立第一中学堂创办，校址在王废基北之草桥，通称草桥中学，学制五年，叶圣陶因学业优异，跳级升入草桥中学，在此接受了五年的中学教育。在高小、中学两个阶段的新式学校学习经历，特别是在草桥中学阶段的学习经历，使叶圣陶视野大开，在继续学习传统文化的同时，叶圣陶以更多的精力学习由西方引入的现代文化，既包括自然科学，也包括人文社会科学，以及还有新式的体育等活动课程，并且广泛参与了各种校内外活动，形成了多方面的文艺兴趣，从而成为学贯中西、内外兼修的新青年。

夏侯桥小学一年的学习经历是叶圣陶接受新式学校教育的起点。夏侯桥小学的教师中有留学日本归来的章伯寅、朱遂颖、龚庚禹等。章伯寅等曾宣传康有为、梁启超的变法主张，留学日本期间又受到了"明治维新"思想的影响，其精神气质自然也会融入教育实践中。1906 年首届招生考试的题目为《征兵论》。叶圣陶与顾颉刚、章元善等一同考试，均被录取。学校基本遵循了清政府《奏定学堂章程》的基本精神，开设了历史、地理、博物等新式课程，注重体育，一年一度组织远足旅游，在苏州开风气之先。叶圣陶就这样进入了一个超越了私塾教育的新的精神世界。叶圣陶晚年时回忆小学时代说："每逢礼拜天，我总与元善、颉刚等同学在一起，或聚于园林，或集于茶馆，谈苏州的人物地理，谈'天下兴亡，匹夫有责'，把顾亭林引为骄傲，奉为楷模。"[②]

1907 年，叶圣陶因学业优异，跳级升入刚成立的草桥中学。草桥中学的前三任监督（校长）分别是蔡云笙、龚杰、蒋韶九，均为维新派。1910 年革命家、教育家袁希洛任监督。教师大都是上海复旦大学毕业生，年轻有为。在这样一所堪称时代标杆的新式学校里为期五年的学习经历，叶圣陶实现了精神的蜕变。

中学期间，叶圣陶兼收并蓄，博览群书，对一些作品做了全文抄录，并做了大量的读书笔记。其一是阅读古典著作。当时叶圣陶与王伯祥、顾颉刚都爱收藏旧书，放学后常去玄妙观旧书肆中阅览。叶圣陶在读书中善于思考，例如他曾在日

---

①　商金林：《叶圣陶年谱长编》第 1 卷，人民教育出版社，2004 年，第 16 页。

②　商金林：《叶圣陶年谱长编》第 1 卷，人民教育出版社，2004 年，第 20 页。

记中说："读《大学》两遍，本子系旧时塾中课本，连注亦银朱……读时必兼看及注，余意甚厌之。……我读此书有我之会意，人读此书另有人之会意矣。苟被一人注杀，而我见之我之意，即被所拘矣！故我以为所读之书，宜以无注为是，哲理之书尤不宜注。"① 其二是阅读当代时文。这一时期的叶圣陶阅读了《小说月报》《东方杂志》《教育杂志》《时报》《字林西报》《民立报》《天铎报》《世界》等多种流行刊物，并抄写了大量的文章，比如仅 1911 年就相继抄写了《民立报》中杨笃生作通讯《英国工党与社会党之关系》《民立报》社论《健儿篇》《民立报》杂录栏中《亡国奴传奇》《卖国奴传奇》《佛学剩言》《天铎报》中所载《铁罗汉宝相》等多篇文章。其三是阅读国外的作品。叶圣陶回忆道："时作玄想，好谈国外新事物，颇受上海报章杂志之影响，古诗文与新译作并为课余良伴。"② 东西方文学的差异给叶圣陶以很大的思想冲击。当时学习英文用的本子是华盛顿·欧文的《见闻杂记》和古德斯密的《威克斐牧师传》，叶圣陶后来说："华盛顿·欧文的文趣（现在想来，就是'风格'）很打动我。我曾经这样想过，若用这种文趣写文字，那多么好呢！这以前，我也看过了好些旧小说，如《水浒》《三国演义》《红楼梦》，都曾看过好几遍；但只是对故事发生兴趣而已，并不觉得写作方面有什么好处。"③ 在学习英文的过程中，叶圣陶与乔笙亚、张书玉合作，将所读英文书《历史读本》译成中文。其间，经乔笙亚推荐，叶圣陶还托叶怀兰到上海购买严复著的《英文汉诂》一书，其学习英文的兴趣和努力由此可见一斑。这一时期，叶圣陶还阅读了读林译小说，购买了《英国十一大文家文选》《美国十一大文家文选》。

这一时期，叶圣陶在博览群书的基础上，进行了大量的写作尝试，其中既有旧体诗词，也有新式文章。为了追求自己的文学爱好，叶圣陶与同学王伯祥、顾颉刚等自发组织成立了诗社，取名"放社"。顾颉刚回忆说："结社作诗钟，或嵌字，或咏物，恒三数日轮出一题。……社中惟此三人，所作推圣陶最工。"④ 五年级时，叶圣陶还曾自发组织班级刊印校园刊物《课余》，后更名为《课余丽泽》。叶圣陶回忆道："自己作稿，自己写钢板，自己印发，每期二张或三张，犹如现在的壁报；我

① 商金林：《叶圣陶年谱长编》第 1 卷，人民教育出版社，2004 年，第 46－47 页。
② 商金林：《叶圣陶年谱长编》第 1 卷，人民教育出版社，2004 年，第 23 页。
③ 商金林：《叶圣陶年谱长编》第 1 卷，人民教育出版社，2004 年，第 23 页。
④ 商金林：《叶圣陶年谱长编》第 1 卷，人民教育出版社，2004 年，第 28 页。

常常写一些短论或杂稿，这算是发表文章的开始。"[1] 顾颉刚回忆说："中学英文读《莎士乐府本事》及伊尔文《见闻杂记》，圣陶恒以吾国古体译其中诗辞，载于《课余》，盖亦模仿曼殊之《文学因缘》焉。"[2] 由于出色的语言功力，学校开运动会时即曾指定叶圣陶、顾颉刚负责新闻报道。

中学期间，叶圣陶养成了多方面的兴趣爱好。除了创作诗文和创办刊物，叶圣陶在篆刻、绘画、书法等方面也有强烈的爱好，并做了一定钻研。在学校组织的各种体育活动以及远足旅行中，叶圣陶也表现出了强烈的积极性。特别值得一提的是远足旅行，这是草桥中学的一个重要特色，每年一次，例如，叶圣陶中学五年级时，袁希洛监督率师生旅行杭州，先后游览了西湖、灵隐寺、钱塘江，并参观浙江两江师范学堂、浙江高等学堂、浙江陆军小学和安定学堂，途中参观了嘉兴中学。这样的旅行活动对于增长见识、陶冶情操，具有重要作用。

叶圣陶在中学期间注重选择选择师友，与一些优秀老师、同学建立了密切的交往。教师当中，胡石予、孙伯南等对叶圣陶的影响最大。胡石予对叶圣陶的阅读写作给予了有力的指导，叶圣陶在日记中曾记录，胡先生曾将《思哀录》改题为《哀思录》并为其讲解。[3] 孙伯南是叶圣陶之表兄，1909 年到新设立的存古学堂任经学助教，遂辞去中学教职。叶圣陶与好友次年报考存古学堂皆未中，但仍经常去拜访请教孙伯南。顾颉刚回忆道："予等以（孙伯南）先生有实学，常至其卧室中听谈学术掌故，不忍与离，因往考存古学堂。……我辈向往心切，常至彼校，继续听孙先生谈。"[4] 叶圣陶在 1910 年的日记中也有提及。1910 年，革命家、教育家袁希洛任草桥中学监督，叶圣陶对其仰慕有加，后来还曾在谋职时向其寻求帮助和指引。叶圣陶保持密切交往的同学中，均为好学上进者。王伯祥、吴宾若、汪应千、章君畴等与叶圣陶同年入草桥中学，叶圣陶在私塾、小学的同学顾颉刚翌年亦进入草桥中学，这些好友后来均成为社会栋梁之材。

在接受学校教育的同时，叶圣陶心系民族命运，密切关心现实社会，通过广泛阅读报刊时文来了解世界发展大势和国家民主革命的进程，与反清革命相呼应的《民呼日报》《民吁日报》《国粹学报》《国学萃编》《民立报》等刊物尤为引起叶圣

---

① 商金林：《叶圣陶年谱长编》第 1 卷，人民教育出版社，2004 年，第 56 页。

② 商金林：《叶圣陶年谱长编》第 1 卷，人民教育出版社，2004 年，第 56 页。

③ 商金林：《叶圣陶年谱长编》第 1 卷，人民教育出版社，2004 年，第 39 页。

④ 商金林：《叶圣陶年谱长编》第 1 卷，人民教育出版社，2004 年，第 43 - 44 页。

陶的注意，民主自由的思想和各种变革社会的思潮引起了叶圣陶的兴趣，叶圣陶多次在日记中记录国家大事，抒与自己的思考，体现了对民族前途命运的忧患意识。叶圣陶积极撰写文章发表自己的政治主张，并与同学一起参与了一些社会活动。

新式学校的教育特别是草桥中学的教育，为叶圣陶积淀知识、丰富阅历、开拓视野、陶冶情操发挥了重要作用。在读书作文方面的努力，为日后思考和研究读书学习的规律，从事语文教育和文学创作，做了重要的准备；创办刊物的尝试，为后来从事编辑出版工作打下了基础；积极参与社会活动，则为后来成为社会活动家做了铺垫。

临近中学毕业的叶圣陶接近成年，限于当时的客观条件，叶圣陶不可能继续学业。这时的叶圣陶开始思考自己的人生道路。尚未进入中学五年级学习的时候，叶圣陶就接到了父亲的东家吴氏提出的报考电报学堂提议，当时进入电报学堂可以获得谋生的门路，但叶圣陶志向不在此，故拒绝了这个建议。在体验到了举办校园刊物的乐趣之后，叶圣陶萌生了将来从事出版工作的理想。一直关注国家命运和民族兴衰的叶圣陶，对参与社会活动具有强烈的兴趣，逐渐树立了从事社会工作特别是社会教育工作的信念。1911 年 3 月 3 日的日记："吾可以仕，可以不负仕便仕矣。……仕国家所不可缺，国而无仕，其谁为施政令教化乎？"[1] 12 月 2 日的日记写道："此身定当从事于社会教育，以改革我同胞之心，庶不有疚于我心焉。"[2] 由此可见青年叶圣陶的人生观。在新式学校如火如荼的大背景下，叶圣陶对学校教育也开始了思考，比如在辅导妹妹国文学习时就注意反思不足，"近阅《教育杂志》，益知其大不宜，而未能少改也。后当慎之。"[3] 还专门撰写发表了评论《儿童之观念》（收入《叶圣陶集》第 11 卷时改题目为《儿童观念之养成》），强调儿童观念之养成受外界影响甚深，家庭教育比学校教育更重要。但那时的叶圣陶对于从事学校教育工作还没有比较明确的意识，主要的职业理想还是从事社会教育。毕业前夕，叶圣陶向学堂监督袁希洛请求帮助谋职，袁希洛不赞成他到政府部门任职，建议当小学教师。这时叶圣陶从事学校教育的职业理想正式确立下来。他在日记中写道："小学教师之席亦难乎得之也，苟得之，则其品亦至可高贵，固新民之基础须是赖焉；且

---

① 商金林：《叶圣陶年谱长编》第 1 卷，人民教育出版社，2004 年，第 49 页。

② 商金林：《叶圣陶年谱长编》第 1 卷，人民教育出版社，2004 年，第 75 页。

③ 商金林：《叶圣陶年谱长编》第 1 卷，人民教育出版社，2004 年，第 51 页。

其中乐趣亦无有穷尽。"[1]

1912 年 1 月 28 日，叶圣陶在草桥中学毕业。从此，叶圣陶进入了新的人生阶段。

回顾叶圣陶早年的求学经历，可以发现，叶圣陶主观上勤学上进，客观上得益于家庭、教师、学友的支持，对中国传统文化和由西方引进的现代文化兼收并蓄，深入广泛地阅读书籍报刊，积极大胆地尝试写作编辑，经常主动地参与各项活动，并冷静理性地思考社会人生，为日后从事语文教育工作奠定了扎实的思想基础、知识基础和能力基础。幼年求学时期，是叶圣陶语文教育思想的奠基时期。

第二节 教学实践时期

叶圣陶 1912 年中学毕业后，被聘为苏州中区第三初等小学教员，通称言子庙小学。叶圣陶在言子庙小学主要执教二年级。1914 年叶圣陶被迫结束了这一工作，此后一度卖文为生。1915 年，叶圣陶到上海商务印书馆附设的尚公学校任教，教小学高年级国文、地理、历史、习字，并为商务印书馆编小学国文课本。1917 年春，叶圣陶应邀到甪直吴县县立第五高等小学任教。1921 年，叶圣陶应邀到上海中国公学中学部教国文，叶圣陶在此结识了朱自清。不久叶圣陶辞职，应邀到浙江第一师范任教，继续与朱自清同事。1922 年，叶圣陶在北京大学预科执教。1923 年春，叶圣陶到上海商务印书馆国文部当编辑。实际上，在商务印书馆期间，叶圣陶先后在复旦大学、神州女学、福州协和大学、上海大学、上海立达学园、松江景贤女子中学上海分校等学校兼职任教，可以说主要的精力仍在教学实践上。在教学中，叶圣陶一直兢兢业业，勇于开展教学创新试验，及时反思总结，多次在日记中记录自己的思考，并经常与同学、好友交流讨论，积累了丰富的实践经验。基于实践反思，叶圣陶撰写了大量的教育论文，其中以写作教学为主，1919 与王伯祥合作的《对于小学作文教授之意见》、1924 年独著的《作文论》是这一时期的主要代表作。这一时期叶圣陶在课程与教材建设方面也做了大量工作。1922 年参加了全国教育会联合会提议组织的新学制课程标准委员会，并负责起草了《初级中学国语课程纲要》，该纲要与吴研因起草的《小学国语课程纲要》、胡适起草的《高级中学公共必修的国语课程纲要》《高级中学第一组必修的特设国文课程纲要》，经审订后于 1923 年一并发布，成为我国现代语文教育史上最早的独立形态的语文课程纲要。

---

[1] 商金林：《叶圣陶年谱长编》第 1 卷，人民教育出版社，2004 年，第 81 页。

为了与此课程纲要相适应，叶圣陶与顾颉刚合编了初中《国语》教科书，体现了对时代性、科学化的重视。这套教科书经商务印书馆陆续出版，产生了较大影响。此外，叶圣陶还投入精力参与了学生课外读物的编辑出版，例如，1924 年，经叶圣陶校注的《天方夜谭》出版；1925 至 1929 年，叶圣陶选注的《荀子》《礼记》《苏辛词》《周姜词》、点注的《传习录》，作为学生国学丛书，相继出版。同时，叶圣陶对文学具有强烈的兴趣，积极参加文学活动。叶圣陶 1921 年参与发起文学研究会，长期参与并一度主持文学研究会的日常工作；先后承担多种刊物的编辑工作，曾主编《小说月报》；发表多部文学作品，其中包括中国文学史上第一部童话集《稻草人》、教育题材的著名长篇小说《倪焕之》以及多部短篇小说集。从 1912 年初在言子庙小学执教到 1931 年初离开商务印书馆，是叶圣陶以教学实践为主的时期。下文拟从各地学校执教、教育论文撰写、教材编辑探索、教育文学创作四个方面具体介绍。

一、各地学校执教

叶圣陶在这一时期，先后执教过小学、中学、大学，从教的地区涉及苏州、上海、杭州、上海、北京、福州等各地，积累了丰富的教学实践阅历。

1912 年初，叶圣陶中学毕业的，由于家庭条件的限制，没有继续升学。经草桥中学监督袁希洛郑重介绍，叶圣陶被聘为苏州中区第三初等小学教员，学校设在城里干将坊言子庙，通称言子庙小学。叶圣陶在言子庙小学主要执教二年级。初踏教坛的叶圣陶对教育工作充满了热情，怀有强烈的使命感。他曾在领取薪水之后写日记说："以为余家贫，所入苟倍此数亦未嫌其多。然利之生由于有裨益之劳动行为，而余之为教师，学生果受其益乎？"[1]叶圣陶一边读书自修，一边积极对教学实践进行反思，在日记中多次记录了教学的心得体会。例如，从教不久，袁希洛以江苏教育总会调查员的身份来视学听课，叶圣陶当天即在日记中写道："下课后先生谓余曰：'子上课时宜多发问。子出自中学，中学之情形自大异于初等，子可不注意也。'金玉之言，自当谨记。"随后的教学日记中则记下："自以为教前诸课合法。""自以为颇有精彩。"[2]1913 年 3 月在日记中记录，给学生讲童话，"语涉新奇，

---

① 商金林：《叶圣陶年谱长编》第 1 卷，人民教育出版社，2004 年，第 92 页。
② 商金林：《叶圣陶年谱长编》第 1 卷，人民教育出版社，2004 年，第 91 页。

则皆乐为静听"[①]。教学经验不足的青年叶圣陶也曾为教学不如意而苦恼,曾在日记中写道:"余上诸课都索无生气,且诸生于规则上时有所犯,致秩序纷乱。以余性躁,戒之不悛,乃成忿怒。强抑其怒,是为大苦。"[②]面对现实的不如意,叶圣陶仍努力尝试改进教学,但最终于1914年7月被迫结束了这一工作。

在言子庙小学工作期间,叶圣陶一直坚持自学,中国古典著作和西方著作,都引起了他的阅读兴趣,其间曾与草桥中学时的同学一起补习英文,还曾请顾颉刚邮寄了北京大学国学会讲义,其中包括国学大师章太炎所讲的内容。离开言子庙小学后,叶圣陶一度以卖文为生,在此期间,好友顾颉刚的父亲欲资助他到北京大学读书,终因家庭负担过重而谢绝,但他仍砥砺学习,曾拟订自学课表,学习经史子集。

1915年4月,叶圣陶经郭绍虞介绍到上海商务印书馆附设的尚公学校任教,教小学高年级国文、地理、历史、习字,并为商务印书馆编小学国文课本,这一时期继续探索教学实践,并经常阅读《教育杂志》等刊物,1919年1月寒假期间参加了吴县教育会的演讲会,听了章伯寅、余日章、黄炎培等多位教育工作者以及欧洲人麦克洛的教育演讲。

1917年春,叶圣陶应邀到位于甪直镇的吴县县立第五高等小学任教。在甪直五高,叶圣陶与校长吴宾若,教员王伯祥等一起开展了大胆的教育革新,自编各种课本,创办利群书店、博览室、生生农场,建造礼堂、戏台、音乐室、篆刻室,每周举行一次同乐会,学期中和学期末开恳亲会,还辅导学生自编自演《两渔夫》《最后一课》《荆轲刺秦》等话剧,组织学生远足旅行。顾颉刚回忆说,叶圣陶想象锐敏,"常拿新的意见来提倡讨论,是全校感受他的影响。"叶圣陶的学生回忆说,当时叶圣陶把自己购买的名著、期刊陈列在博览室,供学生阅读,并在博览室的四壁开辟专栏,督促学生写生练笔。[③]工作之余,叶圣陶多次参加教育交流活动,并于1920年6月聆听了美国实用主义哲学家、教育家杜威在苏州发表的演讲,其小说《欢迎》就是以此为素材创作的。这一时期叶圣陶在教学思想上逐步有了深入的认识,与王伯祥合著的《对于小学作文教授之意见》就是在这里完成的。甪直五高的教学经历是叶圣陶教学上走向成熟的重要转折点,因此甪直也就成了叶圣陶的第二故乡。

---

① 商金林:《叶圣陶年谱长编》第1卷,人民教育出版社,2004年,第119页。
② 商金林:《叶圣陶年谱长编》第1卷,人民教育出版社,2004年,第93页。
③ 商金林:《叶圣陶年谱长编》第1卷,人民教育出版社,2004年,第209页。

1921 年 7 月，叶圣陶应上海吴淞中国公学代理校长张东荪、中学部主任舒新城的邀请，到中国公学中学部教国文，结识了朱自清、周子同等，并开始与陈望道往来。秋季，叶圣陶因学校风潮辞职，随即应邀到浙江第一师范学校任教，继续与朱自清同事。在此期间，叶圣陶与朱自清联床共读，相互切磋，结下了深厚的友谊。1922 年 2 月，叶圣陶应北京大学校长蔡元培、中文系主任马裕藻的聘请，在北京大学预科执教，主讲作文课。8 月，应邀到上海神州女学执教。

1923 年 1 月，叶圣陶到上海商务印书馆国文部当编辑。3 月起，应复旦大学教授谢六逸的邀请，在复旦大学兼职从教。9 月，获商务印书馆准假，赴福州协和大学任教，讲授新文学，与郭绍虞同事。因水土不服，12 月辞职回到上海继续担任商务印书馆编辑。此后不久叶圣陶应邀执教于上海大学。1925 年春季起，叶圣陶经杨贤江介绍，任教于松江景贤女子中学上海分校。1925 年初，匡互生、朱光潜、丰子恺、夏丏尊等在上海创办立达中学，叶圣陶热心支持，3 月，匡互生等人组织发起成立立达学会，秋季，立达中学建成新校舍，更名为立达学园，叶圣陶到立达学园讲授诗歌，与夏丏尊、丰子恺等同事。1930 年，叶圣陶再度执教复旦大学，讲授《历代文选》。

在不同类型的学校执教，丰富了叶圣陶的教育实践阅历，为探索教育思想特别是语文教育思想提供了实践基础。

二、教育论文撰写

在长期的教育工作实践中，叶圣陶一直兢兢业业，努力进取，善于反思，经常与同事好友交流教学思想，讨论教授之法，并多次在日记中做了记录。在此基础上，叶圣陶这一时期将自己对教育的见解进一步提炼，撰写了大量的教育论文，既有对教育基本问题的思考，也有对语文学科教育问题的思考。

关于教育的基本问题，叶圣陶主要论述了坚持学生本位、重视家庭教育和小学教育、提高教师素质等方面的问题。例如，1911 年 9 月在《妇女时报》发表了《儿童之观念》，强调儿童观念的养成深受外界影响，家庭教育尤为重要。1919 年 4 月在《新潮》发表了《今日中国的小学教育》，文中提出了"小学教育的价值，就在于打定小学书一辈子明确的人生观的根基"这一论点。1919 年 12 月在《新潮》发表了《小学教育的改造》，论述了儿童在学校"知行合一，修养和生活合一"的思想，其中可以看出杜威教育思想的影响。1922 年 7 月在《教育杂志》发表了《教师问题——希望于师范学校和师范生》，提出："我希望师范生都为教师，为学校里的太阳，代替以前昏暗不明的爝火。"1923 年 8 月在《努力周报》发表了《教师的修养》，提出教师应该"一言一行，都没有消极的影响，一饮一啄，都要有正当的意义"。对教师素养的重视，构成了叶圣陶教育理念的重要一翼。

在语文学科教育方面，叶圣陶基于自身教学经验的总结反思，做了较多论述。1916 年 4 月，与陈文钟合作发表了《国文教授之商榷》，刊于尚公小学建校十周年纪念文集《尚公记》，该文初步总结了教学实践的经验。1919 年与王伯祥合作在《新潮》创刊号发表了《对于小学作文教授之意见》，提出："小学作文教授之目的在令学生能以文字直抒情感，了无隔阂；朴实说理，不生谬误。至于修词之工，谋篇之巧，初非必要之需求。能之固佳，不能亦不为病。"并强调小学作文教授应顺应学生身心发展规律，"小学作文之教授，当以顺应自然之趋势而适合学生之地位为主旨。于读物则力避艰古，求近口说；于命题则随顺其推理之能力而渐使改进；于作法则不拘程式，务求达意，只须文字与情境相吻合；于批改则但为词句之修正，不为情意之增损。"①1922 年 1 月在《教育杂志》发表了《小学国文教授的诸问题》，对小学教学文言抑或白话、教材的选择、教学的方法等问题做了探讨。1924年 4 月经商务印书馆出版了论文《作文论》，这是一部系统的写作教学专著，全文包括十节：引言、诚实的自己的话、源头、组织、文体、叙法、议论、抒情、描写、修词。在文章的求诚方面，提出："作文上的求诚实含着以下的意思：从原料讲，要是真实的、深厚的，不说那些不可征验、浮游无着的话；从写作讲，要是诚恳的、严肃的，不取那些油滑、轻薄、卑鄙的态度。"②1924 年 6 月在《教育杂志》发表了《说话训练——产生与发表的总枢纽》，提出了"小学校里应当把训练儿童说话这件事看得极其重要"这一主张。③1930 年初，在《中学生》相继发表了三篇"写作杂话"，包括《作自己要作的题目》《"通"与"不通"》《"好"与"不好"》。《作自己要作的题目》提出了"作文是生活的一部分，是一种发展，是一种享受"这一论断。④可见，这一时期叶圣陶的语文教育论文涉及了课程目标与内容、教材编辑、教学实施方法等多各方面，其中尤以写作教学为重点。

① 中国教育科学研究院编：《叶圣陶语文教育论集》，教育科学出版社，2015 年，第 250-255 页。

② 叶至善、叶至美、叶至诚编：《叶圣陶集》第 9 卷，江苏教育出版社，1990 年，第 211 页。

③ 叶至善、叶至美、叶至诚编：《叶圣陶集》第 13 卷，江苏教育出版社，1992 年，第 17 页。

④ 中国教育科学研究院编：《叶圣陶语文教育论集》，教育科学出版社，2015 年，第 288 页。

大批教育论文的撰写发表，反映着叶圣陶从一名初任小学教师逐步成长为一名思想深邃、富有理性色彩和探索精神的研究型教师。

三、教材编辑探索

叶圣陶在以教学实践为主的时期，对语文课程建设与教材编制也做了初步的探索。

早在1915年，叶圣陶初到上海商务印书馆附设的尚公学校任教时，就参与了商务印书馆组织的小学国文课本编写工作，这是叶圣陶参与教材编辑的起点。

1922年，叶圣陶参加了全国教育会联合会提议组织的新学制课程标准委员会，受委托起草了适应新学制的《初级中学国语课程纲要》。该纲要与吴研因起草的《小学国语课程纲要》、胡适起草的《高级中学公共必修的国语课程纲要》《高级中学第一组必修的特设国文课程纲要》，经审订后于1923年发布，一并成为我国现代语文教育史上最早的独立形态的课程纲要。这批课程纲要虽然未经政府正式发布，但由于全国教育会联合会在当时的教育界具有极高的权威性和影响力，故各地遂依此施行。《初级中学国语课程纲要》中规定的课程目的为："1.使学生有自由发表思想的能力。2.使学生能看平易的古书。3.引起学生研究中国文学的兴趣。"并提出："本科要旨在与小学国语课程衔接，由语体文渐进于文体文，并为高级中学国语课程的基础。"[①] 在这一纲要中，明确提出了国语课程内容包括读书、作文、习字三项，分别做了解析，并分年级列出了教材编制的思路，体现了兼顾书面语与口头语、兼顾语言理解和语言表达、兼顾白话和文言、兼顾精读和略读、兼顾语言运用和文法修辞等辩证思想。参与课程纲要的制定工作，是叶圣陶在语文教育界开始产生较大影响的重要标志。

为了与课程纲要相适应，叶圣陶与顾颉刚合编了初中《国语》教科书，《编辑大意》指出："本书所列各文，约分记叙的、写景的、抒情的、说理的、议论的五种。但以记叙文、写景文为主及抒情文为主，说理文、议论文居少数。""本书的选辑，以具有真见解、真感情、真艺术、不违法现代精神，而又适合于学生的领受为标准。"在文言与白话的比例上，逐年提高，"使与小学及高级中学相衔接。""第一、二册酌采语文对译方法以便语文过渡。"[②] 这些编辑思想，体现了对时代性和科

① 课程教材研究所编：《20世纪中国中小学课程标准·教学大纲汇编：语文卷》，人民教育出版社，1999年，第274—276页。

② 商金林：《叶圣陶年谱长编》第1卷，人民教育出版社，2004年，第279页。

学化的重视。这套教科书由胡适、王云五、朱经农校订，经商务印书馆于 1923 年 3 月出版，产生了较大影响。1924 年 6 月，叶圣陶在《教育与人生》发表了《关于初中国语教科书的陈述》，对孟宪承的评议做了回应，阐释了当时对于初中国语教科书编辑的思想，特别论述了兼采语体文言的原因以及采取外国文学译作的理由。[①]

1923 年 1 月，叶圣陶由朱经农介绍到上海商务印书馆国文部当编辑，与王伯祥、沈雁冰、郑振铎、杨贤江、胡愈之、徐调孚、周建人等在一起工作，此后便长期致力于学生读物的编写工作。除了编写教科书，叶圣陶还用较多的精力从事了其他学生读物的编辑出版。例如，1924 年，奚若译述、叶圣陶校注的《天方夜谭》出版，成为中学生补充读本；1925 至 1929 年，叶圣陶选注的《荀子》《礼记》《苏辛词》《周姜词》、点注的《传习录》，作为学生国学丛书，相继出版。这类书目的编辑出版，丰富了叶圣陶教材编辑的阅历。

四、教育文学创作

在从事教育工作的同时，青年叶圣陶对文学具有强烈的兴趣，积极参加文学活动，从事了文学刊物的编辑出版工作，并进行了大量的文学创作实践。

叶圣陶积极参加文学团体的活动。1912 年叶圣陶就与好友顾颉刚等重组了学生时代的放社，创办《放社丛刊》。1919 年 3 月，叶圣陶经顾颉刚介绍加入文学团体新潮社，并设立《新潮》月刊代卖处。1921 年 1 月，叶圣陶与周作人、郑振铎、沈雁冰、郭绍虞、朱希祖、瞿世瑛、蒋百里、孙伏园、耿济之、王统照、许地山发起成立文学研究会。文学研究会是新文学运动中影响最大的文学社团，叶圣陶长期参与活动，并曾主持文学研究会的日常工作。

叶圣陶先后参与编辑了多种刊物，仅曾主编过的文学刊物就有《诗》《文学周报》《小说月报》《妇女》等多种。叶圣陶 1927 年至 1928 年主编《小说月报》，开辟了《小说月报》提拔新作家的时代，茅盾的第一部小说《幻灭》、丁玲的处女作《梦珂》、施蛰存的处女作《绢子》、巴金的处女作《灭亡》、戴望舒的代表作《雨巷》均经叶圣陶发表，沈雁冰的笔名也是经叶圣陶建议由"矛盾"改为"茅盾"的。[②]此外，1926 年参与编选我国最早的漫画集《子恺漫画》，1929 年开始编辑《十三经索引》。

叶圣陶一边从事文学编辑活动的同时，一边创作了大量的文学作品。早期的文

---

① 叶至善、叶至美、叶至诚编：《叶圣陶集》第 16 卷，江苏教育出版社，1993 年，第 8-10 页。

② 商金林：《叶圣陶年谱》，江苏教育出版社，1986 年，第 124 页。

学创作主要是古体诗词和文言小说。白话文运动以后，叶圣陶迅速转向了白话文的创作，撰与发表了大量的文学作品，1922年即经商务印书馆出版了中国现代文学史上第二部短篇小说集《隔膜》，1923年又出版了中国现代文学史上第四部短篇小说集《火灾》（第一部是郁达夫的《沉沦》，第三部是鲁迅的《呐喊》)，后来又相继出版了短片小说集《线下》《城中》《未厌集》等。由于身兼教育工作者和文学创作者双重身份，叶圣陶创作了大量与教育相关的作品，一方面是面向儿童的儿童文学作品，一方面是反映教育现实问题的教育小说。

在儿童文学创作方面，叶圣陶是具有拓荒意义的作家。叶圣陶1921年就开始大量创作童话，相继写了《小白船》《傻子》《燕子》《一粒种子》《地球》《芳儿的梦》《新的表》《梧桐子》《大喉咙》等多篇童话，1923年11月经商务印书馆出版了中国第一部童话集《稻草人》，内收童话作品23篇，郑振铎为之作序。《稻草人》的出版，被鲁迅誉为"给中国的童话开了一条自己创作的路的"①。此后叶圣陶继续创作了大量的童话作品，1931年6月经开明书店出版了童话集《古代英雄的石像》，收录童话作品9篇，丰子恺为之配图。此外，叶圣陶还创作了一些儿歌、儿童诗，如1922年创作的儿歌《蝴蝶》等。作为文学革命的组成部分，童话创作在思想内容和艺术形式上又有新突破，反映了对儿童精神世界的深刻洞察，在一定程度上也反映了叶圣陶的教育观。

在教育小说方面，叶圣陶也有不菲的成绩。在长期的教育实践中，叶圣陶目睹了教育的诸多现实问题，用小说的形式呈现出来，先后创作了多篇以教育现象、教育问题为题材的短篇小说。例如1923年发表的《校长》，基本情节是校长有责任也有权力清除教员中的三个败类，可是反复权衡后还是让他们留任。1928年，叶圣陶创作了长篇教育小说《倪焕之》，在《教育杂志》发表，并由开明书店于1929年8月出版，这部小说讲述了小学教员倪焕之的追求和幻灭，反映了辛亥革命后小资产阶级的思想意识。茅盾将其誉为"扛鼎"之作，夏丏尊称其为在国内的文坛上"划一时代"的作品。②教育小说间接反映了叶圣陶对教育的认识。

另外，叶圣陶还从事了一些日文、俄文翻译工作。

丰富的文学编辑出版活动、创作活动、翻译活动，使叶圣陶积累了语言文字运

---

① 商金林：《叶圣陶年谱长编》第1卷，人民教育出版社，2004年，第296页。

② 商金林：《叶圣陶年谱长编》第1卷，人民教育出版社，2004年，第412-413页。

用的经验，从而促使叶圣陶对阅读写作的规律有了逐步深入的认识，为他的语文教育思想的形成提供了重要的阅历基础。

青年叶圣陶以强烈的社会责任感，积极参与各项社会活动，表现出了一个知识分子对民族命运的关切。民国初年，叶圣陶对袁世凯就任临时大总统，并试图恢复帝制感到强烈愤慨，对"二次革命"高度关注。受好友顾颉刚的影响，叶圣陶参加了社会党的一些活动，并经常讨论社会主义、无政府主义，坚决反对孔教，认为孔子之言乃专制帝王之脚本。[①]1915 年 9 月，《青年杂志》创办（后为《新青年》），叶圣陶每期必读，深受民主与科学思想的影响。1919 年"五四运动"爆发后，叶圣陶积极参与了串联罢课的活动。1924 年 4 月，叶圣陶聆听了印度诗人泰戈尔的演讲《东方文明的危机》。叶圣陶对中国共产党的革命活动给予了大力的支持，曾为党员开会提供场所，后来又与革命家茅盾、杨贤江有密切的交往。在国民革命期间，叶圣陶为了唤起民众，先后参与编辑出版了《公理日报》《苏州评论》，参加了中国济难会并受托创办机关刊物《光明》。对国家前途和民族命运的关切，对民众思想启蒙的高度重视，表现出了青年叶圣陶作为知识分子的家国情怀。

回顾叶圣陶以教学实践为主的经历，可以发现，广博的知识基础和不断的继续学习，是叶圣陶教育思想的基本动力；丰富的小学、中学、大学教育实践活动是其教育思想的根本基础；大量的文学创作活动和文学刊物编辑活动进一步丰富了其教育思想；积极投身于社会进步事业，使其教育思想具有强烈的社会使命感。教育论文的撰写，教材编辑的初步尝试，大量童话和教育小说的创作，则标志着叶圣陶语文教育思想的初步形成。

第三节　编辑著述时期

叶圣陶 1931 年初辞去商务印书馆的职务，起任开明书店编辑，并主编《中学生》杂志。1932 年 2 月，叶圣陶在《中学生》开辟"文章病院"专栏，并亲自撰稿多篇，以实例论述了文章写作的问题。1933 年起，叶圣陶与夏丏尊合著的《文心》在《中学生》连载，用小说体裁叙述学习国文的知识和技能。叶圣陶编辑了《开明国语课本》初小 8 册、高小 4 册，分别于 1932 年、1934 年出版。《开明国语课本》所有课文均由叶圣陶原创或改编，练习题也由叶圣陶自编，插图由丰子恺绘画。这

---

① 　商金林：《叶圣陶年谱长编》第 1 卷，人民教育出版社，2004 年，第 82 页。

套教材产生了深远影响。1932 年，叶圣陶与夏丏尊发起创办了开明书店函授学校，组织了函授系列教材，叶圣陶与同人共同编写了《开明国文讲义》共 3 册，于 1934 年出版，这套教材包括范文、文话以及语法修辞知识。1935 年起，叶圣陶与夏丏尊合编的《国文百八课》由开明书店陆续出版，原定 6 册，实际出了 4 册，开创了一种尽可能体现语文教学程序科学化的编辑体例。1937 年 6 月，叶圣陶与夏丏尊合编的《初中国文教本》6 册，由开明书店出版，其中包括范文和文章法则。1935 年到 1936 年，叶圣陶与夏丏尊在中央人民广播电台作关于国文学习的广播演讲，其部分演讲也在《中学生》发表，后来结集为《阅读与写作》一书。另外，1936 年《新少年》创办，叶圣陶任编辑，并在此刊发表了一系列作品鉴赏的文章，以指导少年读书，1937 年结集为《文章例话》一书。1937 年全面抗战以后，《中学生》因战火停办，叶圣陶辗转西南。1938 年，叶圣陶与夏丏尊合著的《文章讲话》出版，成为指导文章读写的一部力作。1939 年，《中学生》改为《中学生战时半月刊》在桂林复刊，叶圣陶任社长兼主编。1943 年《中学生》迁至成都，叶圣陶编辑。1942 年 1 月，由普益图书公司出版的《国文杂志》在成都创刊，叶圣陶实际主编，后停刊；8 月，由桂林文光书店出版的《国文杂志》在桂林创刊，叶圣陶主编。《国文杂志》以指导广大青年修习国文为宗旨，叶圣陶在此刊多次发表关于国文教育的论文。抗战期间，叶圣陶与朱自清合著了阅读教学的专著《精读指导举隅》《略读指导举隅》，分别于 1941 年、1943 年出版。叶圣陶与胡翰先合编了《中学精读文选》，与叶至善合编了《小学国语课本》。另外，叶圣陶 1940 年受聘为四川省教育科学馆专门委员，负责审查中小学国文教材。这一时期叶圣陶还分别在在重庆巴蜀学校、重庆中央国立戏剧学校、复旦大学、武汉大学、光华大学、齐鲁大学（此时高校西迁）任教。抗战胜利后，叶圣陶回到上海，与同人接手《国文月刊》的编辑，该刊物以探讨国文教育理念为宗旨，发表过多位著名学者的国文教学论文。1946 至 1947 年，叶圣陶与同人合编的《开明新编国文读本》甲种共 6 册、《开明新编国文读本》乙种共 3 册，陆续出版；1948 年 8 月，与同人合编的《开明新编高级国文读本》共 6 册、《开明文言读本》共 3 册，陆续出版。从 1931 年初担任《中学生》主编到 1949 年初离开上海启程赴解放区，是叶圣陶以编辑著述为主的时期。这一时期，叶圣陶语文教育思想形成了完整的理论体系。下文拟从教育刊物编辑、语文教材编辑、教育论著撰写、各地授课演讲等四个方面具体介绍。

一、教育刊物编辑

叶圣陶 1931 初正式结束了在商务印书馆的工作，应邀担任开明书店编辑、编译所副主任、《中学生》刊物主编等职务，夏丏尊则由《中学生》杂志主编改任社长。叶圣陶和夏丏尊由此成为开明书店的灵魂，成为"开明派"的精神领袖。[①]

由于夏丏尊、叶圣陶的努力，《中学生》拥有了一支相对稳定的高水平作者队伍，美学家朱光潜、语文学家曹聚仁、作家林语堂、语言学家王了一、修辞学家陈望道等均曾在此发表文章。叶圣陶在开明书店工作之初，即参与编辑了《开明语体文选类编》《开明古文选类编》。1932 年 2 月，叶圣陶在《中学生》开辟"文章病院"专栏，在"规约"中强调："本院只治病患者本身——文章，对于产生文章的作者绝不作任何评价，毫无人身攻击等卑劣意味。"叶圣陶亲自撰稿多篇，以具体实例论述了文章写作的问题。朱光潜评价说："对当时的文风和学风乃至语文教学都起了难以估计的保健作用和示范作用。"[②] 这一时期，《中学生》还发表了一系列文章讨论中学生国文程度问题，形成了一次重要的"中学生国文程度"论争。1937 年，《中学生》因战火停办。1939 年，《中学生》改为《中学生战时半月刊》，在桂林复刊，叶圣陶任社长兼主编。1943 年 5 月，《中学生》迁至成都，仍由叶圣陶编辑。抗战胜利后，《中学生》迁回上海。

1942 年 1 月，由普益图书公司出版的《国文杂志》在成都创刊，署名编辑者为胡墨林，实际由叶圣陶主编，后停刊。8 月，由桂林文光书店出版的《国文杂志》在桂林创刊，叶圣陶主编，后来宋文彬也参与编辑，这一刊物一直发行至 1945 年。桂林《国文杂志》在"发刊辞"中宣示了办刊宗旨："提倡国文教学的改革，同时给青年们一些学习方法的实例。"[③] 从第三卷起，更在封面上加印了"辅导中学生国文学习的月刊"字样。《国文杂志》以有志于学文的广大青年为对象，所载文章旨在研讨国文的学习方法，即使研究教学的方法也主要着眼于指导学生的学习。该刊曾先后发表叶苍岑的《对中学生谈学习国文》、朱东润的《怎样读诗经》、老舍的《怎样读小说》、宋云彬的《怎样读孔孟》、朱自清的《怎样学习国文》、朱光潜的《研究诗歌的方法》等带有指点门径性质的炉温，此外还发表了王了一、吕叔湘、

---

① 商金林：《叶圣陶年谱长编》第 1 卷，人民教育出版社，2004 年，第 438 页。

② 商金林：《叶圣陶年谱长编》第 1 卷，人民教育出版社，2004 年，第 461 – 462 页。

③ 商金林：《叶圣陶年谱长编》第 2 卷，人民教育出版社，2004 年，第 213 页。

吴世昌等人的论述汉语字法、句法、章法的文章。叶圣陶在"范文选读""未厌居文谈"两个栏目发表过许多篇文章讲析的专稿，并通过"改文"或"文句检谬"向读者指点修改文章的方法。此外，《国文杂志》还开辟了"习作展览""学习者的话"栏目，刊登青少年的文章，促进学习交流。

1946年3月，《国文月刊》由开明书店接办在上海出版，叶圣陶与郭绍虞等人编辑。该刊物以探讨国文教学规律为宗旨，力图为国文教师提供参考。为该刊物撰稿的大多是任教于高校的著名学者和具有丰富经验的中学国文教师。1946年12月，在北京大学蔡孑民先生纪念馆曾召开过一次"中学语文诵读方法座谈会"，黎锦熙、朱光潜、朱自清、沈从文、游国恩等近30人参加，魏建功主持，该座谈会开了三个小时，发言十分活跃。《国文月刊》不久即刊载了这次座谈会的详细记录，随后又发表了一些讨论文章，使读者对诵读教学有了较为全面深入的认识。

《国文杂志》与《国文月刊》为语文教育界交流思想发挥了不可磨灭的作用，因此被称为"我国现代语文期刊编纂史上是影响深远的两座丰碑"。①

这一时期，叶圣陶主编或参编的刊物还有《文艺》《太白》《新少年》《月报》《少年先锋》《文史教学》《开明少年》等多种。1933年7月，《文艺》创刊，叶圣陶与鲁迅、茅盾、陈望道、郁达夫、郑振铎、夏丏尊等任编委。1934年9月，陈望道主编的《太白》创刊，叶圣陶任编委。1936年1月，为纪念开明书店创业十周年，《新少年》创刊，叶圣陶任编辑。1937年1月，综合性文摘型读物《月报》创刊，叶圣陶主编"文艺栏"。1938年2月，与茅盾等人主编的《少年先锋》创办。1941年4月，四川省教育厅《文史教学》创刊，叶圣陶任编委。1945年，《开明少年》创刊，叶圣陶主编。

这一时期，叶圣陶参与编辑了多种书籍。如1932年6月，参与编辑出版《开明文学词典》；1933年，茅盾的长篇小说《子夜》、王统照的长篇小说《山雨》经叶圣陶之手由开明书店出版；1933年，叶圣陶与庄适、叶怀琛选注的《史记》，由上海商务印书馆出版，为"万有文库丛书"第一集第一种。1934年8月，叶圣陶编《十三经索引》由开明书店出版。叶圣陶还密切关注社会上语文教育研究的思想动态，有力地参与了一些讨论，如：1934年夏，针对汪懋祖的"读经运动"和许梦因的"提倡文言"，与同人在《申报》倡导大众语运动。1935年3月，参与发起"推行

① 李杏保、顾黄初：《中国现代语文教育史》，四川教育出版社，1997年，第219页。

手头字"运动；6月，参与联名发表《我们对于文化运动的意见》，反对复古运动。

二、语文教材编辑

1932年6月，叶圣陶编辑的供初小使用的《开明国语课本》共8册，由开明书店出版；1934年6月，叶圣陶编辑的供高小使用的《开明国语课本》共4册，由开明书店出版。《开明国语课本》所有课文均由叶圣陶原创或改编，练习题亦由叶圣陶自编，插图由丰子恺绘画。课文内容以儿童生活为中心，力图容纳儿童文学及日常生活上需要的各种文体。叶圣陶回忆说："在一九三二年，我花了整整一年时间，编写了一部《开明小学国语课本》，初小八册，高小四册，一共十二册，四百来篇课文。这四百来篇课文，形式和内容都很庞杂，大约有一半可以说是创作，另外一半是有所依据的再创作，总之没有一篇是现成的，是抄来的。"[1]1933年春，《开明国语课本》经教育部审定，确立为"第一部经部审定的小学教科书"。黎锦熙评价说："此书《开明国语课本》价值，可谓'珠联璧合'，盖叶先生之文格与丰先生之画品，竟能使儿童化，而表现于此课本中，实小学教育前途之一异彩。"[2]这套教材至20世纪40年代末共印四十余版次，产生了深远影响。1947年至1919年，这套教材经修订，分解更名为《少年国语读本》《儿童国语读本》《幼童国语读本》，分别作为小学五六年级、三四年级、一二年级教科书相继出版。

1932年，叶圣陶与夏丏尊发起创办了开明书店函授学校，成立开明中学讲义社，组织了函授系列教材，叶圣陶、夏丏尊、宋云彬、陈望道共同编写了《开明国文讲义》共3册，于1934年11月由开明函授学校出版，开明书店印行。这套教材在第一、二两册里，每隔四篇选文有一篇介绍文章读写方法的文话以及文法修辞知识；在第三册里，每隔三篇选文有一篇文学史话，介绍文学史常识。这套教材尝试建构语文知识的系统，为《国文百八课》的编辑做了铺垫。

1935年起，叶圣陶与夏丏尊合编的《国文百八课》由开明书店陆续出版。原计划编辑6册，后因全面抗战而出了4册即终止。该教材最重要的特征是努力追求科学性，努力建构语文知识系统和教学序列，并推进了以知识为统领的单元建构。在这套教材中，每课为一单元，内含文话、文选、文法或修辞、习问各系统，各系统相互联系，有机结合：文话以一般文章理法为题材，按程配置；文选是古今文章两

[1]　叶至善、叶至美、叶至诚编：《叶圣陶集》第9卷，江苏教育出版社，1990年，第387-388页。

[2]　商金林：《叶圣陶年谱长编》第1卷，人民教育出版社，2004年，第475页。

篇；文法或修辞，就文选中取例，一方面仍保持其固有的系统；习问，根据着文选，对于本课的文话、文法或修辞提举复习考验的事项。《国文百八课》开创了一种尽可能体现语文教学程序科学化的编辑体例，影响深远。

1937年6月，叶圣陶与夏丏尊合编的《初中国文教本》6册，由开明书店出版。这套教材是根据1936年修订的课程标准编辑的，供初中国文科精读教学使用。全书包括精读范文和文章法则两个系统，文章法则又分甲乙两部，甲部提示文法要项，乙部提示文章理法，皆按照范文分别安插。①

1942年1月起，叶圣陶与胡翰先合编的《中学精读文选》第一辑由桂林文化供应社出版。这套文选共出四辑。由序言可以看出，这套教材在重视语文技法训练的同时，强化了思想教育，以适应抗日建国的民族需要。②

1942年，叶圣陶与叶至善合编了《小学国语课本》，丰子恺配图画。这套教材由成都普益图书公司出版，原计划出8册，实际出版5册。

1945年9月抗战胜利，中国收复台湾，叶圣陶应约与同人合编了台湾临时教科书《小学国语教本》和《初中国语教本》。

1946年8月，叶圣陶与周予同、郭绍虞、覃必陶合编的《开明新编国文读本》甲种，共6册，由开明书店陆续出版；1947年8月，叶圣陶与徐调孚、郭绍虞、覃必陶合编的《开明新编国文读本》乙种，共3册，由开明书店陆续出版。这套教材意在供中学生自修使用或作为学校中的补充教材，甲种专取白话，乙种专取文言，试图推行文白分类教学的试验。

1948年8月，叶圣陶与朱自清、吕叔湘、李广田合编的《开明新编高级国文读本》共6册、《开明文言读本》共3册，由开明书店陆续出版。这套教材的编辑理念与《开明新编国文读本》甲乙两种一致，意在学生自修或作为补充教材，在程度上则有所提高。"如果头一部的对象是初中的青年，这一部的对象就是高中的青年。"③

这一时期，叶圣陶还数次参与了教材审定工作。1940年5月，叶圣陶受聘为四川省教育科学馆专门委员，负责审查中小学国文教材。1948年，应新加坡上海书局

---

① 商金林：《叶圣陶年谱长编》第2卷，人民教育出版社，2004年，第57页。

② 叶至善、叶至美、叶至诚编：《叶圣陶集》第16卷，江苏教育出版社，1993年，第59－62页。

③ 叶至善、叶至美、叶至诚编：《叶圣陶集》第16卷，江苏教育出版社，1993年，第102页。

邀请，审定小学课本。[①]

三、教育论著发表

在繁忙的编辑工作之余，叶圣陶坚持写作，先后发表了大量的语文教育论文、论著，以及文学作品、文学评论。

1933 年 1 月起，叶圣陶与夏丏尊合著的语文教育小说《文心》在《中学生》连载。1934 年 6 月，发表至 32 篇。当月，《文心》单行本由开明书店出版，陈望道、朱自清分别作序。《文心》借用小说的形式讲解了读书作文的知识和技能，内容充实，形式活泼，在国文学习方法指导书籍中独树一帜，很快赢得了广大青少年的喜爱。日本学者在《新中国事典》中称赞此书"在国语教育史上划了一个时代"。到 1948 年 5 月，《文心》在开明书店共印行 20 版，可见其影响之大。

1935 年起，叶圣陶与夏丏尊在《中学生》发表了关于语文学习的系列文章，1938 年 4 月结集为《文章讲话》，由开明书店出版，内容包括《句读和段落》《开头和结尾》《句子和安排》《文章的省略》《文章中的会话》《文章中的静境》《文章中的动态》《所谓文气》《意念的表出》《感慨及其发抒的法式》等。

1941 年 2 月，叶圣陶与朱自清合著的《精读指导举隅》由四川省教育厅编辑出版。1943 年 1 月，与朱自清合著的《略读指导举隅》由重庆商务印书馆出版。《精读指导举隅》选取六篇课文为例，《略读指导举隅》选取 7 部书为例，分别论述了精读指导、略读指导的实践策略。这两部书成为中国现代语文教育史上阅读教学的经典著作。

这一时期，叶圣陶撰写了大量教育论文。如：1936 年在《中学生》发表《读教科书不是最后目的》。1937 年发表《给与学生阅读的自由》《语体文要写得纯粹》《训练语感》等论文。1940 年发表《对于国文教学的两个基本观念》《论写作教学》等多篇论文。1941 年，发表《论国文精读指导不只是逐句讲解》《如果我当教师》《论中学国文课程的改订》等论文。1942 年发表《当前教育必须改进》《略谈学习国文》等多篇论文。1943 年发表《"学习"不只是"记诵"》《读罗陈二位先生的文字》等论文。1944 年起，发表"致教师书"系列文章。1945 年，发表《革除传统的教育精神》《习惯成自然》等论文。1946 年发表《教育改造的目的》《教师应该怎样教课》等论文。1947 年发表《国文常识试题》等论文。1945 年 4 月，叶圣陶与朱自

---

① 商金林：《叶圣陶年谱长编》第 2 卷，人民教育出版社，2004 年，第 487 页。

清合著的论文集《国文教学》出版，内收叶圣陶的论文 8 篇。此外，叶圣陶还多次为他人的论著或教材作序，有代表性的是为吕叔湘编写的《笔记文选读》作序，以及为孙起孟、庞翔勋的著作《学习国文的新路》作序。

这一时期叶圣陶发表的语文教育论著论文，涉及语文课程目标与内容、语文教科书与参考书、语文教学方法、语文教师素质等多个方面，较前一时期更加具有深刻性，这是叶圣陶语文教育思想走向成熟的重要标志。

此外，这一时期的叶圣陶还写了大量的文艺评论，例如 1937 年 2 月出版了文艺评论集《文章例话》。叶圣陶继续坚持文学创作，在童话方面也有新的作品问世，例如 1936 年出版了短篇小说及童话集《四三集》、童话集《小白船》。

四、各地授课演讲

叶圣陶这一时期仍在一些学校兼职授课，并多次做演讲报告，直接介入语文教育实践。

1935 年至 1936 年，叶圣陶与夏丏尊应教育部嘱托，到中央广播电台做中等教育播音演讲，叶圣陶先后做了 6 次关于国文学习的谈话，1938 年 4 月，结集为《阅读与写作》，由开明书店出版。

全面抗战后，叶圣陶辗转抵达四川。1938 年起，分别在重庆巴蜀学校、重庆中央国立戏剧学校、复旦大学、武汉大学、光华大学、齐鲁大学（此时高校西迁）任教。

1939 年 8 月，叶圣陶应四川省教育厅的邀请，到成都暑假教师讲习会数次讲演国文教学。1940 年 5 月叶圣陶受聘为四川省教育科学馆专门委员，7 月赴任，担任国文教学视导员，直至 1942 年 8 月。其间，叶圣陶参与了四川省教育厅主办的《文史教学》杂志，并多次到多所中学视察。叶圣陶对这一职务充满责任感，曾在日记中写道："欲求奏效，宜确定计划，多聘真正之专家，群以全力赴之，而不视为衙门。"[①]

1944 年 12 月，叶圣陶到中国新闻专修班演讲。1945 年 1 月，叶圣陶出席燕京大学学生座谈会，与学生讨论文艺；7 月至 8 月，叶圣陶主持燕京大学系列文艺讲座，并做了演讲《小说的欣赏》。

抗战胜利返回上海后，叶圣陶又多次为师生演讲。例如：1946 年 3 月，在上海育才学校为小学教师演讲；7 月，到中华职业补习学校演讲，题目为《怎样学习，

---

① 商金林：《叶圣陶年谱长编》第 2 卷，人民教育出版社，2004 年，第 168 页。

学习什么》。1946 年 8 月，叶圣陶出席《文汇报》座谈会，议题为"两大难题——升学与就业""教材与教本"，致辞，在前一议题讨论中，做了《有志青年何必一定要高攀学府的门墙》发言；同月，出席文汇报馆召集的"抢救在学青年"座谈会，做了《文字并不可靠　教本少用为妙》发言；10 月，分别在稚幼师范学校、工商专科学校演讲。1947 年 1 月在启明义务学校演讲，3 月在八仙桥青年会为图书馆读者演讲，4 月在绍兴旅沪中学演讲，12 月在复旦大学中文系演讲。1948 年 1 月在上海市立剧校演讲，7 月在交通大学演讲，9 月在镇华中学演讲，10 月在杭州师范学校演讲，12 月为开明练习生上课讲授《游子吟》。

叶圣陶保持与广大师生的经常性面对面交往，及时传播语文教育思想，同时也及时了解基层教学的动态，使叶圣陶的语文教育思想富有实践品格。

这一时期，在民族内忧外患的大背景下，叶圣陶积极投身于救亡图存和反对内战的斗争中。抗日战争期间，叶圣陶为争取民族解放艰辛的奔走呼告。1931 年"九一八"事变之后，叶圣陶甚为愤慨，与同人创办了"反日运动特刊"，附《社会与教育》杂志出版；12 月，又参与发起了"文艺界反帝抗日大联盟"，尔后参与创办机关杂志《文化通讯》。1932 年"一·二八"事变后，叶圣陶参与发表《上海文化界发告世界书》《为抗议日军进攻上海屠杀民众宣言》。1933 年 1 月鲁迅、宋庆龄等发起成立中国民权保障同盟，叶圣陶加入。1934 年 2 月，与同人两次上书请愿，反对国民党对进步书刊的禁令。1936 年 10 月，与鲁迅、茅盾、郭沫若等 21 人联名发表《文艺界同人为团结御侮与言论自由宣言》；11 月，《中学生》与多家杂志联名发表《发起全国读者"以一日供献绥军抗战"启事》1938 年《抗战文艺》创刊，叶圣陶任编委。抗战胜利后，叶圣陶为争取自由民主做出了巨大努力。1945 年 9 月，叶圣陶参与抗议国民党的图书审查制度，起草《成都十七文化团体致重庆杂志界的一封公开信》《我们永远不要图书审查制度》。11 月，参与反对内战的活动。1946 年 2 月，与同人联名致电国民政府，抗议破坏政协会议的暴徒行径；6 月，参与致书蒋介石、马歇尔等，呼吁和平；同月，致书《大公报》《文汇报》，抗议下关暴行；7 月，与茅盾、夏衍、巴金等二百多人发表反内战争自由宣言，与郭沫若、茅盾、周建人等二十余人致电联合国人权委员会，控诉国民党当局暗杀李公朴、闻一多等罪行。

回顾叶圣陶以编辑著述为主的经历，可以发现，叶圣陶在战火中矢志不渝，执着追求，不断探索语文教育的真谛，不断充实和修正自己的语文教育思想，对语文教育做出了卓越的贡献。以《中学生》《国文杂志》《国文月刊》为主要代表的语文刊物，以《义心》《精读指导举隅》《略读指导举隅》为主要代表的语文教育专著，以《开明国语课本》《国文百八课》以及文白分编系列读本为主要代表的语文教材，标志着叶圣陶语文教育思想逐渐成熟。

第四节　组织指导时期

叶圣陶 1948 年底接到中共中央的邀请，决定赴解放区参加新政协，遂于 1949 年 1 月，离开上海，转道香港，后辗转达到山东解放区，继而于 3 月 18 日到达北平，时任北平市市长叶剑英等到车站迎接。从此，叶圣陶直接参与了新中国的筹建特别是教育事业的变革。叶圣陶 1949 年 4 月，担任华北人民政府教科书编审委员会主任；10 月担任出版总署副署长，1950 年 12 月，担任人民教育出版社社长兼总编辑。1954 年 10 月担任教育部副部长。新中国成立初期的历次中小学语文教学大纲和教材，都是经叶圣陶的组织领导下编写的。为了保障教材编写质量，叶圣陶倾注了大量的心血。叶圣陶在指导一线教学方面也付出了大量精力，多次为教师、学生发表演讲，组织座谈、听课评课、合作备课，甚至亲自上课，对一线教学发挥了重要的引领作用，其中一些演讲经整理后发表，成为叶圣陶著作的组成部分。1949 年 10 月，叶圣陶担任文字改革理事会理事，后任文字改革委员会委员，在普及汉语语法修辞知识、拟订标点符号用法、制定汉语拼音方案、制定简化字方案、推广普通话、编辑语文工具书等方面做了大量工作，在新中国成立初期的语言文字规范化做出了重要贡献。此外，叶圣陶以语文顾问的身份参与了对全民具有语言文字示范意义的国家宪法的制定，还多次为国家机关工作人员和新闻出版机构工作人员做业务演讲，致力于提高国家机关工作人员和新闻出版机构工作人员的语文水平，在社会语文教育工作中做了贡献。"文革"后，叶圣陶为改变语文教学状况不遗余力，担任教育部顾问，在新时期的中小学语文课程与教材建设中继续发挥余热。1983 年 6 月 17 日当选全国政协副主席。1988 年 2 月 16 日，叶圣陶在北京逝世。从 1949 年春抵达北平参与新中国教育革新直到 1988 年逝世，是叶圣陶以组织指导为主的时期。这一时期，叶圣陶语文教育思想进一步丰富发展完善。下文拟从课程教材建设、语文教学指导、语言文字规范化三个方面具体介绍。

一、课程教材建设

1949 年 3 月 18 日，叶圣陶抵达北平，随即考虑新中国教育改革的有关问题，并与同人参加了关于教科书编审的座谈会。4 月 7 日，叶圣陶担任华北人民政府教科书编审委员会主任，周建人、胡绳担任副主任。不久，叶圣陶主持编审委员会的会议，议决设立国文、史地、自然三组，然后叶圣陶即开始审改高小国语课本书稿，并相继主持或参与其他学段、学科的课本。7 月，经叶圣陶校订的《新编初中国文精读文选》由文化供应社开始出版，至 9 月出齐，这套教材包括《语体文选》6 册，《实用文选》1 册，《语法篇》1 册，《文章作法篇》1 册，《文言文选》1 册。"编辑例言"指出："本书取材，多从名著中节录，引起学生研读原著或作者的其他作品的兴趣，使精读与略读的学习相互配合。"[①] 8 月，叶圣陶草拟了《中学国文科课程标准》，这一课程标准体现着叶圣陶对国文课程的新思考，尽管没有以政府名义发布，但实际上成为叶圣陶后来在课程与教材建设中的基本思想纲领。

新中国成立后，叶圣陶被任命为新华书店副总编辑，时任总编辑为胡愈之，副总编辑另有周建人。10 月 20 日，叶圣陶被任命为出版总署副署长，署长为胡愈之，副署长另有周建人。这段时间里，叶圣陶组织改定了中小学课程标准总纲，在中小学各科教材特别是语文教材的编辑审定方面做了大量工作。

这一时期，叶圣陶还组织同事与北京大学、清华大学两校人员合作编辑了《大学国文（现代文之部）》《大学国文（文言之部）》教材，分别于 1949 年 10 月、1950 年 5 月由新华书店出版。叶圣陶在两书的序言里分别明确提出了大学国文的课程目标："大学国文的目标就在乎提高同学们的阅读能力跟写作能力。"[②] "大学同学学习文言的目标是：培养阅读文言书籍从而批判的接受文化遗产的能力。"[③]

1950 年 6 月，叶圣陶主持编定的《初级中学语文课本》共 6 册，由新华书店陆续出版，这是新中国成立后第一部全国通用的初中语文教材。其"编辑大意"指出："说出来是语言，写出来是文章，文章依据语言，'语'和'文'是分不开的。语文教学应该包括听话、说话、阅读、写作四项。因此，这套课本不再用'国文'或'国语'的旧名称，改称'语文课本'。"这是新中国正式使用"语文"作为教

---

① 商金林：《叶圣陶年谱长编》第 2 卷，人民教育出版社，2004 年，第 541 页。

② 中国教育科学研究院编：《叶圣陶语文教育论集》，教育科学出版社，2015 年，第 153 页。

③ 中国教育科学研究院编：《叶圣陶语文教育论集》，教育科学出版社，2015 年，第 157 页。

材名称时对"语文"所做的解释。这套教材在每篇课文后面配有"注解"和"思考·讨论·练习"。①9月起，由叶圣陶主持编定的《高级中学语文课本》共6册，由新华书店和人民教育出版社陆续出版。"选的教材，不像初中语文课本那样，只选单篇文章；除了单篇文章之外，从第三册起，还选了整部著作的一章一节以及中篇小说和长篇的报告之类。希望靠这套课本来引导学生阅读其他的东西，养成广泛的读书兴趣和敏捷而有效的读书能力。"②新中国第一套初中、高中语文课本的及时编定问世，标志着"语文"被正式确立为课程教材名称，旗帜鲜明地突出了语文教育进行语言全面训练的特征。

1950年12月，人民教育出版社成立，叶圣陶担任社长兼总编辑，此后，在各类教材和教学参考书的编辑审定工作中发挥了重要的组织领导作用。叶圣陶为了保障教材编写质量，多次主持召开人民教育出版社中学语文编辑室、小学语文编辑室的工作会议，并多次撰文发表关于教材编写的意见。叶圣陶审定语文教材极其认真，不仅关注课文，也关注注释和练习，连教材中的图画也一丝不苟。

1954年10月，叶圣陶被任命为教育部副部长。随后一段时间了组织领导了汉语文学分科的工作，特别是教学大纲的制定和教材的编辑工作。于1956年7月在全国教学工作会议上做《改进语文教学，提高语文教学的质量》报告，与会议代表讲述了汉语文学分科的教学大纲和教材问题。由于特定的历史原因，这次分科教学的尝试全面展开不久就由于复杂的历史原因被终止。

经历了"教育革命"的混乱之后，语文教育界在20世纪50年代末展开了关于语文教学目的任务的讨论。叶圣陶1961年5月向江苏农村教材编辑人员发表《关于编教材》的讲话，指出语文课本的材料是课文，课文实际上是举例的性质，为了较好地发挥课文的作用，就要对课文适当加工改写，并根据需要编写注释和练习题，从而利于学生把语文知识化为自己的语文能力。

后来，叶圣陶不再担任教育部领导职务，但仍关心着语文课程教材建设。

新时期以来，叶圣陶1977年受聘为教育部中小学语文教材顾问，继续参与审读教材；1979年2月，开始担任教育部顾问，在新时期的中小学语文课程与教材建设中继续发挥余热。

---

① 商金林：《叶圣陶年谱长编》第3卷，人民教育出版社，2005年，第30页。

② 商金林：《叶圣陶年谱长编》第3卷，人民教育出版社，2005年，第54页。

除了关注中小学之外，叶圣陶还审阅了一些高校教材，如 1962 年审阅了王力主编的《古代汉语》，教育部拟定此书为大学文科教材，1973 年审阅了郭锡良等编《古代汉语》征求意见本。

二、语文教学指导

叶圣陶密切关注一线教学，多次深入全国各地的小学、中学、大学，以及教师培训班调研，为中小学生、大学生、在职教师发表演讲、组织座谈、听课评课、合作备课，甚至亲自上课，对一线教学发挥了重要的引领作用，其中一些演讲经整理后发表，成为叶圣陶著作的重要组成部分。

新中国成立初期，叶圣陶多次与语文教师座谈讲话，其中一些演讲整理成文稿，成为叶圣陶著作的一部分。例如：1950 年 8 月叶圣陶在北京市中学国文教员暑期讲习会做了演讲《教学一例》，从语法、修辞、诗的特点、章法技巧等方面对苏金伞的白话诗《三黑和土地》进行了逐句解读；同年多次到北京师大中学教师培训班讲课，诸如《教材教法研究》等。12 月，出席《进步青年》杂志召集的中学语文学习问题座谈会，做了《先从语文课本说起——在中学语文学习问题上座谈会上的讲话》。1951 年 5 月，为天津中小学教师演讲《语文教学杂谈》；8 月，为中学语文教师暑期讲习会演讲，论题主要是各种文体之特点以及指导写作与文体的关系。1954 年 11 月，到北师大附中演讲。1958 年 3 月，在北京市教师进修学院，与语文教师座谈作文教学；与北京中学教师共谈语文教学。1960 年 3、4 月，分别在北京师范学院、宣武师范学院演讲，在后者谈写作。9 月，为景山学校教师演讲，论题是课文分析。1961 年，分别在宣武师范学校、景山学校、人民大学、广播学院演讲或座谈。1961 年 9 月，在呼和浩特与语文教师座谈，发表了重要讲话，后整理为《怎样教语文课》。1962 年 2 月，在北京大学演讲，漫谈写作；5 月，分别在师大女附中、景山学校演讲，谈批改作文；9 月，在北京师范大学演讲；同月为中华函授学校演讲《认真学习语文》，对语文课程名称的内涵、语文学习的目标任务、语文学习的基本途径等问题做了阐述；10—12 月，数次为中小学教师演讲。1963 年 3 月，为北大、北师大写作课程教师演讲；8 月，参加北师大附中的语文教学经验交流会；参加北京五所师范学校语文教材教法座谈会并讲话。1964 年，在北京数次与教师学生座谈，演讲。1965 年 7 月，在北京中学听教师谈文言文教学的情况。在离京外出考察期间，也曾多次为语文教师演讲或组织座谈。例如：1955 年 12 月，在苏州访问中学，与江苏师范学院教师座谈。1957年4月，在浙江金华、温州、雁荡山、江苏南京、北京等地，参观中小学、听课，与师生座谈、演讲；1958年5—6月，在河北张家口与师生座谈，为教师演讲；1963年10月，在福建古田、泉州、厦门等地考察，在师范院校和中小学座谈、演讲。

叶圣陶还多次走进中小学一线，直接介入课堂教学，包括与教师合作备课、听课评课等，甚至亲自为学生上课。与一线教师合作备课，例如，1962年3月，两次与中学教师共同备课，课文分别为《从百草园到三味书屋》《为了忘却的记念》；1964年12月，与中学教师共同备课《孔乙己》。听课评课，例如：1961年12月，在景山学校听课一周；1965年4月，先后北京在中学、小学听评课；1965年5月，在山东青岛中学听课评课。叶圣陶还多次直接走上讲台，为学生做演讲，甚至执教语文课。1952年12月，为北京中学生讲文艺作品，谈写作经验；1959年11月，为北京中学生演讲，谈学习语文的重要性；12月，在人民大学讲鲁迅《孔乙己》以及王愿坚小说、杜甫诗歌；1964年2月，为景山学校的学生讲授《多收了三五斗》。

叶圣陶还针对调研中发现的问题，及时撰写发表了一些文章，发挥对一线教师的引导作用。如：1949年12月，发表《语文随笔》。1950年3月，担任《人民教育》编委会副主任，在该刊物上开辟"问题解答"栏目，发表《有关教学文法的几个问题》。1953年9月发表《语言和语言教育》。1955年3月，发表《〈绝句四首〉教学参考资料》，8月在《人民教育》发表《关于汉语文学分科问题》。1958年发表《从语言教育的角度看》《文风文体在哪儿》《怎样改进文风》《先想清楚然后写》《修改是怎么一回事》《把稿子念几遍》《平时的积累》《为什么要学语法》《挑能写的题目写》等多篇语文教育论文。1961年，发表《语文教学二十韵》《改变"字风"》《"教师下水"》《说话训练决不该疏忽》等。1962年，发表《阅读是写作的基础》等。1963年，发表《评讲一篇作文〈当我在工作者中碰到困难的时候〉》等。1964年，发表《评〈读和写〉，兼论读和写的关系》。

进入新时期后，叶圣陶为改变语文教学状况不遗余力。1978年3月21日，参加北京地区语言学科规划座谈会，讲话《大力研究语文教学　尽快改进语文教学》，这一讲话成为新时期语文教学研究的指南。1979年12月，在北京师大，与教师谈儿童文学教学大纲。1979年12月，中国教育学会中学语文教学研究会在上海成立，召开第一次年会，叶圣陶担任名誉会长。1980年7月，中国教育学会小学语文教学研究会在大连成立，叶圣陶做了题为《语文是一门怎样的功课》的发言，强调听说读写都重要。1980年8月，发表《改进语文教学的意见》。1982年11月，发表《我呼吁》，谈中学生对于片面追求升学率的感想。

此外，叶圣陶长期与广大语文教育工作者保持着书信交往，其中一些书简也是叶圣陶著作的组成部分，一些重要的教育思想，如"教师为了达到不需要教"等，在书简中得到了阐释。1979年，叶圣陶《语文教育书简（1—35）》在《教育研究》陆续发表。

三、语文规范化工作

1949年以后，叶圣陶先后参与了开展汉语语法修辞普及教育、拟订标点符号用法、制定汉语拼音方案、制定简化字方案、推广普通话、编辑语文工具书等重大工作，并在文字上审阅修润了具有示范意义的国家宪法和其他法律、中央领导人讲话稿等文字，以及一些典范的文学著作，此外还多次为新闻出版工作者做业务演讲，为推进语言文字规范化做了大量工作。

经叶圣陶与胡乔木的建议，《人民日报》于1951年6月6日发表社论《正确地使用祖国的语言，为语言的纯洁和健康而斗争》，同时开始连载吕叔湘、朱德熙合著的《语法修辞讲话》，为新中国成立初期的语文教育普及发挥了重要作用。1950年7月叶圣陶受政务院委托拟《标点符号用例概说》；10月，发表《标点符号用法》。1949年10月，叶圣陶担任文字改革理事会理事，后任文字改革委员会委员兼语文教育部主任，多次参加会议讨论拼音字母方案及简体汉字表。1954年12月，文字改革委员会通过汉字简化方案。1956年1月，文改会通过《汉语拼音方案草案》。10月，出席国务院汉语拼音方案审订委员会首次会议，为审定委员会委员，此后数次开会。1957年10月，文改会开会，讨论通过汉语拼音方案；12月，国务院公布《汉语拼音方案草案》，中央文字改革委员会发刊《关于汉语拼音方案草案的说明》，叶圣陶次日到中央人民广播电台审听教学拼音字母留声篇录音稿。1958年1月，在太原、成都、重庆、昆明等地选讲汉语拼音方案。1955年，发表《文字改革和语言规范化》《什么叫汉语规范化》《大家都来学习普通话》等文章。1956年3月，出席国务院推广普通话工作委员会首次会议。1964年在西安主持全国第四次普通话教学观摩大会。

叶圣陶多次参与语文工具书的编辑工作。1955年10月，担任语言研究所学术委员会委员。1959 年 4 月在语言研究所开现代汉语词典审定委员会会议。1960 年，审阅《现代汉语词典》试印本。1965 年 9 月，读《现代汉语词典》稿本。1963 年这一时期，讨论审查《辞海》的部首检字法，1964 年修改《辞海》部首检字法校样。1965 年 6 月，开始审阅《辞海》未定稿。至 1966 年，数次在文改会审议查字法。1972 年审阅讨论北师大《汉语词典》。1974 年 11 月，为商务印书馆审《新华词典》生僻字部分油印稿。1975 年 2 月，审读《新华词典》。1975 年 8 月，为蒋绍愚审阅《古代汉语常用字字典》。1979 年为《辞源》题写书名，出席《辞源》修订本第一册出版之座谈会。1980 年 10 月，中国语言学会正式成立，叶圣陶担任顾问。1981 年担任《汉语大词典》的编撰顾问。

叶圣陶多次参与国家重要法律和纲领性文件的文字审定工作。如 1954 年起任宪法起草委员会语文顾问，历时数月修改宪法初稿。1975 年参与审读宪法修改草稿和政府工作报告草稿。1979 年参与审读刑法草案。1980 年担任修改宪法委员会成员。此外，叶圣陶还数次为毛泽东、刘少奇、周恩来等领导人的报告润笔。

叶圣陶多次为国家机关工作人员和新闻出版机构工作人员做演讲，致力于提高国家机关工作人员和新闻出版机构工作人员的语文水平。叶圣陶曾专门为之演讲过的机构很多，如教育部、出版总署、中央高级党校、外交部、中央俄文编译局、中央团校、人民教育出版社、新华社、军事科学院、开明书店，以及《人民日报》《光明日报》《中国青年报》《中国少年报》《人民文学》《文艺报》《世界文学》《中国青年报》等报刊社。叶圣陶在离开北京外出考察期间，也曾为地方干部做语文方面的演讲。叶圣陶演讲的内容涉及汉语语法修辞、文章写作、编辑审稿等多方面，其中一些演讲的内容被整理发表，成为叶圣陶著作的组成部分，产生了较大的社会影响。如 1958 年 6 月为教育部语言研究班演讲《改进文风》，1978 年为新华社讲话《端正文风》等。

1958 年 2 月，全国古籍整理出版规划小组成立，叶圣陶为小组成员。1981 年12 月，全国古籍整理出版规划小组恢复，叶圣陶继续担任小组成员。20 世纪 70 年代末，叶圣陶在工作之余还参与了一些重要的文学著作出版稿的审阅工作，如为人民文学出版社审阅鲁迅多部作品注释稿本、《红楼梦》校订样本和注释稿。

这一时期，在社会主义革命革命、建设和改革开放的历史新阶段，叶圣陶以满腔的热情投身于语文教育事业，同时也大量参与了其他各种社会活动。1949 年 9月，中国人民政治协商会议开幕，叶圣陶作为中华全国教育工作者代表会议筹备委员会的代表出席，并为推选为全国政协第一届常委。后来，叶圣陶连续担任全国人大第一至四届代表和第五届常委，以及全国政协第五届常委。1963 年 12 月，叶圣陶加入中国民主促进会；1979 年 10 月，担任民进中央副主席。1984 年 9 月，担任民进中央主席。1987 年 6 月，担任民进中央名誉主席。1983 年 6 月，叶圣陶担任全国政协副主席，成为国家领导人。此外，叶圣陶还于 1980 年 4 月起担任中央文史馆馆长。

回顾叶圣陶以组织指导语文教育工作为主的这一时期，可以看到：叶圣陶为新中国初期的语文课程教学大纲的制定和语文教材的建设发挥了重要领导作用；长期与中小学一线教师学生保持密切交往甚至直接介入课堂教学，为指导教学实践探索发挥了重要影响；参与语文文字规范化工作，在推行简化字、普通话等方面也做出了重要贡献。这一时期，叶圣陶语文教育思想进一步丰富完善。

1988 年 2 月 16 日，叶圣陶在北京逝世，新华社的报道中称叶圣陶为"著名的教育家、作家、出版家和社会活动家"。[①] 党政军群主要领导人分别送了花圈或参加了追悼会。叶圣陶的骨灰安葬在其第二故乡，早年从教时所在的江苏省苏州市吴县甪直镇。

---

① 商金林：《叶圣陶年谱长编》第 4 卷，人民教育出版社，2005 年，第 615 - 616 页。

后　记

叶圣陶是中国现代思想文化史上最有影响的人物之一。

叶圣陶是中国现代教育史上的著名教育家。他从 1900 年起从事教育工作 70 余年，当过小学教师、中学教师、大学教师，他不仅是一位教者，也是众多教科书的作者、编者和出版者，并且是研究者、组织者和领导者。

叶圣陶也是中国现代文学史上的重要作家。他的《稻草人》是中国现代文学史上第一部童话集，他的《倪焕之》是中国现代文学史上较早的一部长篇小说。他与茅盾等人发起成立了中国现代文学史上的最早的两个文学社团之一的文学研究会。他主编的《小说月报》是中国现代文学史上最重要的文学期刊，曾刊载茅盾、巴金、戴望舒等一批重要作家的作品。

叶圣陶又是中国现代出版史上有影响的出版人。从商务印书馆，到开明书店，再到人民教育出版社，都留下了他的足迹。

叶圣陶还是中国现代发展史上的一位社会活动家。从创办《公理日报》，到担任民进中央领导人，以及全国政协副主席，做了很多有益于国家和社会的工作。

1980 年，吕叔湘先生在为《叶圣陶语文教育论集》一书所写的"序"中说："按说这本集子里边的文章大部分是解放以前写的，为什么现在还没有过时呢？这是因为现在有很多问题表面上是新问题，骨子里还是老问题，所以这些文章绝大部分仍然富有现实意义。"[①] 吕叔湘这里说的"老问题"，就是关系到教育本质和规律的问题。

作为教育家，叶圣陶的教育思想吸收了传统教育思想的精华。他反复宣传的"有诸己而后求诸人，无诸己而后非诸人"即出自《礼记·大学》，"修辞立其诚"即出自《周易·乾·文言》。叶圣陶的教育思想借鉴了国外先进教育理念。他"以学生为本位""以儿童本位一义为教授之出发点"的思想，就受到杜威"儿童中心"

[①]　中国教育科学研究院编：《叶圣陶语文教育论集》，教育科学出版社，2015 年，序。

思想的影响。1920 年 6 月 26 日，杜威到苏州发表演讲，叶圣陶到车站欢迎，到场聆听，后来还以此为背景写了小说《欢迎》。叶圣陶的教育思想融入了自身教学经验与反思。他的"教是为了达到不需要教"思想，即是他数十年如一日思考的结晶。叶至善说："最初父亲讲'教是为了不教'，引起了一些误解；以后改成'教是为了不需要教'。他觉得说得还不够清楚，最后才改成'教是为了达到不需要教'。可见得一个思想要表达得既完整又明白，往往需要经过多次的修改。"[①] 叶圣陶的教育思想也得益于他掌握了科学的方法。比如："课本是一种工具或凭借，但不是唯一的工具或凭借"的论述，再比如既要"认清那门功课的目标"，又要"不忘记各种功课有个总目标"的论述，都闪耀着辩证思维的光芒。叶圣陶的教育思想还得益于他有一批志同道合者可以研讨交流。如在上海中国公学时期的同事有朱自清、周予同、刘延陵等人，又如杭州第一师范时期的同事有夏丏尊、陈望道、丰子恺等人。

　　正因此，叶圣陶关于教育与语文教育的论述，能够切中肯綮，鞭辟入里，揭示教育的本质与规律，并超越语文学科，具有普遍指导意义，成为常读常新的经典、教育智慧的源泉。

　　本书根据语文出版社"中国现代著名语文教育人物"丛书的体例，侧重论述叶圣陶语文教育思想的主要内容与现代意义，同时精选叶圣陶关于语文课程、教材、教学的重要论述，并简要介绍叶圣陶的一生。希望能对广大教育工作者，特别是语文教育工作者，学习叶圣陶的语文教育思想，推进当今教育改革和发展有所帮助。

徐林祥　马　磊

2017 年 11 月 30 日于扬州大学中国语文教育研究所

---

① 　叶至善：《读〈语文教学二十韵〉》，《语文学习》，1990 年第 11 期。